创·造·教·育·书·系

大学生自我设计与创业

（第三版）

刘道玉▸著

WUHAN UNIVERSITY PRESS
武汉大学出版社

图书在版编目(CIP)数据

大学生自我设计与创业(第三版)/刘道玉著. —武汉: 武汉大学出版社,2009.4
名家学术·创造教育书系
ISBN 978-7-307-06718-9

Ⅰ.大…　Ⅱ.刘…　Ⅲ.大学生—创造教育　Ⅳ.G640

中国版本图书馆 CIP 数据核字(2008)第 194945 号

责任编辑:夏敏玲　　责任校对:黄添生　　版式设计:马　佳

出版发行: 武汉大学出版社　(430072　武昌　珞珈山)
(电子邮件: cbs22@whu.edu.cn　网址: www.wdp.com.cn)
印刷:湖北民政印刷厂
开本: 720×1000　1/16　印张:16.5　字数:238 千字　插页:2
版次:2009 年 4 月第 1 版　2012 年 4 月第 2 次印刷
ISBN 978-7-307-06718-9/G·1270　定价: 32.00 元

总　序

自 20 世纪 80 年代初，我开始研究创造教育，在长达 1/4 世纪里，共撰写了 5 本书。它们是：《知识·智力·创造力——谈创造教育》，1989 年 9 月由湖南教育出版社出版；《创业与人生设计》，1995 年由中国青年出版社出版；《创造思维方法大纲》，2002 年由湖北教育出版社出版；《创造教育新论》，2003 年由武汉大学出版社出版；2006 年又完成了《创造：一流大学之魂》一书的初稿。平均算来，大概是 5 年写一本书。它们分别反映了我在创造教育基本理论、创造思维方法培养、对大学生进行创业教育和怎样建设世界一流水平大学等方面的基本观点，是我学习、研究和实践创造教育的心得体会。

2006 年初，我意欲约见武汉大学出版社陈庆辉社长，想与他们洽谈我的新作《创造：一流大学之魂》一书的出版事宜。不料，庆辉社长却礼贤下士，执意要到寒舍拜访。在交谈中，他得知我先前在创造教育方面已出版了 4 本书，建议我将这 4 本书与将要出版的新书结集为“创造教育书系”出版。这在全国教育研究领域似乎尚没有先例。我接受了庆辉社长的好意，表示愿意修订旧作，出版我的“创造教育书系”（5 本），以了却我毕生研究创造教育的夙愿。

原已出版过的 4 本书中，其中有 3 本书的版权在湖北教育出版社（列入其“创造教育丛书”），另 1 本版权属于武汉大学出版社。显然，要实现结集出版书系，必须得到湖北教育出版社的版权转让授权。我立即与湖北教育出版社联系，希望得到他们的支持与授权。湖北教育出版社的领导十分开明，邱菊生社长亲自批准，正式行文同意将 3 本书的版权转让给武汉大学出版社。

自 2006 年 2 月，我开始系统整理“创造教育书系”，认真校读书中内容，对各本书的书名、结构等也作了适当的修订。确定各本书的书名为《创造教育概论》、《创造教育新论》、《创造：一流大学之魂》、《创造思维方法训练》、《大学生自我设计与创业》。其中，《创造教育概论》（原《知识·智力·创造力——谈创造教育》）删去了原附录；《创造思维方法训练》在原《创造思维方法大纲》的基础上增加了第15、24、25、26、27章；《大学生自我设计与创业》在原《创业与人生设计》的基础上增加了第4、6、7章，把原来的第8章编入第11章。

在整个校读的过程中，我尽可能地对旧作进行必要的内容订正和增补。这套书的写作时间跨越二十多年，在新的资料不断涌现、新的学术观点层出不穷的现状下，几本旧作颇有落后之感。但是，我仍没有对它们作伤筋动骨的修改，资料和案例的过时并没有影响思想的表达，并且它们也见证了中国教育历史的发展以及我个人的教育理论研究与实践的过程。按照新的国家出版标准，我尽力完善了各本书的注释，但由于时间久远，一些资料无法找到完整的信息，在此特向有关作者表示歉意及感谢。

这套图书的出版，如果能对倡导和实施创造教育、培养大学生的创造能力、促进大学毕业生的创业以及建设我国一流水平的大学有某些参考价值，那将是我最大的欣慰了！

刘道玉

2007年10月16日

于寒宬斋

第二版前言

1999年10月，我去湖北教育出版社拜会娄齐贵社长和袁定坤总编辑，向他们汇报计划出版“创造教育丛书”一事，其中包括我的新作《创造思维方法大纲》。当他们得知此前我还出版了《知识·智力·创造力——谈创造教育》和《创业与人生设计》两本书后，希望扩大丛书范围，并建议将我已出版的这两本书，也纳入丛书出版计划，把它们与《创造思维方法大纲》一起作丛书的第一辑，使之构成一个完整的体系。这无疑是一个绝好的建议，我表示完全同意，并十分感谢他们的好意。

接下来，就是关于再版的版权问题。《知识·智力·创造力——谈创造教育》是湖南教育出版社于1989年7月出版的，版权合同期为10年，现已过期。可是，《创业与人生设计》是中国青年出版社于1992年12月出版的，版权合同尚未到期。

为了尊重中国青年出版社的版权所有权，使《创业与人生设计》再版合法化，我致函中国青年出版社程绍沛副总编辑，说明了湖北教育出版社的意图，提出了我个人的请求。令人高兴的是，中国青年出版社的领导十分开明和大度，正式回文给湖北教育出版社，表示理解作者的要求，同意湖北教育出版社再版《创业与人生设计》一书。

在该书再次出版之机，特作如下说明：

1. 由于本书是再版，所以基本上保持了它的原貌，对其结构、系统、体例等均未作大的修订。但是，趁再版之机，对原书中的疏漏、错别字，一一作了勘误，对某些不妥之处，亦作了技术处理。

2. 本书成稿于1994年，而现在已进入了21世纪。这是一个瞬息万变的时代，知识迅速更新。因此，现在看来，书中个别资料稍嫌旧了一些，但好在资料是为观点服务的，而这些观点基本上还是正确的，所以仍不失其参考价值。

3. 鉴于原书中的“一度理论”已不再适用，特予以全部删除，以 TCL 公司创立的“门槛理论”取代之。

作者谨识

2000 年 10 月 14 日

于武昌珞珈山

第一版前言[1]

1993年春节前夕，武汉东湖新技术开发区管委会的几位领导来寒舍看望，我们就东湖新技术开发区的发展问题交换了看法。在言谈中，针对新技术开发区缺乏创新活力和大型高新技术产业发展缓慢的状况，我建议成立一个名为“创业者俱乐部”或“创业者协会”的民间社团，使它成为创业者之家，成为孕育创新思想的温床，以促进武汉地区高新技术产业的发展。几位领导当即首肯，并表示要尽快促成其事。

武汉东湖新技术创业中心是一个以扶植创业为宗旨的半官半民的机构，是一个发明与创新的“孵化器”。她欣然地接受了筹建“武汉创业者协会”的任务。在各有关领导部门的支持下，经过三个多月紧张而又有效的工作，“武汉创业者协会”于1993年5月27日正式成立了。承蒙广大创业者的关爱，我被推举为第一届理事会的会长。作为一贯崇尚创造精神和追求创新事业的知识分子，我愿为武汉地区的创新活动的开展，为武汉东湖新技术开发区的发展，为武汉地区的经济振兴，竭尽绵薄之力！

在成立大会上，我曾引用了一句古人的话：石本无火，相击方显灵光；水尝无华，相荡方现涟漪。这说明，物质只有通过碰撞，才能产生新的物质或新奇的景象。同样地，人们的思想也需要碰撞，这是产生新思想、新观点和新发明的催化剂。怎么才能发生思想碰撞呢？方法很多，如无拘无束的座谈会、内容新颖的报告会、慷慨激昂的辩论会等，都可以砥砺思想，萌发创新的灵感。从根本上说，创业者协

---

① 这是为“成功创业丛书”写的前言。该丛书共9册，本书为其中之一。

会的任务就是创造和创新，以创造精神激励广大的创业者，造就武汉地区的大发明家、大企业家、大富豪！

当今，各种学会、研究会、协会多得不胜枚举，但是徒有虚名的多，办实事的少。因此，从“武汉创业者协会”成立一开始，我们就力图多开展一些活动，内容生动活泼，形式多种多样。我们先后举办了全国金融形势报告会、中国现代化的历史回顾与展望讲座和“说梦”畅谈会，收到了良好的效果。接着，我又倡议编撰一套“成功创业丛书”，以适应广大企业家们开展创业的需要。所幸的是，这一倡议又得到了武汉东湖新技术创业中心和“武汉创业者协会”的支持，武汉大学和华中理工大学的一批热心于创新事业的中青年学者也表示响应。于是，丛书编委会很快就正式组成了。

1993 年 12 月 21 日，召开了“成功创业丛书”编委会第一次会议，就丛书的撰写指导思想、书目与作者、进度与要求，一一作了研究，并形成了纪要。后来，又先后召开了三次编委会，具体审订各书的写作大纲以及出版发行的细节问题。

1994 年 3 月，武汉东湖新技术创业中心主任、丛书编委会副主任顾建国先生，带着“成功创业丛书”撰写大纲，亲自赴京寻找合作的出版社。中国青年出版社的领导在审阅了“成功创业丛书”的撰写指导思想和各册的编写大纲后，认为这套丛书选题好、内容新颖、体系完整，并欣然同意出版。6 月上旬，中国青年出版社编辑部的同志专程来汉，除了与丛书编委会主任、副主任交换意见外，还亲自与各书的作者进行交流，对丛书的撰写提出了很多宝贵的意见。因此，本丛书能得以顺利出版发行，当首先感谢中国青年出版社的同志们。

“成功创业丛书”的撰写指导思想是：坚持贯彻改革开放的方针，以社会主义市场经济为主导，积极促进社会主义企业制度的建立；坚持理论与实际结合的原则，既要注重各学科新理论的介绍与应用，又要力求在实践的基础上总结新的经验与规律；要解放思想，敢于走新路、立新论、创新见；要吸收各发达国家在市场经济运行中的新理论、新经验和规范化的管理办法，逐步使我国市场经济的管理与国际接轨。总之，要弘扬创造精神，传播创造学知识，推广创新技法，点拨创业机会，促进创业成功。

这套丛书是由 9 本图书组成的，它们既彼此相呼应又各自成体系。从各册书的内容可以看出，该丛书涵盖面广泛，涉及人生哲学、行为科学、高新技术、市场经济学、金融投资学、法学、财会学、企业管理学、公共关系学、国际关系学等十多个学科的基础理论、专业知识和方法，在创新这个总原则之下，它们又构成了丛书的体系。这是我们的一个大胆尝试，也是本丛书的创新之处。

参加这套丛书撰写的作者有 20 多位，他们都是在相关学科领域里从事教学和科研的专家、学者。他们不仅学有专长，著述颇丰，同时又是创新活动的积极参加者和支持者。本丛书的撰写采取个人与集体相结合的办法，由个人提出写作大纲，后由编委会讨论修改，由一人或几人分头执笔，最后由编委会主任和副主任分工进行审稿和修改，以便做到“集思广益”和“精益求精”。

从写作的体裁来看，本丛书既不同于教科书，也区别于纯实务案例参考书，而是介乎二者之间。一般来说，这套丛书在内容上有以下的特点：一是内容简明，容量适中，便于携带和阅读；二是取材较新，见解独到，在不少方面有创新；三是信息量大，实例多，可读性强，具有较大的实用参考价值。

改革开放十多年以来，我国的企业管理虽有所改善，但我国的企业状况仍令人十分忧虑。这既与政企不分的企业体制有关，同时又与我国缺乏足够数量的合格的企业家有着密切的联系。有人认为，没有合格的职业企业家就没有现代企业制度，也不可能有高效率的现代化企业。什么样的人才能称得上是企业家呢？企业家应当是这样的一类人，他们应当善于洞察市场的需要及变化，要有满足这种需求的适应性和创造性，并且要有敢于探索和承担风险的勇气。一句话，企业家必须要有创新精神。但是，很坦率地说，我国的企业领导的素质还不高，不仅谈不上到国际市场上去创业、竞争，甚至连领导和管理好现代化企业方面的能力都有待提高。要提高企业领导们的素质，必须要用新观念、新内容、新方法开展培训，同时企业领导们也应当坚持自学，使自己成为合格的创业者。

1991 年秋，报纸上曾围绕着企业家冯根生的考试与罢考进行过讨论，有人为他罢考而“拍案叫好”，也有人“劝其应考”。这个讨论是颇发人深思的。问题不在于考和罢考上，这仅仅是个表面现象，实质性的问题是用什么思想和方法培训企业家和对他们进行考核。有些人，一提到培训，就是传统教育的一套做法，“先生讲，学生听”，理论脱离实际；一提到考试，就是沿用突然袭击的方法，考死记硬背的教条。这些做法都是不适合企业家的，因此是不可取的。我始终认为，培养和造就企业家应主要采取案例教学，应当选聘既有理论又懂实务的专门家任教，同时要倡导企业家们坚持自学，为他们编写适宜的参考书。如果我们不是自不量力的话，“成功创业丛书”正是有意为企业家提供一套简明的、实用的综合参考书。它们是全面的，但并不包罗万象；是系统的，但又不庞杂、繁乱；是简明的，但又不空洞，具有实际的参考价值。

这套丛书的读者对象是：从事经济活动的企业家、业务主管、各级领导管理干部，正在寻求创业机会和打算拓展事业的有为青年；同时，它也可以作为金融、投资、财会、管理、法律、公共关系等学科的自学成才者和接受成人教育者的参考书。

在激烈的市场竞争之下，企业家和创业者们是紧张的，他们业务工作纷繁、生活节奏快、劳动强度大，针对他们的这些特点，我们是想把这套丛书作为提供他们的“压缩饼干”或“精炼的口服液”。这套丛书，每册平均 15 万字左右，大约一两天可以看完一本。在装帧上，力求便于携带，我们真心地希望它能够成为广大创业者们的良师益友！

刘道玉　谨识

1994 年 10 月 16 日

于武昌珞珈山

目　录

第一章 创业是人生最大的价值

价值是一个抽象的概念，是从人们对待满足他们需要的外界事物的关系中产生的。人的价值与人生价值是完全不同的概念，前者是指作为整体的现实人的价值，后者是指作为个体的现实人的价值，即一个人的一生所创造和具有的价值。作为一个现代人，应当积极开拓自我，创造出人生的最大价值来。

第一节 "创世记"

1. 两种世界观

茫茫洪荒，何以形成？芸芸众生，又是由何而来？对于这些深奥莫测的问题，自上古原始民族的遐想开始，人类思索好几千年了，并且形成了各式各样的学说，例如"创世记"论、自然发生说、宇宙大爆炸论、进化论等。如今，人们的认识远没有统一，谜底也还没有彻底揭开，但是人们毕竟正逐步地走向这座迷宫的出口。

虽说解释宇宙和生命形成的学说很多，但是归根结底只有两种：一种是以唯心主义为代表的"上帝创造了万事万物"的观点，其代表作是《圣经》中的《创世记》。据载，上帝共用了6天的时间，创造了世间万物，同时也创造了人类。第一天，上帝造了光；第二天，上帝造了陆地和海洋；第三天，造了青草、蔬菜和树木；第四天，造了天体，要天上的光普照大地；第五天，造了海里和空中的动物；第六天，造了陆地上的动物，人是在第六天的末了创造出来的。到了第七天，天地万物都造齐了，上帝造物工程已经完成，于是就在这一天休息。这也就是在信奉基督教和天主教的国家中星期日不工作的来历。

上帝创造世界的观点显然是错误的。随着科学技术的进步，不仅普通的人不相信神创论，即便是基督徒，虽然他们信仰基督教，但也有许多人并不相信“上帝创造世界”，在很大程度上，是把这种信仰作为一种道德规范的自我约束的力量。

与“创世记”论相对立的是英国生物学家达尔文（Charles Robert Darwin，1809—1882）创立的进化论。达尔文从22岁起，以博物学家的身份，乘海军“贝格尔”号探险船作历时5年的环球考察，观察和收集了大量的动植物和地质方面的珍贵资料，经过分析与研究，逐步形成了生物进化的观念，并于1859年出版了震动当时学术界的名著《物种起源》。根据生物进化论的学说，地球上所有的生物，在数量增加和自然条件选择的压力下，都逐渐发生变化，从老的物种进化出新的、适应性更强的物种。因此，所有的生物的差异并不是一开始就存在的，如果追溯到很远的年代，很可能不同的物种都是源于同一祖先。进化论提出以后，虽遭到了许多人的反对，但是随着科学的进步与普及，进化论的观点不仅为生物学家们所接受，而且还成了人们认识世界和改造世界的自然科学观。很显然，这是一种辩证唯物主义的自然科学观，它不仅能够科学地阐明宇宙和人类的演变，而且还能指导人们改造现实世界和展望世界的未来。

2. 从“创世记”论中得到的启示

以上扼要地介绍了认识世界的两种创世观，也就是世界观。这二者是对立的，一个是唯心主义的，一个是辩证唯物主义的。从两种创世观的比较中，我们可以得到什么样的启示呢？

启示之一：世界乃客观存在，在混沌之始，世界本无，是创造使之丰富多彩。虽然唯心主义的神创论和辩证唯物主义的进化论互相对立，但其共同点都是强调创造性。然而，它们毕竟又是根本不同的。唯心主义认为，创世主是神，创造力是神旨；而辩证唯物主义认为，创世主是人，创造力是劳动，是人的智慧。由此可见，创造力是何等的重要！可以毫不夸张地说，没有创造，就没有人类的历史，也不会有世界美好的未来。

启示之二：世界的发展是一个渐进的过程，由小到大，由简单到复杂，由低级到高级，是一个无限上升的过程。世界之大，奥妙无穷，人们的认识还远没有达到极限。在认识地球的同时，人类又开始了征服其他星球的探险活动。人类已经成功地登上了月球，而且在21世纪，人类将开发月球上的热能、矿产和水资源，缓解地球上因人口增加和资源减少所造成的危机。因此，人类不管遇到何等严峻挑战，都不应当悲观失望。人既然可以创造现实的世界，同样也可以创造未来的世界。

第二节　人类的历史就是一部创业史

1. 人类的古老历史

据测，人类居住的地球是在一次宇宙突变事件中产生的，迄今已有46亿年了。最古老的寒武纪化石距今约为5亿多年，据此，人们可以假定地球上的生命就是从那个时候开始的。又据考证，大约1.8亿年前，地球上出现了最早的哺乳动物，它们的智慧比爬行动物高。大约8000万年以前，又演化出了一种有头脑的动物，那就是最早的人科动物。人猿到人的过渡，大约是从1500万年前开始，到60万年以前，历史进入一个新时期，开始了人类的纪元。大约5000年前，人类发明了文字，从此有了文字记载的历史。历史发展到这个时期，文明已经在世界上某些地方繁荣起来。

美国伯恩斯（Edward McNall Burns）教授和拉尔夫（Philip Lee Ralph）教授于1955年合作编写和出版了《世界文明史》一书。这是一本史料丰富，在美国许多大学普遍使用的文明史教科书。学习这部著作，对我们了解从史前社会到20世纪50年代人类文明的演化过程是有所帮助的。

何谓历史？伯恩斯等认为：“广义地说，历史是人类的成就、希望和挫折、斗争和胜利的记录和解释。"① 这个概念虽然不是历来流行的概念，但肯定是一个较全面的概念，要比把历史当作"过去的政治"或"一个阶级推翻另一个阶级的历史"这些定义更为科学。我不是史学家，也无意为"历史"这个名词寻找一个更恰当的定义，但我对人类的文明演变却很感兴趣，并希望从文明发展的历史中窥见某些规律。

我是研究创造学的，因此更乐于从创造学的角度去看待人类的历史。正是从这一观点出发，我认为人类的历史是一部创业史，也可以说是一部创造的历史。

2. 人类历史上划时代的进步

人为什么有创造性？这个问题，实际上从人脱离了类人猿以后就已经存在了。"人是制造工具的动物"，"人是能够思维的动物"，这些正是人与其他低级动物相区别的根本标志。人类一出现，就具有创造性。粗陋的工具就是最早石器时代人类的创造。人的生存就是创造，人为了生存就必须创造。这种创造是自始至终、无始无终的。不管人们喜欢或不喜欢，看见或看不见，这种创造性的活动，始终在一切领域里发生着。正是这种创造性的力量，推动着人类社会不断地前进；正是无数的创造物才丰富了人类的物质文明和精神文明。

在人类的发展史上，工具、语言和文字的发明，具有划时代的意义。它们既是人类发展到一定阶段的创造物，又是人类继续进行创造活动不可缺少的工具。人类的真正劳动是从制造工具开始的。人类制造工具，经历了从偶然到必然、从不自觉到自觉、从个体到集体、从低级到高级的发展过程。可以肯定地说，没有工具、语言和文字，就没有教育的兴起和科学技术的发展，不仅人类的古代文明不能继承，而且也不可能发展新时代的文明。自从人类发明了工具，人就超越了自我。工具是人的自身的延伸与扩大，可以使人的现实的和潜在的创

① [美] E. M. 伯恩斯，P. L. 拉尔夫，著. 世界文明史 [M]. 罗经国，等译. 北京：商务印书馆，1990：5.

造力得以自由地显示出来。工具使人的双手更灵巧，双脚更轻快，耳目更聪明，大脑更发达……有了工具，人们可垦荒种植、筑路修桥、开矿建厂、纺棉织布、建筑房屋……从而创造无穷的财富，以满足衣、食、住、行的需要。语言和文字是人类又一伟大的创造，其意义远远胜过了工具的发明创造。正是由于有了语言和文字，人才成为完整的人，成为更富有情感的人，也才使得人生变得五彩斑斓。

3. 革命推动着社会前进

从社会发展历史来看，在漫长的历史长河中，人类经历了原始社会、奴隶社会、封建社会、资本主义社会和社会主义社会，完成了从游牧到农耕、从农业社会到工业社会、从劳动密集型产业到智力密集型产业的转变。用辩证唯物主义的观点看，每一种社会形态的更迭，都意味着一种新的生产关系的建立，也标志着生产力又提高到更高的阶段。人类创造历史的总态势是，追求人自身的不断前进和解放，实现生产力的更大的解放。

人类历史上改造社会的活动，从来就不是一帆风顺的，是新思想代替旧思想、新制度代替旧制度的斗争。从本质上说，这些改造活动都是革新，也就是创造。例如，自中世纪以来，西方国家的《自由大宪章》、宗教改革运动、文艺复兴、英国资产阶段革命、英国工业革命、启蒙运动、《拿破仑法典》、《独立宣言》、《解放黑人奴隶宣言》等，都是历史上的改革运动及其标志，是当时代表社会进步的先进人物的创造性举动。他们在推动历史前进的同时，也创建了伟大的业绩。

4. 人类智慧的结晶

在历史上，人类曾经创造过无数的奇迹，它们至今仍然是人类文明的瑰宝。从古埃及的金字塔到中国的万里长城，从古希腊的巴台农神庙到罗马的万神殿，从古希腊的雕塑到中国的敦煌石窟，从贝多芬的交响乐到莫扎特的《费加罗的婚礼》，从意大利著名画家达·芬奇的《最后的晚餐》到荷兰后印象派的代表作品《囚徒放风》，从英国著名剧作家莎士比亚的悲剧《罗密欧与朱丽叶》到法国作家雨果的《巴黎圣母院》，等等。在这些无数的成果中，无论是宏伟的建筑成就，还是闪烁着智慧之光的艺术作品，无不反映着人类无穷的创造力。这种创造力包括着人类深邃的想象力、艰苦卓绝的毅力和顽强的实现自我的能力。

人类不应当悲观，应当永远为自己拥有辉煌的文明历史而骄傲。难道不是吗？我们仅举古埃及金字塔一例，就可以看到古代人的伟大的创造精神，也可以使我们从中汲取无穷的力量。

古埃及金字塔始建于公元前2700年以前，迄今已有约5000年的历史。金字塔是经过数代王朝修建而成的，共70多座。其中，最大的一座是第四王朝法老齐阿普斯（胡夫）在开罗基萨造的。据载，该金字塔塔高146.5米，塔底四边各长230米，占地约52 900平方米（合80亩）。建筑该座金字塔共用巨石230万方，每方重达2.5吨，耗时约30年，征用工匠和奴隶约10万人。令人惊叹的是，这样艰巨的工程，居然是建成于奴隶社会时期。当时，显然已具有一些算术、几何和建筑方面的知识，并对金字塔的结构和叠砌都作了周密的计算。当时尚处在铜器时代，没有铁制的工具和机械，完全用铜制工具挖掘和加工巨大的花岗岩石块；没有运输和起重机械，巨大的石块完全靠人力和简易工具一块一块地托上土坡，再把它们撬起叠砌好。即使在今天，由掌握现代科学技术的工程师和建筑工程队，用那时候的施工方法再建造一座金字塔，我想也是很困难的。由此看来，我们不能不十分敬佩那些建造金字塔的无数的无名英雄们，感谢他们为人类留下了如此珍贵的古迹。

我一向十分景仰金字塔，这不仅是由于它在建筑上辉煌的成就，还在于它在教育上的隐喻。俗话说："为学当如金字塔，又能博大又能高。"无论是学习成才，还是开拓创业，都犹如攀登一座金字塔，只有发扬建造金字塔的顽强精神，扎扎实实地打好基础，才有可能达到光辉的顶点。

金字塔象征着事业，象征着光明，让我们每个人建造自己的金字塔吧！

5. 人类文明的里程碑

人类社会延续到今天，其间作出了多少科学发明？有过多少堪称为里程碑的伟大发现？这是无法准确统计的。不过，我们可以这样说，人类历史上的每一个重大发明，都可以称得上是一个里程碑，而且已载入史册，供后人学习、研究、使用和发展。

火的发现和利用，恐怕是人类重大发现的最早的里程碑之一。据记载，人类最早使用火的遗迹是在我国云南发现的。原始人是怕火的，后来发现火可以带来光明和温暖，于是他们不仅不再怕火，而且还学会了取火、保存火种和防火。火成了人类生活中不可分离的伴侣，成了人类赖以生存和改造自然的强有力的武器，它使人类的食物来源扩大了，居住条件改善了。恩格斯高度评价了火的发现。他说："就世界性的解放作用而言，摩擦生火还是超过了蒸汽机，因为摩擦生火第一次使人支配了一种自然力，从而最终把人同动物界分开。"①但是，人类发现火也付出了巨大的代价，从怕火到用火，前后就经历了一百多万年的时间。

15 世纪，随着黑暗的中世纪的结束，资本主义生产方式兴起，为自然科学的发展准备了良好的社会条件。随之而来的是，欧洲的纺织、机械、采矿、冶炼、玻璃制造、眼镜和钟表业都得到了迅速的发展，而且达到相当高的水平。

在欧洲科学技术发展的同时，中国先后也做出了对人类有着重大贡献的四大发明。我国的火药知识是 13 世纪通过阿拉伯人的著作传入欧洲的，欧洲人大约在 14 世纪与伊斯兰教国家的战争中才开始使用火药武器。我国印刷术是由波斯人传入欧洲的，14 世纪末欧洲就出现了活字印刷的经典。指南针传入欧洲的时间更早，大约在 12 世纪末至 13 世纪即被用于航海。其时，马可·波罗随父经西亚、中亚来到中国。他在中国游历了 17 年之久，通晓汉语、蒙语和中国文化。他回国以后发表的关于中国的报道，引起了西方对东方的浓厚兴趣，

① 马克思恩格斯选集（第 3 卷）[M]. 北京：人民出版社，1995：456.

刺激了西方的航海探险，促进了欧亚大陆的交流，引发了商业革命。马克思在评价我国这些伟大发明时说："火药、指南针、印刷术——这是预告资产阶级社会到来的三大发明。火药把骑士阶层炸得粉碎，指南针打开了世界市场并建立了殖民地，而印刷术则变成了新教的工具，总的来说变成科学复兴的手段，变成对精神发展创造必要前提的最强大的杠杆。"①

在近代自然科学史上，无数的科学家为了实现自身的价值和维护科学真理，曾进行了前仆后继的斗争，付出了血的代价。其中，关于"日心说"与"地心说"的争论，就是充满了"血与火"的斗争。在哥白尼（Nicolaus Copernicus，1473—1543）时代，天文学中占统治地位的观点是托勒密（Claudius Ptolemaeus，约 90—168）的"地心说"。它流行了一千多年，并被天主教披上了一层神秘的面纱，借以证明上帝创造了万事万物。但是，哥白尼和少数进步科学家在文艺复兴思潮的影响下，接受了近代自然科学的成就，特别是毕达哥拉斯（Pythagoras，约前 580—约前 500）学派的传统，逐步形成了"日心说"的思想。耗费了 30 多年心血的《天体运行论》巨著于 1543 年出版。该书阐述了"日心说"的思想，证明了地球不是一个静止不动的天体，它既有自转又围绕着太阳旋转，正确地解释了太阳东升西落和整个天体运行的现象。如果不推翻"地心说"，我们不仅谈不上改造自然，甚至连我们生活在什么空间也不知道了。哥白尼的贡献可谓是划时代的，正如爱因斯坦在纪念哥白尼逝世 400 周年大会上所说：他对于西方摆脱教权统治和学术枷锁的精神解放所作的贡献几乎比谁都大。

以蒸汽机的发明和广泛应用为标志的产业革命（第一次工业革命）是人类文明史上的又一里程碑。产业革命起于英国，始于 1733 年，基本结束于 19 世纪 30 年代。继英国之后，法、意、德、美相继完成了产业革命。这次革命的直接影响是，为资本主义的迅速发展奠

---

① 马克思．机器、自然力和科学的应用［M］．北京：人民出版社，1978：67.

定了物质和技术基础。西方经济学家认为：迄今为止，人类历史上已发生了三次产业革命。第二次发生于18世纪中叶到19世纪末，以蒸汽机、转炉炼钢和铁路为中心。第三次始于19世纪末到20世纪30年代，以电力、化学工业和内燃机为特征。未来学家托夫勒（Alvin Toffler，1928—　）认为，从第二次浪潮到第三次浪潮（即第四次产业革命）的转变，大约从20世纪50年代在美国就已经开始了，而后逐步波及西方各发达国家。这次产业革命是以微电子、电子计算机、遗传工程、新材料、空间技术和海洋科学为特征的。目前，这场革命正在向着纵深方向发展，其前景是无限宽广的。

在历史上，19世纪的科学发现曾出现过惊人的奇迹。19世纪30年代，施莱登（Matthias Jakob Schleiden，1804—1881）和施旺（T. Schwann，1810—1882）提出了细胞学说，从而把人们关于生物界统一性的认识提高到一个新的高度。

从19世纪30年代起，英国物理学家焦耳（James Prescort Joule，1818—1889）和德国物理学家赫尔姆霍茨（Hermann von Helmholtz，1821—1894）先后证明：自然界中各种运动形式都是可以相互转换的，这就是“能量守恒和转化定律”。

达尔文经过5年的环球考察，又经过20多年进一步搜集资料和分析推敲，于1859年出版了他的伟大著作《物种起源》，阐明了他的进化论的观点。《物种起源》的发表，引起了极大的争论。正如任何一个新理论的出现一样，开始时总会遭到一些守旧者的反对。但是，真理终归是真理，达尔文的进化论的思想已深入人心，成为人们认识和解释生物进化的重要学说。恩格斯对19世纪的三大发现给予了极高的评价，他说：“……一切有机体的最后构成成分的原生质和细胞，原来是独立生存着的最低级的有机形式。因此，不仅无机界和有机界之间的鸿沟缩减到最小限度，而且机体种源说过去遇到的一个最根本的困难也被排除了。”①

现代自然科学是从19世纪末20世纪初开始的，以电子、X射

① 马克思恩格斯选集（第4卷）[M]. 北京：人民出版社，1995：270.

线、放射性的发现和相对论、量子力学的建立为标志。自20世纪初以来，自然科学进入蓬勃发展的时期，揭示了很多新的领域和前所未知的新规律。科学技术极大地提高了生产力，进一步推动了资本主义社会的发展。

1897年英国物理学家汤姆生（Joseph John Thomson，1856—1940）在研究阴极射线本质时发现，形成阴极射线的粒子是带负电的微粒子流（后来把这种微粒子称为电子），并证明：电子存在于所有的物质中，是原子的组成部分。电子是人类认识的第一个基本粒子，它的发现使人类的认识由宏观向微观深入迈出了十分可贵的第一步。

1895年德国物理学家伦琴（W. C. Röntgen，1845—1923）发现在研究阴极射线激发玻璃壁时产生的一种荧光，还偶然发现用黑色纸密封好的照相底片放在高真空的放电管附近会发生感光。这一现象说明，在放电管内产生了某种能穿透相片底片密封套的射线。后来，伦琴把这种穿透力很强的射线称为X射线。这一发现意义十分重大，如果没有它，某些物质的微观结构就无法确认，某些工业部门就失去了“眼睛”，可能会有无数的人因为不能早期诊断而被夺去生命。

1896年法国的贝克勒尔（Antoine Henri Becquerel，1852—1908）首先发现了铀的放射性。但是，在放射性的研究上建立殊功的乃是居里夫人（Marie Sklodoska Curie，1867—1934）和她的丈夫比埃尔·居里（Pierre Curie，1859—1906）。继铀之后，她又发现了钍、钋和镭等元素的放射性，并在1902年从数吨废矿渣中分离出0.1克的纯氯化镭。这是多么贵重的0.1克呀！它耗去了居里夫人多少的心血！同时，它也使居里夫妇与贝克勒尔获得了诺贝尔物理学奖。

电子、X射线和放射性这三大发现的意义是巨大的，不仅在物理学上是一次伟大的飞跃，而且还导致科学技术应用的重大突破。人们把20世纪前半叶称为电子时代，这是名副其实的，物理学上的三大发现正是电子时代的曙光。

随着原子的内部秘密被揭开，现代化学在基础理论和应用两个方面以惊人的速度向前发展。据统计，目前已知各种单一的化合物总数已超过800万种，而且还在以每一分半钟合成出一种新的化合物的速度继续增加。

有机合成在19世纪前半叶还仅仅是开始，到了20世纪初，染料、药物、香料等已成了欧洲许多发达国家的化学工业的支柱。

高分子化学是20世纪初才开始形成的年轻学科。美国贝克兰（Leo Hendrik Baekeland，1863—1944）于1909年发明了第 一个合成树脂，到了20世纪初，它几乎在一切领域代替了赛璐珞。美国卡罗瑟斯（Wallace Hume Carothers，1896—1937）于1935年发明了尼龙合成纤维，并于1938年开始生产。从40年代开始，各种高分子材料工业得到迅速发展，不仅满足了各工业部门的需要，而且还适应了尖端科学技术的发展需要。据统计，目前塑料的产量已超过6000万吨，等于木材和水尼的总产量；合成纤维的产量已达1500万吨，超过天然纤维的产量；合成橡胶的产量已为天然橡胶产量的2倍，年产量达600万吨。20世纪末，全世界合成材料产量达2亿吨，按其体积计，大大超过钢铁和有色金属材料之总和。难怪人们把20世纪中叶称作高分子的时代，这是合乎逻辑的。

人类对计算机的认识和研制，曾经历了一个相当长的过程。第一台电子计算机是1943年正式开始研制的，1946年正式研制成功。60多年来，电子计算机技术又有了惊人的进步，从重达30吨的第一台电子计算机到微型机，前后经过四次更新换代。从简单的计算器到各种特殊功能的机器人，真是应有尽有。时至今日，计算机已进入各个领域，它已成为各行各业的有效的计算和管理工具。假如没有电子计算机的广泛应用，那么我们决不可能有今天如此高的生产水平、管理水平和物质文明。

人们通常把电子计算机叫做“电脑”，或称为“人工脑”。电脑是人脑创造的产品，反过来电脑又可以帮助人脑工作，可以帮助人脑记忆、分析、推理、计算、设计以至于发明创造。但是，电脑是借助人脑而工作的，如果没有人脑供给软件产品，那么电脑也就仅仅是一具僵死的机器。因此，无论今后出现第几代电子计算机，也无论人工智能发展到如何高的水平，都不能从根本上否定和代替人类大脑的作用。这是因为人是宇宙中的第一创造力，是一切奇迹（包括电子计算机）的创造者。

1938 年德国化学家哈恩（Otto Hahn，1879—1968）和德国物理化学家斯特拉斯曼（Fritz Strassmann，1902—1980）共同发现了中子诱发的铀裂变，给人类利用原子能带来了希望。随后，费米（Enrico Fermi，1901—1954）于 1942 年在美国芝加哥建成了世界上第一座核反应堆，1945 年 7 月美国试验成功了第一颗原子弹。1954 年 6 月，苏联建成了世界上第一座原子能电站，其功率为 5000 千瓦。与此同时，美国也在 1954 年研制成功世界上第一艘核潜艇，并下水试航。从这几项重大发现和发明我们可以看到，是冷战导致了原子能研究的“热战”。我们把 20 世纪 50 年代称作原子能时代是毫不夸张的，而这个时代的开创者之一就是诺贝尔物理学奖获得者费米。

近几十年来，原子能的和平利用已经得到了极大的普及，除了原子能电站以外，它还在工业、农业、医疗和测试技术等方面得到了广泛的应用。可喜的是，我国秦山和大亚湾两座核电站也先后投入运行，正日益发挥其巨大的经济效益。

人的认识是不断发展的，创造力是无穷尽的。正当核裂变原子能电站以异常迅猛的速度在全世界发展时，人们发现能用于核裂变的元素的储量是有限的，在不远的将来终有枯竭的危险。于是，科学家从对立统一的规律出发，企图通过轻原子核聚变而获得巨大的能量。这项研究工作是从 20 世纪 20 年代开始的，到了 70 年代，美国耗费巨资，在普林斯顿大学建成了一座大型托卡马核聚变反应堆，并于 1982 年点火成功，这就向着核聚变能量的应用迈出了重要的一步。核聚变反应用的元素是氘，它占氢元素的 1/6000，在地球上是取之不尽的。因此，人们完全用不着担心未来的能源危机，太阳和水将成为未来能源的最大的两个来源。人们有充分的理由相信，人类凭借自身的创造力，一定会创造出更干净、更便宜的新能源。

1957 年 10 月 4 日，苏联第一颗人造卫星发射成功；1958 年 1 月 31 日，美国第一颗人造卫星也上了天；同年 3 月，美国第二颗卫星又被送上了太空。1961 年 4 月 12 日，苏联宇航员加加林（Yury Alekseyevich Gagarin，1934—1968）乘东方 1 号宇宙飞船绕地球一周，历时 1 小时 48 分钟后，顺利降落在苏联境内。这些空间科学技术上的重大突破，意味着空间时代的到来。

到了 20 世纪 60 年代，人类征服宇宙又向前迈进了一步。1961 年，美国总统肯尼迪宣布，美国将在 60 年代末实现人类登月计划——阿波罗计划。该项工程巨大，参加研制的有 2 万多家公司和 120 所大学，共 400 多万人，耗资达 250 亿美元。这项计划获得了成功。1969 年，美国的阿波罗 11 号宇宙飞船把人送上了月球，实现了人类千百万年来的“奔月”的美好幻想。

从 20 世纪 70 年代开始，空间科学技术在向民用转移方面又取得了令人瞩目的成就。继美、苏之后，英、法、德、日以及中国等，先后发射了天文观测卫星、地球资源卫星、通信卫星、气象卫星、科学卫星、军事侦察卫星、海洋勘测卫星、太阳轨道观测台、水星探测器等。这些遨游在太空中的成千个卫星，在为人类提供各种功能服务的同时，还为科学家们反馈宇宙中奥秘的各种信息。

1981 年 4 月 21 日，美国第一架航天飞机“哥伦比亚号”试飞成功，第二架“挑战者号”又于 1983 年 3 月升空并安全返回。航天飞机的研制，是空间技术发展的新阶段。航天飞机利用火箭把飞机送上太空,然后按照预定的时间再安全返回,这等于是地球和太空以及月球之间的“客货班机”。这就意味着人类可以在空间建立安全的空间站、维修站、实验室等,并且使得在空中修复卫星、调试哈勃望远镜以及在月球上行走得以实现。估计在不久的将来,人类到月球旅行和居住的计划将会实现,那时将开创人类超越自己、超越地球的新纪元。

6. 认识和改造自然的伟大胜利

在我手边存放着两份统计资料，一份是 1901 年以来的诺贝尔自然科学奖获得者名单，另一份是《世界科技发明发现年表》①。前者主要是在认识自然规律方面所取得的伟大成就，后者是在改造自然方面所取得的伟大胜利。

---

① 阙维明，张锦智，主编．现代科技管理辞典．广州：广东高等教育出版社，1986：572-605.

自然科学以自然界的各个领域为研究对象，通过对它们的观察与研究，得出关于自然界事物变化的本质和规律性的知识，它的正确性毫无疑问要接受实践的检验。自然科学既是人类认识和改造自然的经验总结，又是进一步指导改造自然的科学理论基础。

诺贝尔（Alfred Bernhard Nobel，1833—1896）是伟大的发明家，他一生共获得355项技术发明专利，在20多个国家创办了80多个企业，创造了3000万以上瑞士法郎的财富，是19世纪末最富有的资本家之一。他是集发明家和资本家于一身的典型。

诺贝尔于1896年12月10日病逝于意大利的圣雷莫。在他逝世的前一年，即1895年11月27日，他在法国巴黎写下了具有深远意义的遗嘱。他在遗嘱中写道：我全部保存的现金财产，必须按以下方式分配：请我的遗嘱执行人，把我的资本变换为有价证券，建立基金会，它的利息每年以奖金的形式，授予过去一年中为人类作出最大贡献的人……贡献是多方面、多层次的，什么叫最大贡献呢？从根本上来说，最大贡献是指那些从本质上揭示自然规律的伟大发明，它带有突破性、长远性和划时代性的特征。根据诺贝尔的遗嘱，诺贝尔奖金评选委员会设立了物理学奖、化学奖、生理学或医学奖、文学奖及和平奖5种，从1969年起又增设了诺贝尔经济学奖。到1993年为止，全世界共有612名自然科学家获得诺贝尔奖，涉及40多个学科。

当我翻看诺贝尔自然科学奖获得者的名单和成果统计表时，心里久久不能平静。那是人类近代史上的一批杰出科学大师，他们的每一项成果都是人类认识历史的里程碑。尽管那些研究在最初还是属于基础研究性质的，但是它们却预示着未来的一个新的应用领域，甚至对于人们的思维方式和生产力起着革命性的作用。例如，如果没有汤姆生的电子发现，就不可能出现“电子革命”；如果没有查德威克（J. Chadwick，1891—1974）发现中子，就没有哈恩研究中子诱发下铀的裂变的发现，最终也不会有原子能的普遍应用；如果没有莫桑（H. Moissan，1852—1907）发现氟元素，也就不可能出现广泛应用于国防上的氟塑料、氟橡胶和氟油；如果没有弗莱明（A. Fleming，1881—1955）发现青霉素，就不知有多少人会死于各种传染疾病；如果没有沃森（J. D. Watson，1928—　）、克拉克（F. H. Crick，1916—2004）和威尔金斯（M. H. F. Wilkins，1916—2004）发现并提出蛋白质的DNA分子结构双螺旋模型，就不可能破译“遗传密码”，不可能复制DNA分子，最终也就不可能形成当今最热门的基因工程这个新兴的产业。

《世界科技发明发现年表》共列出了自史前200万年到20世纪80年代初的725项重大发明，其中史前73项。可以肯定地说，这个年表是挂一漏万的，所列举的项目也多有不当。如果人类在200多万年的历史中，仅仅只有如此区区小数的重大发明，那显然是低估了人类的巨大创造力，也是与历史事实极不相符的。

但是，作为一个统计表，它仍然不失其参考价值。从人类发明的历史中，我们可以看出以下趋势：

（1）从人类史前到15世纪这一相当长的历史时期内，由于生产力水平很低，总的来说，人类的发明创造比较少。但是，在这个时期内，埃及、希腊和中国的发明成果较多，也正是由于这个原因，这三个国家被誉为“文明古国”。自15世纪以后，这几个国家落后了，而欧洲则成了科学技术发明的主要发源地。究其原因，首先，是因为中国等东方文明古国的封建社会漫长，如中国封建社会长达两千多年，可欧洲仅几百年，并且欧洲由“农本”转向重商也完成得比较早，而商品社会是资本主义发展的前奏。其次，欧洲的文艺复兴运动大大地解放了人们的思想，也极大地解放了生产力。随后，又发生过多次的工业革命，而中国一直未能赶上这些革命，失去了发展科学技术的契机。

（2）从科学发现发明的历史来看，在数千年的历史中，科学发明的成果是随着历史发展而不断加快的。有人作过统计①，在公元前的两千年内，共获138项重大科技成果，平均每年0.069项；从公元元年到1000年，有90项重大成果，平均每年0.09项；1001—1500

① 罗伟，等著. 自然科学发现经验的探索［M］. 福州：福建科学技术出版社，1988：101.

年，有67项，平均每年0.134项；1501—1600年，有34项，平均每年0.34项。在以后的年代里，这个平均数字直线上升。1901—1950年，共获751项重大成果，平均每年为15.02项。虽然，自20世纪80年代以后的统计资料未能看到，但这个时期正是技术革命的孕育时期，科学技术日新月异，科技成果琳琅满目，应该是历史上科学技术重大发明最多的时期。

（3）在近代自然科学发展史上，还存在着科学中心转移的现象，这是日本学者汤浅光朝（1909—2008）提出的观点①，后来得到科学界和史学界的赞同。按照他的观点，一个国家所获得的科技成果数占全世界科技成果总数的25%以上，那么这个国家就是这个时期的科学中心。据他的统计，从1501年至1650年的150年内，意大利的科技成果所占比例均在25%以上，因此从16世纪初到17世纪中叶，世界科学中心在意大利。英国从1651年至1700年和从1701年至1750年，科学成果分别占37.6%和24.6%，因此从17世纪中叶到18世纪中叶，世界科学中心由意大利转移到了英国。从1751年至1800年和从1801年至1850年，法国科技成果所占比例分别为31.6%和31.4%，所以从18世纪中叶到19世纪中叶，世界科学中心从英国转移到了法国。从1801年至1850年和从1851年至1900年，德国的科技成果所占比例分别为33.6%和38.9%，因此科学中心又由法国转移到了德国。其实，从1801年至1850年，法国和德国的科技成果数分别为31.4%和33.6%，已呈由法国向德国转移的趋势，所以法国的科学中心只维持了50年左右。到了20世纪前半叶，美国的科技成果已占全世界的65.1%，至今仍然保持着强劲的优势。毫无疑问，自20世纪初起，世界科学中心转移到了美国。有人认为，到了21世纪，世界科学中心将转移至东方或中国。

（4）科学发现与发明需要一个过程，从科技发明到应用也需要一个过程。从科学发展史来看，科学发明到应用的周期是随着历史的

① ［日］汤浅光朝．科学的未来［M］//友松芳郎，编．自然科学史［M］．东京：创元社，1974：295-301.

前进而不断缩短的。例如，蒸汽机从发明（1680）到应用，整整花费了100年的时间。这是因为，在那个时代，推广一项重要的发明成果不仅受到工艺制作水平的限制，而且还要遇到守旧思想的抵制。但是，时代在前进，生产力水平不断提高，人的思想越来越开明，因此科学发明成果的推广周期越来越短。例如，电话从发明到应用花了56年的时间，无线电是35年，汽车是27年，飞机是14年，电视是12年，尼龙是4年，太阳能电池是2年，而激光仅仅用了1年。这个进程说明，当今基础科学研究与应用研究结合得密切了，科学技术是生产力已成人们的共识。科学发明是人的创造力的体现，而科学成果的实用性则又是创造力价值的表现。

第三节 知识和智慧的价值

1. 知识是人创造的产品

在上节中，扼要地介绍了人类历史上的一些重大科学发现与发明以及它们在生产和生活中的应用。如果要问，这些科学发现与发明是什么，我们可一言以蔽之：它们是知识。那么，知识的定义又是什么呢？毛泽东对此曾界定："自从有阶级的社会存在以来，世界上的知识只有两门，一门叫做生产斗争知识，一门叫做阶级斗争知识。自然科学、社会科学，就是这两门知识的结晶，哲学则是关于自然知识和社会知识的概括和总结。"① 毛泽东关于哲学的概括是十分精辟的，给我们以深刻的启示。

知识与智慧有着密切的联系，但二者是不同的范畴，正如知识不等于力量一样。智慧，现在一般叫做智力，它是指人认识客观事物及运用知识解决实际问题的能力。一个人智慧的高低，主要表现在反映客观事物的深刻性、正确性和完整性的程度上，以及运用知识解决实际问题的速度和质量上。智慧与知识的关系，是互为条件、互相促进

---

① 毛泽东选集（第3卷）[M]. 北京：人民出版社，1991：815-816.

的。一般来说，智慧是获取知识的前提，而知识又是发展智慧的条件。只有具有一定智慧的人才可能理解和掌握知识，掌握的知识越多，对智慧的发展起的促进作用越大；智力水平越高，则越容易掌握知识，应用知识，甚至于创新知识。低智慧人和高智慧人的区别就在于，前者只能学习和掌握前人的知识，而后者能创造新知识。

2. 知识和智慧的本质与作用

知识和智慧分别属于认识和思维的范畴。就本质来说，它们都是客观存在的，具有物质的属性。但是，它们又是有区别的。知识可以存在于主体（如人的经验），也可以存在于客体（如图书、报纸、仪器设备等）。然而，智慧只能存在于主体，即人的大脑之中。有关研究表明，智慧的高低并不总是与人的知识的多少成正比。也就是说，知识多的人，不一定智慧高，而且知识与智慧的发展多半是不同步的。一般地说，人的知识随着年龄的增加而日益充实，随着经验的积累而增加，随着阅历的加深而丰富。但是，智慧的开发有敏感期、发展期和成熟期，也就是说，到了一定年龄，其智慧就不再增加了。

知识和智慧的作用是巨大的，这种作用都是通过认识的主体——人来实现的。智慧不能离开人而存在，知识如果离开了人这个能动的载体，那么即便是最新的知识也发挥不了作用。我们以上所介绍的那些伟大的发明家，他们既是最有知识的人，同时又是最有智慧的人。他们的科学发现与发明，正是他们的知识和智慧在认识和改造自然的过程中发挥作用的结果。

教育是传授知识的，同时也肩负着开发智慧的任务。传统教育只注重传授知识而忽视智慧的培养。爱因斯坦（Albert Einstein，1879—1955）说过："想象力比知识更重要，因为知识是有限的，而想象力概括着世界上的一切……"由此看来，大学教育应当把培养学生的智慧放在首位，培养富有创造精神的人才。只有这样，我们才能培养出"站在巨人肩膀上的人"，才能把人类历史推向更高级的发展阶段。

3. 知识和智慧的价值的特殊性

日本堺屋太一曾对知识与智慧的价值下了一个严格定义："反映社会结构和社会主观意识，被社会所承认的带有创造性的知识与智慧的价值"①。简单地说，知识与智慧的价值，就是用知识与智慧创造出来的价值。例如，艺术家通过创作艺术作品来体现知识与智慧的价值。以此类推，设计家、工程师、计算机专家等，也都是通过他们研究或设计的产品而体现知识与智慧的价值，亦即自身的价值。

劳动价值理论认为：价值与成本相一致，并且根据供求关系的变化而上下波动。在商品社会中，一切产品的价值无不遵守这个规律。但是，知识与智慧的价值并不与劳动价值相同，有其自己的特殊性，主要表现为：①流动性。即知识与智慧的价值是不稳定的，其价值与生产成本没有必然的联系，也不围绕着成本而上下波动，但却因知识与智慧的价值难以量化而具有很大的流动性。②主观意识性。"知识与智慧的价值是通过社会上一定范围的人的主观意识即社会的主观意识产生的"，"只有在具有一定的社会条件和社会主观意识的领域里，知识和智慧才具有它本身的价值"②。例如，一条领带本来可卖2 000元，但由于样式已不再流行，不得不削价处理，只卖100元。很显然，领带的成本和价值并没有改变，它之所以降价是由于人们的欣赏趣味即主观意识发生了变化。③失效性。即由于更新换代，原有的包含知识与智慧的产品会部分甚至完全失去价值。例如，电子管收音机和电唱机本来是人类知识与智慧创造的产品，在20世纪50年代，它们风靡一时，是颇具价值的电子产品。但是，后来又发明了半导体收音机和收录机，它们是新一代产品，具有体积小、功效强的特点。所以，原来的电子管收音机和电唱机，尽管它们仍然还是人类智慧发明

---

① ［日］堺屋太一．知识价值革命［M］．北京：东方出版社，1986：203.

② ［日］堺屋太一．知识价值革命［M］．北京：东方出版社，1986：217-219.

的成果，但是却失去了价值。这种情况，在技术革命的今天是屡见不鲜的。

4. “知识激增”导致信息化社会

堺屋太一认为，未来的社会是“知识价值社会”，这种“新社会”即将诞生。但是，我偏向于用“信息化社会”来概括未来的社会，虽然知识也是信息，但信息比知识包含的内容更广泛和更深刻。

今天，人们生活在科学技术高度发达的社会，知识不断骤增，同时又不断被淘汰。据统计，300 余年以来，世界上 90 多个国家共登记专利 2 000 万项，仅美国就占 400 万项，居世界第一位。现在，每年的科技发明专利以 30 万～40 万项的速度递增，平均每天约有1 000 项专利产生。另外，作为知识主要载体的文字信息也激剧增长。如 1750 年，全世界出版的科学期刊只有 10 种左右，19 世纪初达到 100 种左右，19 世纪中叶约有 1 000 种，1900 年达到 10 000 种，到了 1965 年就突破了 10 万种，而且之后仍以每年 1 500 种的速度递增。知识激剧增加，“知识激增”的时代已经到来。

信息化社会是从工业化社会发展起来的，但它决不是工业社会的延续。它不是社会的个别领域发生变化，而是整个社会面貌发生变化，进入一个崭新的阶段。在信息化社会中，创造价值的最关键因素不是设备和工具，而是从事创造的人，依赖于他们的知识、经验和创造力。在信息化社会里，具有高超技术水平的优秀的知识产品制造者将比今天多得多，知识产品的生产在商品生产中所占的比重也将迅速提高，实现由劳动密集型生产向知识密集型生产的过渡。总之，信息化社会不仅是继续出现伟大发明的社会，而且也是知识产品不断改良、重新组合和更新的社会，是充分享受和应用知识和智慧的社会。

信息化社会的重要特点是信息特别发达。“信息高速公路”的建成，使信息网络化、高速化和普及化。“信息高速公路”将改变人们的生产方式，同时也将改变人们的生活方式。在信息化社会里，工作节奏加快了，劳动强度减轻了，时间过剩了，世界也变得越来越小了。所以，有人干脆把地球叫做“地球村”。

第四节 创造人生的最大价值

1. 就《人生》谈人生

20世纪80年代初，路遥创作了中篇小说《人生》①，后来这部作品还被搬上了银幕。这是一部描写当时青年生活的小说，题材虽然取自于几个农村青年的故事，但是它却反映了当时的青年对待人生的各种态度。在此之前，我差不多十多年没有看过电影了，但这部影片我却看了，而且很喜欢。

高加林是一个优秀的高中毕业生，毕业后没有考上大学。这对一个千方百计要摆脱贫穷落后的农村青年来说，是一个重大的打击。但是，好在毕业后他当上了农村的民办教师，既可不必参加繁重的体力劳动，又有时间继续学习。几年以后通过考试，也许会转为正式国家教师，再经过努力或许会争取到他认为的更理想的工作。看得出，这就是高加林在他所处的条件下，对自己人生的最佳设计，也是他认为的人生最大价值。

可是，“天有不测风云”，就连这个小小的民办教师的职位也被大队党支部书记的儿子用不正当的手段顶替了。高加林愤懑而又无可奈何地面对人生现实，开始扮演一个他十分不情愿的角色——农民。就在他情绪极度低沉的时候，心灵和容貌都很美好的姑娘刘巧珍闯进了他的生活。她无微不至地关心他，真挚地热爱他。他们相爱了。对于她来说，得到了高加林就是她人生的最大追求，也是她人生最大的幸福。

生活有时在一瞬间就发生了巨大的转折。就在高加林伤痛未消的时候，又是一个不正当的机会使他成了县政府的通讯干事、记者。他感到人生有了希望，拼命地工作，成绩也很突出。他抛弃了真正爱他的巧珍，和同班同学、一个干部的女儿恋爱了。正当他陶醉在成绩和

---

① 路遥，著．人生［M］．北京：中国青年出版社，1982.

爱情的幸福之中时，命运又一次捉弄了他。他是由拍马屁的马占胜为了讨好他的当劳动局局长的叔叔而安排的。在事情败露以后，他又被辞退回到了农村。这时，他没有了工作，又失去了真正爱他并一直爱着他的巧珍姑娘，他的痛苦是难以想象的，但他没有趴下来。

《人生》耐人寻味，给我们的启示也是多方面的。首先，我们应当领悟人生是个大舞台，无论谁都得进入“角色”，要么正面，要么反面。人生的角色与戏剧中的角色不一样，人生舞台上的角色是变幻无穷的，高加林不就先后扮演了民办教师、农民、记者等多种角色么？人生的角色是多变的，但人生的灵魂则是不会变的。因此，不管高加林是民办教师、农民，还是记者，总的说来，他的个性和人生的价值并没有变。

其次，现实社会也是一个大舞台，每个人既是人生舞台上的角色，又是社会大舞台上的演员。现实社会是十分复杂的，政治、经济和文化干扰，常常对人生有着巨大的影响。高加林是很有才华的，但是由于没有平等公开竞争的机制，不仅高加林，即使比高加林才华更出众的人也可能被埋没。

再次，高加林的遭遇到底是悲剧还是喜剧，众说纷纭。从故事情节上看，似乎是悲剧。但从人生哲学上看，他并不是悲剧人物。从性格上讲，他个性鲜明，有理想，有奋发精神，有克服困难的勇气，有抵制冷嘲热讽和闲言碎语的心理素质。在人生舞台上，他是个强者，他充分体现了自我。如果故事继续写下去，我相信，高加林在总结人生经验的基础上，凭借着他的个性与开拓精神，一定会创造出属于他自己的美好人生。

2. 创造人生的最大价值

人生的问题涉及面极广，如人生态度、人生道路、人生目标和人生价值等。怎样认识人生价值是一个至关重要的问题，它决定着对人生道路的选择，对人生目标的确立以及人生中一切具体问题的解决。

价值本来是一个抽象的概念，但当讨论到人与物的价值即有用性时，它就是十分具体的问题了。人的价值与物的价值是不同的，前者是主动的，是由人自身创造的；后者是被动的，是由人赋予的，并且在被使用的过程中消极地表现出来。人的价值与人生价值也是不同的，人的价值的价值客体是人类整体，而人生价值的价值客体是人类个体。人生价值具有二重性，即包括人生反身价值和为他价值，我们通常所说的人生价值是指这二者的统一。事实上，人生的反身价值与为他价值是辩证统一的，没有高大的反身价值，就不可能创造出有效的为他价值；反过来，反身价值又必须通过为他价值才能体现。这正如歌德所说："你若要珍爱自己的价值，你就得给世界创造价值。"①

每一个希望实现自己人生价值的人，都不能不思考和回答这样一些问题：我应当成为什么样的人？我应当做出什么样的贡献？同样的，每一个希望最大限度实现自己人生价值的人，也必须回答：什么是人生的最大价值？怎样才能创造人生的最大价值？

马克思说："任何人的职责、使命、任务就是全面地发展自己的一切能力。"② 在这里，马克思讲人生价值，就在于充分地实现自我，也就是"全面地发展自己的一切能力"。从表面上看，"全面地发展自己的一切能力"仅仅只是人的反身价值，其最终目的是用"一切能力"创造出最大事业来，并表现为他价值。每个人需要在工作和生活中找到自己的位置，需要以某种意义肯定自己的价值。在自然界中，人是具有最高价值的存在物。人能否创造出自身的最大价值，主要看能否充分发挥能动的创造力，或创建一个大的企业，或作出一项重大的科学发明，等等。

人生价值的大小依什么标准来衡量呢？爱因斯坦曾说："一个人的社会价值首先取决于他的感情、思想和行动对增进人类利益有多大作用。"③ 按照爱因斯坦的观点，人生价值的大小是与对增进人类利

① 转引自肖雪慧，韩东屏，著．自我实现——主体论人生哲学［M］．郑州：河南人民出版社，1988：159.

② 马克思恩格斯全集（第3卷）［M］．北京：人民出版社，1960：330.

③ 转引自辛立洲，著．人生设计原理［M］．天津：天津人民出版社，1987：177.

益的贡献大小成正比的，也就是说，为了实现人生的最大价值，必须对增进人类利益作出最大的贡献。爱因斯坦还特别强调感情、思想对增进人类利益的作用，因为没有情感的人生哲学决不可能造就英才，也不可能创立伟业。这正如狄德罗所说："只有情感，而且只有伟大的情感，才能使灵魂达到伟大成就。"①

既然创业是人生的最大价值，那么如何才能获得创业的成功呢？人生价值在于创造，而创造人生的最大价值也必须依靠创造与创新。创新能力对于一个企业家来说，是衡量他能否成功的重要条件。创新是一种不安于现状的躁动，是一种动力，是一种求索的欲望，是一种实现未来的途径和通道。此外，要获得创业的最大成功，还必须要有毅力，要有奉献的精神。有人认为，"日本企业成功的真正原因在于这个国家的人对工作所持的狂热奉献精神，以及日本人将工作置于私人生活、家庭甚至家族之上的态度"②。不仅日本企业如此，其他许多成功的企业，也无不具有这样的特点。可以肯定地说，只有具有牺牲精神，才有成功的希望；只有付出最大的代价，才能获得最大的成功。

3. 不断超越自我

在前面，我们提出，每个人都应该创造人生的最大价值，那么，是否说这就是人生的终极价值呢？当然不是。人生的最大价值是指一个人在一定的条件下所能取得的最大的成就，当然不是最后一次的成果，更不是最终的成果。例如，当乌克兰撑竿跳高运动员布勃卡第一次打破世界纪录时，可以说他实现了人生的最大价值。假若布勃卡把破世界纪录当作人生终极价值，那么他就不会进步了。他没有这样做，而是不断地超越自我，所以才会在以后30多次打破世界纪录。

---

① 转引自肖雪慧，韩东屏，著．自我实现——主体论人生哲学［M］．郑州：河南人民出版社，1988：55.

② ［美］大卫·罗麦士，著．财富的创造者［M］．颜斯华，译．北京：中国工人出版社，1992：110.

当然，由于年龄增大和其他新选手的涌现，布勃卡终有一天从世界撑竿跳高冠军的宝座上退下来，1991 年发挥失常；1996 年因伤退出；2000 年当选奥委会委员……他在另一个新的领域开拓自己的事业，仍然可以创造出人生的最大价值。

人生的自由创造，其基本内容就是选择。一个人的一生，要面临无数次选择。人生的旅程，就是一系列选择的总和，而每次选择就是一次创造人生的机会，选择得好，就是人生价值的一次增值。一个人一旦超越了自我，那么他就是一个摆脱了低级趣味的、具有崇高情操的人，他就具有把整个事业和人类纳入自我胸中的广阔的情怀，就会增添巨大的责任感和使命感，就会成为时代的号手，成为成功的创业者。

人为什么会超越自我呢？莎士比亚曾借哈姆雷特之口赞颂道："人是多么了不起的一件作品！理性是多么高贵，力量是多么无穷，仪表和举止是多么端正、多么出色！论行动，多么像天使！论理解，多么像天神！宇宙的精华，万物的灵长！"① 他说得多么好啊！简直是一首对人的赞美诗。世界上唯有人具有不知足的本性。这种不知足的本性来源于人的不断增长、不断变化的需要。一种需要满足了，又开始产生新的需要。这种无止境地向前发展的需要，赋予人积极进取的精神和蓬勃向上的生命力。这种力就是超越自我的力量，是不断创造美好人生的力量。

超越自我，不仅要选择正确的途径，而且还必须确立"最高指导原则"，以便克服在实现超越自我过程中所遇到的困难。有一篇札记，题目是"超越自己"②。其中，列举了三个当人们陷入困境或险境的例子，向询问者寻求最满意的答案。现在，我仅摘其中一例：如果有一天你在登山的途中遇到大雨，山洪暴发，只见洪流从山上滚滚而下，此时你正置身在半山腰，那么这时你应该怎么办？对此，人们

---

① 黄兆杰，编译．莎士比亚戏剧精选一百段［M］．北京：中国对外翻译出版公司，1989：133.

② 刘墉．超越自己［J］．读者．1994（8）.

虽然可以提出不同的答案，但专家建议的大原则是：当你处在山洪暴发的半山腰时，逃离险境的最高原则是，绝不能往山下跑，因为愈向下山洪汇集得愈多，夹带砂石也愈多。唯一正确的出路是朝山顶方向前进，这样才能减少山洪的威胁。所以，登山家有句名言："没有一个山顶会有所谓的洪水。"

超越自我，犹如征服高山。登山有进路和退路，退也是为了进。人生的道路也并非一马平川，可以任你纵马驰骋，有时是高山险阻，有时是急流险滩，为了达到超越自我的目的，你必须具有攀越险阻和渡过险滩的能力。一个人一旦做到了超越自我，那么他就犹如到达了自由王国，也就是一个成功者了。

4. 要活得像自己

近年来，社会上不时有人发出哀叹："人活得好累呀！"发出这种感叹的，既有知识分子、干部，也有工人；既有老年人，也有青年人。累即疲劳之意，累可分为身体上的累和心灵上的累。据我观察，发出以上感叹者并不是觉得身体上累，而是指心灵上累。人们都有体会：体力上的劳累是容易消除的，如睡个好觉，洗一次桑拿浴或参加一些轻松愉快的娱乐活动，都能使疲惫的身体得到恢复。然而，心灵上的劳累或劳损是持久的，是难以恢复的。"活得好累"正是人们心灵受到压抑或伤害以后的一种无可奈何的反映。

人们为什么会觉得"活得好累"呢？人是唯一能够自己制造痛苦的动物，而这种痛苦正是他们感到累的原因。卢梭在《忏悔录》中说："我现在要做一项既无先例，将来也不会有人仿效的艰巨工作。""我生来便和我所见到的任何人都不同；甚至于我敢自信全世界也找不到一个生来像我这样的人。虽然我不比别人好，至少和他们不一样。大自然塑造了我，然后把模子打碎了，打碎了模子究竟好不好，只有读了我这本书以后才能评定。"① 多么鲜明的个性，多么宽

① ［法］卢梭，著．忏悔录（第1部）［M］．黎星，译．北京：人民文学出版社，1980：3.

阔的胸怀！我不知道卢梭的一生活得累与不累，但可以肯定地说，卢梭活得像他自己，他的人生是“无憾人生”。

古希腊哲学家苏格拉底有句名言：“没有经过反省的人生是没有意义的人生。”又说：“人最重要的一件事情就是认识自己。”① 什么是反省？卢梭的《忏悔录》无疑是最彻底的反省，他以真诚坦率的态度讲述了他自己的全部生活和思想感情、性格与人格的各个方面。他既没有隐瞒丝毫坏事，也没有增添任何好事。这正如他所说：“我要把一个人的真正面目赤裸裸地揭露在世人面前。这个人就是我。”② 只有通过反省，才能认识自己，所以卢梭既是最能反省自己的人，又是能彻底认识自己的人，因而他的人生是有意义的人生。

无论是过去还是现在，像卢梭这样能够大胆反省自己的人很少很少。我认为人之所以苦恼，就在于他们活得不像自己。有些人信奉“两个口袋”的哲学。所谓“两个口袋”，意指衣服左边和右边各一个口袋，分别装着“左”的和“右”的两种东西，如果“左”的运动来了，他就拿出“左”的东西；如果“右”的吃香，他就拿出“右”的东西。反正这种人能左右逢源，两面讨好，一贯正确，是永不倒的“不倒翁”。可悲的是，这些人不仅没有“生活太累”的感觉，而且对自己的“升官术”和“处世哲学”津津乐道。比较起来，那些感受到“生活太累”的人们还是有良知的，他们认识到“现实中的我”与“真我”的矛盾，为矛盾所困扰，只不过缺乏回归“真我”的勇气而已。

要活得像自己，说来容易做来难。一个至关重要的问题，就是要敢于表现“真我”，即“真我”的回归。人的一生当中有很多的挑战，很多的理想，很多想要实现的期望和奇想，可是最终的完成乃是需要懂得“用”出自己的潜能。人生最好的风格莫过于回复到“真正”的自己。③

---

① 转引自陈怡安，著．把自己找回来［M］．台北：皇冠文学出版有限公司，1991：115-117.

② ［法］卢梭，著．忏悔录（第1部）［M］．黎星，译．北京：人民文学出版社，1980：3.

③ 陈怡安，著．活出现代人的意义［M］．台北：洪建全基金会文经学苑，1992：176.

每个人应该塑造自己的风格，不应当放弃自己的信仰，不应当背离自己认定的路。让我们学习哥伦布，虽然他未能验证地球是圆的，但他始终“坚持”这个信念，终于，有一天让他发现了新大陆。人生有很多层面蕴含着很多的新大陆，如果你不坚持，就永远没有结果；许多成功的人之所以成功，就因他能坚忍不拔地走向“新大陆”。①

① 陈怡安，著．活出现代人的意义［M］．台北：洪建全基金会文经学苑，1992：181.

第二章 自我设计与创业

人生是可以设计的吗？回答是肯定的。我们通常所说的树立崇高的理想，规划美好的未来，这里的“树立”和“规划”就含有“设计”之意。人生设计与职业选择、事业追求、人生价值定位是紧密联系在一起的。人生设计并不神秘，每个人都可以对自己的人生进行设计。成功的人生不是天上掉下来的，不是他人恩赐的，不是父母包办的，而是在正确认识自我的基础上，经过科学的咨询与决策，由自己设计和实践出来的。

第一节 斯芬克斯之谜

1. 最难猜的谜

谜语是人类智慧的产物，同时又是进一步开发人们智慧的一种游戏。谜语常常以事物或文字隐喻某种意思，供人猜测。这是一种大家喜闻乐见的智力游戏，千百年来一直为人们特别是为青少年所喜爱，对他们的身心发展有着积极的作用。

在希腊神话中，有一则关于狮身人面的斯芬克斯（Sphinx）女怪的故事。据说，她用缪斯（文艺与科学女神）所传授的谜语来刁难人，她坐在古希腊东部的忒拜城外的悬崖上，向过路的人提出一道谜语，过路者必须猜，凡是猜不中的就要被她吃掉。这个谜语是：“今有一物，同时只发出一种声音，早晨用四条腿走路，中午用两条腿走路，傍晚用三条腿走路，这是何物?”① 数千年以来，无数的人因此而丧生。最后，被流浪到那里的底比斯国王子俄狄浦斯破了谜，指出谜底就是“人”。在神话中，斯芬克斯被认为是全知的，是智慧的象征。由于她的谜被破了，所以她就羞愧地跳下悬崖自杀了。

谜被破了，斯芬克斯自杀了，神话故事也完了。但是，斯芬克斯之谜和谜底，却留给了我们许多值得深思的问题，也给我们提出了无穷尽的研究课题。

2. 谜底的魅力

猜谜是有规律的，这就是要抓住谜语的特征和本质。斯芬克斯之谜之所以难解，就是因为猜谜者没有抓住它的特征。斯芬克斯之谜的特征就在于“变”。谜语中的早、中、晚是形象地喻指人的婴儿、成年和老年时期，因为人在婴儿时匍匐爬行（四条腿），长大时两脚行走（两条腿），到了年迈时拄杖行走（三条腿）。这种“变”的特征，只为人类所具有，是任何动物不可能模仿的。这种“变”，实际上是人的创造性的一种表现，这又是人与兽的本质区别。人从爬行到站立，无疑是其生命中最杰出的一项创造，不仅使人能够远行，并且锻炼出了善于思维的大脑和两只灵巧万能的手。可以说，如果人类没有善于思维的大脑和双手以及手脑的并用，那么人类的一切创造也都是无稽之谈了。人到了老年，因体衰或多病而行走不便，于是人又为自己制作了第三条腿——拐杖，这又是任何动物不可能企及的。不仅如此，当人们肢体折断，现代医学还会给人配上操作灵便、能以假乱真的假肢，为下肢残疾者配上轮椅车。所有这一切，都是人的创造而带来的多变的表现。“变”是为了生存，“变”是为了适应新的环境，“变”也是为了进一步创造。

人从爬行到直立，这是划时代的进步，使人成为万物之灵。但是，至今还不能说人们完全适应了生理解剖结构的直立姿势，这又使

① 简明不列颠百科全书（卷7）［M］. 北京：中国大百科全书出版社，1986：420.

人类常患与源自爬行动物有关的疾病，如脊椎弯曲、股关节脱臼、椎间盘突出等。同时，人类又因直立，给自己带来一些病痛。我认识一位痔瘘科教授，他研究痔瘘疾病二十余年，提出了“痔因直立说”的新观点。他认为，人现在采取垂直蹲式姿势排便，不如动物的直肠肛管与地面呈抛物线弯曲式排粪容易，所以排便后易发生肛裂或充血，这就是造成“十人九痔”的原因。虽说直立给人带来一些麻烦，但这些与给人们带来的好处相比是微不足道的。而且，人类凭借自己的智慧和现代医学的方法，完全可以解除这些病痛，使自己工作和生活得更舒适。

斯芬克斯谜底的魅力，也就是人的魅力。人的魅力又是什么呢？按照金马的说法：“魅力，是美的一种萌发方式、存在方式、辐射方式、更新方式。”什么叫美？“个性之美，体现的不是美的终端，而是生命原型不断创造从而不断升华的流程。”① 流行歌星、影星或球星，极富感染力的演说家，硕果累累的发明家，无疑都有他们各自的魅力。从根本上说，这魅力就是他们的创造力，就是他们在创造中所展现的独特个性和通过创造而体现的自我价值。

3. 谜外之秘

人类在改造大自然的同时，也为自己创造了赖以生存的物质世界。人类在认识自然方面取得了惊人的成就，但在认识自身上尚不能说有根本的突破。至今，有关人的奥秘不断地被提了出来，为人类自己认识自己提出了很多的课题。例如，人的寿命到底有多长？人为什么会衰老？人是否有特异功能？气功的本质是什么？人的灵魂是什么？有没有外星人？……有人预言，21 世纪将是“生命科学”时代，人类将进入认识自己的时代。也许不久的将来，有关人的奥秘将一个一个被揭开，从而使人们真正掌握自己的“生命密码”。2000 年 6 月 26 日，国际人类基因组公布了人类基因组图谱，这标志着人类在解

① 金马，著. 创新智慧论［M］. 北京：中国青年出版社，1991：321，324.

读自身“生命密码”的道路上又迈出了重要的一步。

根据细胞分裂学说计算，人应该活到120岁，但由于疾病、环境污染、自然灾害等因素的影响，现在世界人均寿命为65岁，平均寿命最长的国家是日本（男性为79岁，女性为86岁），最短的国家有阿富汗、几内亚和塞拉利昂（42岁）①。英国公布的一项报告说：“科学的进步和较为健康的生活方式可能意味着人能正常地活到115岁。”牛津大学格兰姆·埃文斯说，基因工程和更深入地了解人体的衰老过程，以及多锻炼和更好的环境，将大大延长人的寿命。基因疗法是一个关键的因素，这一技术将发展到用于治疗从囊性纤维变形到癌症的各种顽症。我所说的“生命密码”就是基因疗法。有了它，人们就可以有选择地调整和替换磨损了的肌体部件，使人体的功能处于最佳的运行状态。

关于外星人，一直是人类探索并且存在争论的一个秘密，探索外星人不仅对于征服宇宙，而且对于认识人类自身都具有重大意义。人类为此付出了很大的代价，也获得了大量有价值的资料，向着揭开外星人之谜又前进了一大步。

第二节　创业是人生的大挣扎

1. 人生能有几回搏？

在人的一生中，充满着各种挑战，既存在着各种危机，也存在着很多的希望。陈怡安先生归纳人生有七大危机②，即出生危机、上学危机、青春期危机、大挣扎期危机、中年危机、老年危机、死亡危机。他的《人生七大危机》概括了人从生到死的生命过程中遇到的各种危机以及面对这些危机的对策，的确是领悟人生的参考书。

---

① 参考消息，1993-08-31，1993-09-12.

② 陈怡安，著．人生七大危机［M］．台北：洪建全基金会文经学苑，1992.

我记得容国团在20世纪50年代曾发出过豪言壮语：“人生能有几回搏?”他不仅如是说，而且真正地搏击了。他成功了，成了新中国第一个获得世界冠军的人。在他的雄风的感染之下，从60年代初开始，中国乒乓球队连续三次登上了世界冠军的宝座。这些荣誉是他们拼搏的结果，也是他们生命大挣扎得到的馈赠。只要是看过1961年第26届世界乒乓球冠军决赛的人，恐怕至今仍然对中国选手那种敢打敢拼的“小老虎”式的拼搏精神赞叹不已。

人生的意义在于占领自己生命的制高点。什么是生命的制高点呢？制高点是一个军事术语，意指能够俯视和控制周围的高地或建筑物。从人生角度看，占领生命的制高点，就是掌握自己生命的主动权，选定自己事业的目标，激发出创造的灵感，做出辉煌的事业来。这样的人生才是积极的人生，有价值的人生。

从25岁到55岁，是人生的黄金时代，是创业的大好时机。当然，不排除“少年得志”，也不可忽视“大器晚成”，但从总的或然率上看，成就大业者大多是在年富力强的大挣扎时期。

人进入大挣扎时期，也就进入了成熟时期，也可以说是进入了生命的收获时期。“成熟”意味着什么呢？它意味着人不仅“立”起来了，超越了“不惑”；而且掌握了自己的“天命”。一个人有了家庭，有了稳定的事业，有了成就感，这些都可以看作成熟的标志。大挣扎时期是人生最重要的拼搏时期，是创业成功与否的关键期。

2. 大挣扎的代价

从力学上讲，挣扎是对压力和阻力的反作用，一旦挣扎的力量超过压力和阻力，那么就可以摆脱它们而获得解脱。人们在工作中、生活中，也会遇到困难和阻力，为了克服这些困难，必须发扬拼搏精神，付出必要的代价。

有人说：“富有生机活力的人，几乎等于获得了‘成功的许可证’。”① 很明显，这里的生机活力是指能动的力量，是形容做功的

① 金马，著．生存智慧论［M］．北京：知识出版社，1988：253.

强度，人们付出的代价越大，获得成功的希望就越大。日本东芝公司总经理士光敏夫就是一个被称为“活力化身”的人，正是这种活力使得东芝公司获得了巨大的成功。

在创业过程中，即使全力拼搏付出了代价，也不可能事事成功，强者也是如此。正如古语所曰：“胜败乃兵家常事。”真正的创业者是不怕失败的，失败可以锻炼出一批优秀的人物，使他们变得更成熟、更强大，进而可以反败为胜，这种事例也是屡见不鲜的。《反败为胜》的作者艾柯卡（Lee Iacocca，1924— ）就是一位神奇的人物。1978 年 7 月，艾柯卡被福特汽车公司从总裁的位置上解雇了。此前，他为福特公司服务了 32 年。他感受到奇耻大辱，并决心在市场上一决雌雄。他怀着这种心情，于 1979 年 9 月担任了濒临破产的克莱斯勒汽车公司的董事长。经过 3 年的努力，他终于反败为胜，为克莱斯勒赚了 9.25 亿美元的利润①。

但是，不久艾柯卡的神话又破灭了，人们发现他“江郎才尽”，公司又一次面临破产。就在这个时候，董事会决定聘请罗伯特·伊顿为克莱斯勒公司的新董事长。在他的领导下，很快转亏为盈，1993 年创造了 20 亿美元的利润，开创了克莱斯勒公司的第三个春天。罗伯特·伊顿是美国汽车工业界的真正奇才，他告诉人们，什么是真正的“反败为胜”②。

3. 突破就是新生命的开始

我从小生活在农村，家中的小鸡娃都是自家的老母鸡孵化出来的。每当春天到来，老母鸡开始孵蛋时，我喜欢观察它的孵化过程。特别是当小鸡快要孵出的时候，我不时把蛋拿在手上看，放在耳边听，想探知小生命的发育情况。我曾不止一次地观看过小鸡出世。开始，它用尖嘴啄破蛋壳，进而用它那破壳而出的生命力，把蛋壳撑裂

---

① ［美］李·雅科卡，威廉·诺瓦克，著．美国实业界巨子雅科卡自传［M］．范存恒，等译．北京：中国对外翻译出版公司，1988：337.

② 中华工商时报，1994-04-07.

开，于是，一个毛茸茸的小生命坠地了。这就是突破，它是在我思想上最早形成的最通俗的“突破”的概念。在自然和社会中，从种子发芽出土到婴儿呱呱坠地，从一部小说创作的完成到一项重大科学攻关难题被克服，从百米冠军冲刺到登山运动员登上珠穆朗玛峰等，都是突破。突破就是自我实现，是自身的解放。

突破往往发生在一瞬间，但突破之所以发生，是由于生生不息的生命运动。这正如“十月怀胎，一朝分娩”。婴儿是可爱的，但孕妇妊娠的代价是巨大的，分娩的阵痛是难以忍受的。创业过程与生命过程是一样的，如果不汲取营养，不经过阵痛，要获得成功是不可能的。这正如艾柯卡所说：“世界上没有免费的午餐。”“要有所创造，有所建树。”“如果你要发迹，就要付出代价。”

荣获多项国际勋章和奖牌的发明家赵章光，在创业的道路上也不是一帆风顺的。他为了发明毛发再生精，历时6个春秋，总共进行了100次试验，终于在第101次时获得了成功，因此他把这种治秃药水命名为101毛发再生酊①。这数字不仅记录了他数年如一日的心血，而且也表明了他“百尺竿头，更进一步”的超越自我的决心。第101次的试验成功，是赵章光创业的突破，也是世界医学上的一次突破。赵章光获得了巨大的成功，但是，他并没止步不前。继101生发精以后，他又开发出了101B防秃生发精、101C龙胆祛脂灵、101养发香波等系列产品。此外，他还制订了攻克老年斑、妇女蝴蝶斑、少白头和癌症等的研究计划，准备实现一个个新的突破。

第三节　自我设计是通向创业的必由之路

1. 走自己的路

卡洛尔在《爱丽丝漫游奇境》中讲了一个小故事，颇能说明走

① 德君，编著. 中国当代“百万富翁”之谜 [M]. 北京：中国劳动出版社，1993：221.

什么路与要达到的目的之间的关联性。故事是以爱丽丝与小猫咪对话开始的①。

爱丽丝问："小猫咪，请你告诉我，我应该走哪条路？"

猫说："这在很大的程度上要看你去什么地点？"

爱丽丝说："去哪儿——我都无所谓。"

猫说："那么，你走哪条路都可以。"

爱丽丝补充说："——只要能到达某个地方就可以了。"

猫说："啊，只要你一直走下去，你肯定会到达那里的。"

这段对话的问和答完全符合辩证逻辑。人们都有过这样的经验，走什么样的路是由你选定的目标决定的。西方谚语说："条条道路通罗马。"这里的目标是罗马，在由出发点到目的地之间，道路也不只一条，也有最佳路线的选择问题。人生道路与行路也是一样的，选择什么样的道路，也是由你选择什么样的人生目标决定的。坎贝尔(David P. Campbell) 认为："大多数人对生活所要求的是拥有选择的机会，这比任何其他的事情都重要得多。最坏的生活可能是没有选择的生活，对新事物没有任何希望的生活，走向死胡同的生活。相反，最愉快的生活是具有最多机会的生活。"② 现实生活的确是这样的，那些在事业上最有成就的人，往往都是自己创造的机会，他们走的是自己选择的道路。

2. 创业第一

《左传·襄公二十四年》上记载："太上有立德，其次有立功，其次有立言。虽久不废，此之谓不朽。"③ 古人把立德、立功和立言提到三不朽的高度，可见是十分重视创业的。立德是立功的前提，立

---

① 转引自［美］戴维·坎贝尔，著．人生道路的选择［M］．长沙：湖南人民出版社，1987：1.

② ［美］戴维·坎贝尔，著．人生道路的选择［M］．长沙：湖南人民出版社，1987：2.

③ 四书五经［M］．长沙：岳麓书社，1991：1001.

功是核心，而立言是立功的经验总结和升华。

胡适曾说："人生固然不过一梦，但一生只有这一场做梦的机会，岂可不努力做一个轰轰烈烈像个样子的梦！岂可糊糊涂涂懵懵懂懂过这几十年吗？"① 胡适所说的梦，是创业的梦，只有把创业作为第一需要，生命才有意义。人的生命只有一次，而且是短暂的。怎样才能在有限的生命里做出轰轰烈烈的事业，的确是每一个创业者应当认真思考和进行设计的。

每一个人都是自己命运的设计者、执行者，也是最后的责任者。因此，每一个有"价值感"的人，都应当把创业放在第一位。创业就是建功立业，就是创造最好最美的事物。每个人都有创造力，从平民百姓到总统，从经理到科学家，都可以开创自己的事业。问题的关键在于，能不能把握创业的最佳契机，能不能摆脱模仿的思维模式。而只要肯付出代价，那么就有成功的希望。

日本松下幸之助（1894—1989）是松下电器公司的创始人，是一位卓有成就的企业家。他在《求变》一文中说："路是很多的，可以因时间空间的情况，改变自己的路。"② 的确是这样，松下的成功就在于他抓住了"适当时机"，所以才在创业中不断地创造了第一。在日本，他是电器公司中的第一，他是日本高额纳税个人顺序表中的第一，他以日本实业家的身份第一个上了美国《时代》周刊的封面，他第一个建立了致力于"和平、幸福、繁荣"（简称 PHP，即 Peace，Happiness，Prosperity）的研究机构，第一个创建了培养日本 21 世纪政治和经济领袖人物的"松下政经塾"③ ……松下创造的财富价值连城，他获得的"第一"的桂冠也是不计其数，对于当了 7 年学徒的松下来说，他深知创造及其意义。在他一生中有两个纪念日：一个

---

① 胡适，著．实用人生［M］．广州：花城出版社，1991.

② 转引自陈安钰，编．松下谈人生［M］．北京：中国青年出版社，1988：56.

③ 陈怡安，著．活出现代人的意义［M］．台北：洪建全基金会文经学苑，1992：185-190.

是1918年3月7日，这一天他从大阪电灯公司退职，和妻子、内弟在自己简陋的家里，开始制造电器插座；另一个纪念日是1932年5月5日，他开始理解到自己的创业使命，所以他把这一年称为“创业知命第一年”，并把这一天正式定为“创业纪念日”。

在政界，美国第32届总统罗斯福（Franklin Delano Roosevelt，1882—1945）无疑是最富有成就的世界政治家之一。他出任总统时，美国经济大萧条，银行纷纷倒闭，工业生产连连下降，工人纷纷失业。面对着这种不景气的经济形势，罗斯福毅然推行“新政”，从而使美国经济复苏。第二次世界大战期间，面对着法西斯的猖獗，他吁请国会修改中立法，与英国首相丘吉尔宣布《大西洋宪章》，对日宣战，对获得第二次世界大战的全面胜利起了决定性的作用。他倡导建立联合国，以维护战后的和平。作为政治家，他是美国迄今唯一连任四届的总统（第四任连任后不久，因脑溢血死于总统办公室）。他是美国历史上最受爱戴的总统之一。他被其拥护者称为美国经济的救星，是世界民主政治和和平的保卫者。

罗斯福的业绩是巨大的，他实现了人生的最大价值。特别是以残疾之身履行总统之要职，充分体现了他的顽强意志和矢志创业的伟大精神。一般情况是，患了小儿麻痹症就意味着一个人永久地丧失了行动的能力。但是，他却发誓说：“我还要走路，我要走进白宫。”第一次竞选总统时，他对助选员说：“你为我布置一个大讲台，我要让所有的选民看到这个得过麻痹症的人，可以走到前面演讲，不需要拐杖。”① 是的，罗斯福走到了前台，走进了白宫，走出了一条创业的辉煌道路！

3. 要成为自己人格的主宰

一个人的真正价值在哪里呢？人生价值最重要的是：要回归到他最好的、最真实的“自我内涵”中去肯定。什么是“自我内涵”呢？

---

① 陈怡安，著．积极自我的开拓［M］．台北：洪建全基金会文经学苑，1992：38.

有人把人格解释为“个体人的内在倾向性”①。“自我内涵”就是自我的人格，并且我个人认为，“自我内涵”比“人的内在倾向性”更通俗，更科学。

人的人格不仅是人的真正价值，而且还是人的生命价值的来源，因为人最大的、最后的财富就是自己，真正的价值也就是“我自己”。人格是人的性格、气质和能力等特征的总和，它集中表现为对社会伦理道德的责任意识，亦即人生态度。高尚的人格主要表现为有高尚的情操，有远大的理想，有强烈的社会责任感和使命感。

人格是通过教育、社会实践和个人心理修养而形成的。它既受家庭的影响，也与工作和社会环境有密不可分的联系。人格的形成靠自己，驾驭人格的缰绳也完全掌握在自己手中。人格是一种精神力量，我们常说的“精神变物质”，也就是指人格力量的作用。古今中外一切具有高尚人格的创业者，他们之所以具有自强不息的精神，其原因也就在于此。

人格是人们形象的集中表现，亦即我们通常所说的人的“脸面”。俗话说：“做人要讲脸，打人不打脸。”这些都是讲要顾及脸面。我曾对朋友们说：“做人要顾两皮，一是肚皮，只有吃饱饭，才有生存的权利；二是脸皮，只有顾及脸皮的人，才有生存的价值。”话虽然说得粗俗一些，但却是我的真心话，是“真我”的表现。

长期的阶级斗争、政治运动和意识形态领域的大批判，助长了假、大、空，也出现了不少以投机为目的的“两面人”。这是一些什么人呢？这是一些人格被扭曲的人，他们虽然也有血肉之躯，但却没有灵魂。他们虽得到了权力、信任、职称和一切既得利益，但却失去了自我，失去了做人的尊严。这正如陈怡安所说：“一位政治家假使失落了自己，他可能成为政客；一位企业家如若迷失他自己，便可能成为钱财的奴隶；一个学者如若失落了自己，他可能成为犬儒；一位

① 金马，著．生存智慧论［M］．北京：知识出版社，1988：117.

身居高位的人，若失落他自己，地位可能造成破坏的压力。”①

做一个人格高尚的人，这是人生的一门必修课，每个人都必须照照镜子，看看自己的人格修养得如何。一个人格高尚的人，必定是一个高度自由的人，是一个与众不同的人，也是一个“统一的人”。什么是“统一的人”呢？我认为，如果一个人做到了言行一致、对上对下一致、台上台下一致、顺境逆境一致、贫富一致，那么这种人就是“统一的人”，也是具有高尚人格的人。只有做到了这些，你方可说，我就是我，我主宰了自己的人格，主宰了我自己。

4. 职业设计的模型

模型本来是加工工艺上的一个术语，它是铸造工件的模具。后来，模型这一概念被引进到许多领域，如数学模型、物理模型、化学分子结构模型、分子生物模型、建筑模型等。在人生设计上，也借用了这一名词，形成了人生设计模型。人生模型与工艺上的模型，虽然概念是相似的，但其内涵却是很不相同的。人生模型是一个抽象的概念，是以自己的人生价值为坐标，以现实生活中的创业成功者作为参照系，对未来创业和人生提出的框架构想。科学与工艺上的模型是具体的，是以某一实物或从实物中抽象出来的东西为原型而模拟出来的物体。很显然，两者的区别就在于，前者是能动的，是创造而成的；后者是机械的，是铸造或复制而成的。

创业设计是人生设计的中心内容，尽管对于大多数人来说，前面的道路有点迷茫，有许多不确定因素，但如果你希望获得成功，那么你就必须设计你的创业模型。设计也即规划或计划的意思。对于如何才能创业成功，一些成功者的回答是：“靠运气，但也靠大量的计划。”但是，卡耐基（Dale Carnegie，1888—1955）从另一个角度回答：“一个人事业的成功，只有15%是由于他的技术，另外的85%要靠人际关系、处世技巧。”

---

① 陈怡安，著．积极自我的开拓［M］．台北：洪建全基金会文经学苑，1992：126.

一个成功的创业者，在设计创业时，应当注意以下几点：①计划既要有重点又要有多样性。有重点，是为了把精力集中在某件事情上；有多样性，是为了适应客观情况的变化，使你在任何危机出现时有应变的措施。②制订计划要作两种思想准备，既有成功的准备，也有失败的准备。你应当有接受失败的准备，但要全力去争取成功。③计划应是分阶段的，既要有长远的目标，又要有中期的、短期的甚至微型的目标，如果每一个具体目标都能顺利实施，那么实现长远目标就有了保证。

创业与职业选择有着密切的联系，如果你能够充分认识自我，选择一个能够充分发挥自己特长的职业，那么获得成功的可能性就很大。职业的英文是 Vocation，它是从拉丁字 voc 衍生出来的，意思是“生命的呼唤”。是的，我们每个人选择和履行义务的职业，就是发自我们生命的呼唤，也是我们生命价值的体现。

职业的设计与选择，不仅对你创业成功与否起着决定性的作用，而且对你的生活方式也有极大的影响。既然你的职业对你如此重要，那么你就不能不认真对待，选择你感兴趣并能发挥你的特长的职业，以便使你有“英雄用武之地”。

美国约翰·霍普金斯大学的心理学教授约翰·L. 霍兰经过多年的潜心研究，提出了职业设计与选择的模型①。根据职业的特征和工作内容，他把所有的职业归纳为六个类型，即实际型（Reality）、调研型（Investigate）、艺术型（Art）、社会型（Society）、企业型（Enterprise）和常规型（Convention）。为了表示各种职业间的相互关系，他用一个六角形来表示，并按最靠近的秩序相互定位。但是，我宁愿用一个圆形来表示这六种职业及它们的相互定位的关系（见下图）。这是因为，在中国通常用“三百六十行”来形容所有的职业，而圆周正好是 360 度，用圆形正好代表 360 个行业。从图上看最相似的类型是那些靠得最近的类型；职业差别最大的是相隔最远的类型，即成

① ［美］戴维·坎贝尔，著．人生道路的选择［M］．长沙：湖南人民出版社，1987：80-102.

对角的类型。

职业设计模型图

为了帮助广大青年求职，同时也是为广大的创业者设计和塑造自我提供参考，根据有关资料，特绘制一个设计和选择职业参照表（见表格）。在参考这个表时，应当注意以下几点：首先，要正确地认识自己的个性、兴趣和经验，这对你选择职业是有帮助的。其次，要把注意力集中在你感兴趣的职业类型上。再次，假如你自己不能判定选择何种职业，那么你最好去找心理学专家咨询，按照“斯特朗—坎贝尔职业兴趣测试方法”测试你的兴趣。

设计和选择职业参照表

类　型	职业特征与工作内容	适应工作者的范围
R（实际型）	通常是用手工工具或机械进行工作，常被称作“蓝领”职业	木匠、土木工程师、电器师
RI（实际/调研）	其特征介于实际型与调研型之间，但偏重于实际型	机械师、军官
IR（调研/实际）	介于调研型与实际型之间，偏重于调研型	电子工程师、发明家、实验技术员
I（调研型）	以科学研究和实验为特征，认识自然界的规律	科研人员、科技工作者

续表

类　型	职业特征与工作内容	适应工作者的范围
IA（调研/艺术）	介于调研型与艺术型之间，偏重于调研型	天文学研究者、大学教授、经济学研究者
AI（艺术/调研）	介于艺术型与调研型之间，偏重于艺术型	心理学专家、摄影师、雕刻师
A（艺术型）	以艺术创作为特点，用语言、音乐和色彩创作艺术作品	艺术专家、音乐专家、图书馆管理专家
AS（艺术/社会）	介于艺术型与社会型之间，偏重于艺术型	舞蹈教师、英语教师、戏剧指导
SA（社会/艺术）	介于社会型与艺术型之间，偏重于社会型	音乐教师、儿童读物作家、家政学者
S（社会型）	以为民办事为特征，主要从事医治人、教育人和帮助人的工作	社会工作者、教堂工作人员、公共保健护士
SE（社会/企业）	介于社会型与企业型之间，偏重于社会型	学校校长、劳务仲裁、基督教青年会工作者
ES（企业/社会）	介于企业型与社会型之间，偏重于企业型	商务大臣、人寿保险商、公共关系官员
E（企业型）	工作性质带有竞争性，主要从事商业和从政	律师、政治家、零售商
EC（企业/常规）	介于企业型与常规型之间，偏重于企业型	公司经理、制造商、证券经纪人
CE（常规/企业）	介于常规型与企业型之间，偏重于常规型	银行家、商务教师、办事员
C（常规型）	与组织机构、文件档案和活动安排一类的工作关系密切，主要从事办公室工作	秘书、会计、计算机操作员
CR（常规/实际）	介于常规型与实际型之间，偏重于常规型	牙科医生助理、缝纫工、电话员
RC（实际/常规）	介于实际型与常规型之间，偏重于实际型	绘图员、农场主、警官

第四节 设计多彩多姿的人生

1. 创造一个美好的人生

胡适曾说："生命本没有意义，你要给他什么意义，他就有什么意义。"① 人在诞生以后的最初阶段，尽管已经被注入了"七情六欲"，但在还没有被社会化以前，他们尚属于自然的人。在这个时期，他们是天真无邪的，其性既不善也不恶，的确其生命没有什么意义。随着人的发育成长，不断地受到社会的影响，人的生命逐步有了意义，这就是他的反身价值和为他的价值。尽管家庭和社会对人的价值形成有着很大的影响，但从根本上来说，人的生命意义是自己给予的，其欢乐和痛苦也都是自己寻找来的。

追求成功与美好之心人皆有之，这种欲望正是人们在创业的道路上不断开拓前进的动力。美好是什么呢？它是美好的事物通过感官在心灵上的反应。一个美好的人生，内涵极为丰富，它包括美的情思、美的行为、美的事业、美的奉献、美的业绩等。美好的人生并没有一定的模式和标准，它既不是像上天堂那样高不可攀，也不是"全不费工夫"而能轻易获得。创造美好的人生是每个人的权利，只要你热爱生活，尽情地创造你自己，你就一定会赢得一个多彩多姿的人生。

美国著名的心理学家卡洛吉（Carojus）曾说过：一个美好人生的重要因素，就是一个人能够充分发展他的生命功能。② 不少人都看过汉城第 24 届奥运会比赛的精彩表演，美国黑人女运动员乔依娜的表现给我们留下了深刻的印象。她的绰号叫"花蝴蝶"，在那次奥运会上，她打破了 100 米和 200 米的奥运会纪录。这是多么了不起的成

---

① 胡适，著．人生大策略［M］．长沙：湖南文艺出版社，1989：1.

② 转引自陈怡安，著．把自己找回来［M］．台北：皇冠文学出版有限公司，1991：262.

绩！她最充分地发展了她的生命功能。这成绩来之不易，她每天要练俯卧撑一千次以上，还要练跑步、举重，不知流了多少的汗水和眼泪，付出了多么巨大的代价。由于她有一颗追求美好人生的心灵，有着无比的自信，所以她赛跑时总是面带笑容，好像跑步是最容易和最美好的事情。她真正地享受到了跑步的欢乐。对于乔依娜来说，这无疑是她的美好人生。

美好的人生是不断攀登的人生。人从生到死，不断地在“完成自己”，包括身体的发育，教育的完善，智慧的开发，创业的拓展，等等。人的生命是有限的，然而人们追求的事业是无穷的。创业没有终点，多彩多姿的人生是不断创造的过程，是一连串成绩的叠加。如果一个人在创业的道路上止步了，那他就是自己熄灭了创造的火种，这样就会导致黯淡无光的人生。

亚当·史密斯在《金钱游戏》中说：没有哪一个具体的目的达到了后，它还能使人们保持对它的长时间的兴趣。① 对此，我个人也有亲身的体验。在我年轻的时候，不时为“上有天堂，下有苏杭”这句名言所吸引，但那时没有机会去苏杭游览，所以内心里始终保持着对美如天堂的苏杭的向往。工作以后，我有机会去游览杭州和苏州，但令我大失所望，它们完全不能与想象中的“天堂”媲美。我的目标实现了，但同时对它们再也没有兴趣了。目标与兴趣紧密相连，目标有吸引力，就会激发你的兴趣；一旦目标达到了或失落了，那么你就会丧失兴趣。因此，在创业的道路上，应当设计若干个目标，一旦一个目标实现了，就应当适时地提出新的、更高的目标；一旦对某一目标失去了兴趣或遇阻不能实现，那么就应当马上以新的目标代替，不能让追求创业的炽热之火熄灭。

2. 做一个功能的人

功能是功与能的组合词，功是指功率或功效，能是指能力。从字

① ［美］转引自戴维·坎贝尔，著．人生道路的选择［M］．长沙：湖南人民出版社，1987：6.

义上不难理解，功能是指做功的能力，而功能人是指具有特殊功能作用的人。现代材料科学中，有一种新型的功能材料，它是用于某些新技术上的特殊材料。无论是材料还是人，功能即具有特殊的性能和用途。

我之所以把现代人称为“功能人”，是想突出现代人的特点与价值。功能人不同于“工具人”，也不同于“机器人”。强求人们做“工具人”，就抹杀了人的个性，从而从根本上泯灭了人的创造性。马克思早就指出，“只有体现自由的东西才是好的”①，没有自由对人来说是一种真正的致命危险。他又说：每个人的自由发展是一切人自由发展的条件。

怎样才能成为现代功能人呢？他又应当具备什么条件呢？对一个功能人的要求是多方面的，但我觉得以下几点较为重要：

首先，应当具有自觉的自由民主意识。我们这个时代是民主、改革、开放的时代，需要独立自主思考的人。自由民主是创造的润滑剂，如果没有自由民主的环境，没有民主的风气，没有保障自由民主的法制，那么无论是什么样的天才，也不可能把他的“超级矿藏”挖掘出来。有人认为：“自由与奴役永远如同在拔河一般，是一种拼力气、努力求平衡的挣扎。如果你能从奴役那端拉赢过来，你将是一个自由的人；如果拉不过来，你可能就是生命的奴隶，还得继续挣扎苦闷下去。”② 每一个现代功能人，都应当摆脱奴役，做独立的自由自主的人。

其次，应当学会“立体思维”的方法。现代社会已是高度发达的信息社会，既面对着许多的机会，又会遇到种种的挑战。很明显，如再按照传统的单一思维方法，已经远远不能适应时代精神了。立体是三维空间，是几何学上的概念。所谓“立体思维”方法，是指从多方面思考的思维方法，即不仅要考虑问题的一种可能性，还要考虑

① 马克思恩格斯全集（第1卷）[M]. 北京：人民出版社，1956：67.

② 陈怡安，著. 积极自我的开拓［M］. 台北：洪建全基金会文经学苑，1992：63.

多种可能性；不仅提出一种方案，还要提出多种方案；不仅分析问题的现在，而且还要分析它的过去和未来。这是一种“散射性”的思维方法，它是创业的需要，是竞争和不断更新的需要。

最后，应当具有一专多能的能力。那种一次学习管终生的时代已经过去了，代之而起的是终生教育和双向自由择业的新模式。联合国教科文组织在《学会生存》一书中指出：“教育的目的在于使人成为他自己，变成他自己。”“不应当培养青年人和成人从事一种特定的、终生不变的职业，而应当培养他们有能力在各种专业中尽可能多地流动并永远刺激他们自我学习和培训自己的欲望。”① 从终生不变的职业变为终生教育，这是一个巨大的变化，体现了新时代的特征。每一个创业者，一定要认清时代的特征，切不可迷恋“单打一”的“专门家”，抱着铁饭碗不放，而应当成为“一专多能”的创造型的功能人才，这样才能适应未来不断变化着的社会的需要。

一个功能人，不仅应当学习“立体思维”方法，而且还要具有勇于全方位开拓的能力。这两者是相辅相成的，有了“立体思维”方法，必然会有全方位的开拓的行动。所谓全方位，也就是指四面八方，既不能把自己的事业放在一点，也不要局限在一线。要把眼光放开阔一些，为自己提供更多的选择机会。机会越多，可选择性越大，成功的机会也就越大。我一向主张：在办事情上，一个人能办的，决不要两个人去办；在创业上，如果一个人可以同时开拓两项事业，那就不要只做一项事业。一个教授，除了教书以外，还可以搞科学研究或社会服务；一个演员，除了演戏以外，也还可以搞创作或经商。总之，一个功能人，就要把他的全部功能都发挥出来，让他的自我价值最充分地展示出来。

3. 尝尽酸、甜、苦、辣最潇洒

酒是什么味？是酸，是甜，是苦，是辣？都不是。到底是什么

---

① 联合国教科文组织．学会生存［M］．上海：上海译文出版社，1979：16.

味？恐怕很难用一种味道来形容它。实际上，它是一种“合剂”，兼有酸、甜、苦、辣各种味道。有人说“人生像美酒”，看来确实有点像。人生是美的，酒也是美的，但在美的深层，却包含有酸、甜、苦、辣。我说人生也好，酒也好，美就美在这一点上。

创业的人生道路从来都不是平坦的，古今中外没有一个有成就的人是不费力气而获得成功的。台湾作家琼瑶说过：“每一个有成就的作家都有一部不幸的历史。”我愿补充一句：“亿万富翁不是天上掉下来的，他们都有一部辛酸的发迹史。”对于创业者来说，成功当然是甜，正如意大利菲亚特公司董事长吉奥凡尼·阿格内利说的：“我认为最令人感到愉快的，便是成功。”失败毫无疑问是苦，有时甚至是“苦不堪言”的。酸的滋味是什么呢？提到酸，就想到了吃醋的典故，同时也联想到生活中一些“吃醋”的情况。在创业过程中，你虽然没有失败，但你的竞争对手超过了你，试想，这时你的滋味是什么呢？我想大概一定是“酸”的感觉，一股“醋性”油然而生。最后，那辣味是什么呢？当技术难关久攻不下的时候，当开拓市场遇阻的时候，当碰到法律纠纷的时候，我想你肯定会有一种“辣”的感觉，甚至“辣”得火星直冒。酸、甜、苦、辣的经历，人人都有过，不妨请各自回味一下，也许是有益的。

在人生的道路上，成功与失败是不可避免的。但是，成功者与失败者的区别在于，成功者能由错误中获益，并以不同的方式再尝试。这正如卡耐基所说：“不论成败，不论是非，永远做你自己。”有了这样面对人生的豁达态度，我想胜利不会使你忘乎所以，失败也不会使你垂头丧气。

顺境只是人生的一条道，逆境是人生的另一条路。成功会给人带来欢乐，但成功往往又会招致诽谤责难；失败者虽然会承受巨大压力，但同时又可以为你增添动力。艾柯卡曾说：“当人生碰到逆境的时候，当企业的经营碰到困扰的时候，当一个社会发展到一个绝境的时候，当一个国家碰到非常危险的时候，不要忘了，那正是另一条可以突破的路境。”① 艾柯卡不仅这样说，而且也这样做了，使一个濒于破产的汽车公司起死回生，实现“反败为胜”的愿望。这种事例，在各种领域都屡见不鲜。正是基于这个认识，所以我才说：成功和失败都是财富，一个成功的创业者，应当拥有和使用这两笔财富。这样的创业者，无疑是最潇洒的人。

第五节 创业三部曲

1. 伟业非一日之功

人类社会的发展，无论是自然界的改造还是社会制度的演变，都是渐进的变化与突变式的变化互相交错的过程。人们的创业活动是其认识和改造自然的一个组成部分，也必须遵循人类社会不断进步的规律。一般来说，除了个别的“偶然发现”、“暴发户”和“意外事件”等以外，绝大多数的创业活动还是有规律可循的。西谚说：“伟业非一日之功。”这就是说，创建一项巨大的事业，必须要从基础工作做起，要付出艰辛的劳动，不断调整人与环境之间的关系，逐一地克服创业过程中出现的困难，以取得最佳的创业成就。如果要说规律的话，我想这就是一条最基本的规律。

闻名于日本乃至世界的八佰伴国际集团的发展历史曲折艰辛，充满传奇色彩。《竞争·出奇·制胜——“阿信”后代与八佰伴》一书翔实地记载了八佰伴艰苦创业的过程②。八佰伴本是战后在热海开办的一个小蔬菜水果店，后来发展为自选商场。经过二十多年的艰苦卓绝的奋斗，从名不见经传的小店发展为超级国际集团公司，他们的事业遍布世界各地，从美国、英国、法国、加拿大，到泰国、新加坡、

① 转引自陈怡安，著．把自己找回来［M］．台北：皇冠文学出版有限公司，1991：105．

② ［日］篠原勋，小泽清，著．竞争·出奇·制胜——“阿信”后代与八佰伴［M］．赵晓华，译．北京：企业管理出版社，1993．

马来西亚……都有八佰伴的商店或产业，它成了一个无国界的巨型综合企业。但是，在八佰伴的创业过程中，充满了进与退、成功与失败、彷徨与决断的矛盾。然而，八佰伴公司董事长和田一夫根据佛教教祖释迦牟尼的教诲——“无一物中无尽藏”的卓越创业思想，以他的卓识和胆略，领导八佰伴摆脱了一个又一个的危机，取得了一个又一个的胜利。八佰伴公司走向世界不是“一步登天”的，亿万财富也不是一日创造的。虽然，八佰伴国际集团于1997年宣告破产，但其艰辛的创业史还是非常有借鉴意义的。

公司创业非一日之功，个人创造发明亦非一朝一夕。我曾看到一篇关于农民老汉解开同音汉字音义关系之谜的报道，实在令我赞叹不已。据报载①，祝振起祖籍河北省，幼年只读了几年私塾，失学后到北京一家文具店当学徒。在学习过程中，他发现同音汉字很多，但哪个是本、哪些是派生的、它们彼此关系如何等问题，不仅没有资料可鉴，而且也无人能说得清楚。从此，21岁的学徒祝振起下决心攻克这一繁杂的难题。然而，正当立下宏愿之时，他却被下放到农村当农民。但是，他矢志不移，历经坎坷，在极其困难的条件下坚持研究。工夫不负有心人，经过50多年潜心研究，1993年9月，他写成了60万字的著作《文音解字》，并得到国家有关部门和专家的充分肯定。一个78岁的受教育程度不高的老农，通过刻苦钻研，写出了填补我国文字学空白的专著，完成了我们文字学家未能做到的工作，堪称创业的奇迹！

2. 谱写创业者的“三部曲”

“三部曲”一词源于古希腊，意指情节连贯的三个悲剧，也称为“三联剧”。“三部曲”的创始人是埃斯库罗斯（Aeschylus，公元前525/524—前456）。他是古希腊杰出的悲剧作家，一生共创作过80多部著作。他以创作“三部曲”见长，如“三部曲”《俄狄浦斯》、《达那伊得》、《奥瑞斯忒亚》。后来“三部曲”一语不断被引入到文

① 北京日报，1994-08-12.

学、音乐和其他实际工作和生活之中。例如，高尔基的自传体小说《童年》、《在人间》、《我的大学》，巴金的《家》、《春》、《秋》，冼星海的《黄水谣》等名著，都是按照“三部曲”的格局创作的。

黑格尔（Georg Wilhelm Friedrich Hegel，1770—1831）是辩证法的创始人，他提出“三段式”公式，并用以解释事物发展中的“否定之否定”或扬弃是一切事物从低级到高级螺旋形上升过程中的普遍规律，这是他哲学上的一个合理因素。无论是埃斯库罗斯的“三部曲”，还是黑格尔的“三段式”，都反映了人们的认识由低级到高级的辩证发展过程。当然，把人的认识过程和创业的过程绝对地划分为三个阶段是不对的，事实上人生创业是由若干个大大小小的“三部曲”组成的。唯物辩证法认为，一切事物的发展无不遵循“不间断的连续性”和“阶段性”相结合的规律。如果我们把“三部曲”当作人类认识连续过程的阶段，那么对于我们设计和实施创业规划，从一个阶段飞跃到另一个更高的阶段是颇有指导作用的。

我很喜欢“三部曲”这个词以及它蕴含的内容。过去，我不仅以此设计和指导自己的科学研究工作，而且还时常用它来教育我的学生。我认为，一个优秀的、高级的研究工作者，应当制订自己研究工作的“三部曲”。所谓科学研究中的“三部曲”，其意思是：第一部是已初步完成的课题，正在整理和处理的成果，或成文公开发表，或推广应用。第二部是正在进行的研究课题，要按照既定的目标保证完成。第三部是下一步的研究课题，要有超前的预测，提早作准备，并为实施创造条件。一个科学家有了这“三部曲”，不仅不会脱离国际科学的最新前沿，而且还会保证取得一个又一个新的研究成果。

在象棋或围棋的国际比赛中，其情况也是相似的。一个高明的棋手，如果要想战胜对手，也必须有自己的“三步棋”。这就是：第一步“成棋”，棋子已走定了，是好是坏已无法收回了。第二步“举棋”，意即棋子已举起来了，棋子往哪里放，正在寻思着。第三步“腹棋”，即在腹中盘算着，酝酿更大的攻势，以求一逞。下棋是一项高智能活动，棋路反映出思路，下棋的战术反映人的谋略。因此，一个高明的棋手，不仅善于制定自己的“三步棋”，而且还能攻破对方的“三步棋”，有了这两手，你获胜大概是无疑的了。

创业既是高智能的思维活动，也是创意的实践活动，“三部曲”的创作方法对创业也是极为有用的。事实上，国内外许多成功的创业者已经实践过这一模式，有的正按照这个模式设计自己。近年来，我的很多学生，也有社会青年，他们喜欢找我就他们的事业提出咨询。我是很乐意与他们交谈的，我愿意奉献自己的意见，同时我也从他们创业的成功之中分享了乐趣。

对一个既没有资本又没有经验的刚刚涉足社会的青年来说，怎么开始创业呢？这是在我接待来访青年时被问及最多的问题。我对他们说，没有资金和经验不必害怕，资金是慢慢积累起来的，经验是点点滴滴总结出来的，每个创业者都是这样走过来的。我对他们提出的“三部曲”是：第一部要从当雇员开始，老老实实地扮好这个角色。它的重要性在于：增长才干，总结经验，积累资金，收集信息，建立自己的“势力”范围，为起飞作准备。第二部是用原始积累去投资，实现从雇员到股东的转变。第三部要当老板，确定好自己的角色，或厂主、店主，或公司的经理。有个学生对我说：“我的‘三部曲’是：第一部是建立自己的公司，有自己的房产和汽车；第二部是建立面向全国的连锁公司；第三部是走出国门，建立跨国公司。”我期盼着他的“三部曲”的成功！

李嘉诚是香港首富，这已是家喻户晓的事了。他是我的一位大学同学的初中同学，所以我对李嘉诚的了解，除了媒体以外，还多了一点点的“第一手”材料。据介绍，李嘉诚读书并不突出，在 13 岁时就辍学了。也许，这是李嘉诚创业的契机，如果他学习成绩优秀，升上大学，获博士学位，也许博士帽会把他的创业精神束缚住，他可能会成为一介“贫儒”，但却不能成为“巨富”。李嘉诚的创业过程，也大致经历了“三部曲”：第一部是做个体小商贩，推销塑料制作的玩具和花草等室内装饰品；第二部是开办小塑料厂，当小厂主；第三部是抓住房地产发展的契机，调整业务方向，建立长江实业公司，一举获得巨大的成功，成为香港独占鳌头的巨商。

每一个成功的创业者大多是从荆棘丛生的小道上走过来的。伴随着他们的既有悲剧性的“三部曲”，也有《欢乐颂》式的交响乐。如果你想创业，想获得成功，最好创作自己的“三部曲”，亲自尝一尝它们的味道吧！

第三章　创业者的素质

在创业的社会里，每一个人都面临着无数的挑战。你要有所作为吗？那么你就应当不断地学习，担当起自己命运的设计者，把自己塑造成具有现代全面素质的创业者。

所谓素质，是指人的神经系统和感觉器官上的特点，它是人在质的方面物质和精神的要素的总和。作为一个创业者，应当具有多方面的素质，但我以为加强以下六个方面的素养最重要。

第一节　个 性 素 质

个性，是创业者的一个十分重要的素质。可以肯定地说，没有个性，就没有创造性。我曾说过："所谓创造性的素质，即指创造个体所具有的个性特征。"

什么是个性呢？"个性一词来源于拉丁语 personal，有两个含义：一个是指一个人在生命舞台扮演的角色；另一个是指作为人的性质和作用，即人的实质的自我。"① 在西方文化中，个性与人格往往含有相同的概念。如果再具体细分的话，也存在一些差别，个性是指人的个体的特质，而人格则指人的个体的行为风格。

每一个社会人都有个性，无非是有的人个性突出，而另一些人个性不鲜明。一个人的个性就是这个人与众不同的特点。人的个性之所以重要，就在于它包括了人的智力、性格、情绪、意志等一些重要的特征。我们通常说某人个性鲜明，某人缺乏个性，某人有胆识，某人

---

① 孙汝亭，编著．心理学［M］．南宁：广西人民出版社，1982：516.

没有魄力等，这都是对一个人的个性的评价。为什么个性对于创业者来说，又是如此重要呢？这是因为，人的个性是以心理现象为特征的，它是人的各种心理特征和心理过程的高度统一。它既反映了创业所必备的心理特征，又体现了创业对个人能力的需要。我们综观创业史上的奇人伟业，几乎无一例外的是有赖于创业者的鲜明个性。

长期以来，教育学家、心理学家和行为科学家都十分重视人的个性素质的调查与研究，以便总结出某些共同的规律，从而造就更多的优秀创业者。这一方面的研究简直令我们眼花缭乱，例如赫什的六特征、巴伦的十二特征、托兰斯的八十四特征等。各家之言也是见仁见智，不胜枚举。不过有一点是肯定的，那就是不可能找到一个统一的“个性模式表”，也不可能找到一条通向创业成功的“便道”。不同的学者，从不同的角度，可以列出不同的统计结果。我对人的个性的兴趣，源于我对创造教育的研究。根据对大量富有创造性的人才的研究，我发现，他们与企业经营中的创业者一样，都具有鲜明的个性，而最可贵和最突出的有以下五点：

1. 独立性

著名的心理学家马斯洛（Abraham Harold Maslow，1908—1970）以心理学的“自我实现”学说而闻名。他肯定地说：有创造性的人属于自我实现的人。① 一个独立的人非常重要的前提，就是敢于展现自己，实现自己，能够独立自主地回答：我是什么？我能做什么？我能做成什么？我的价值是什么？一个具有独立性的人，他们具有独立生活、独立思考、独立研究和独立行动的特征。独立性与依附性（或叫做奴隶性）是相对立的，如果没有主宰自己命运的勇气和自控能力，那么是很难实现其自身的独立性的。

珠海巨人集团公司给我的印象极为深刻，几个不满30岁的年轻人，充满了“实现自我”的信心，这就是他们要成为巨人。在开始

---

① 转引自［美］S. 阿瑞提，著．创造的秘密［M］．沈阳：辽宁人民出版社，1987：434.

创业时，史玉柱还是一个刚刚毕业的研究生，当时他手上仅有4000元资金和一项IM-6401中文文字处理系统研究成果①。凭借这两个条件能否创立一项大的事业呢？对于许多人，甚至比史玉柱的条件更优越的人来说，这恐怕也是不敢设想的。但是，史玉柱他们却想了，而且也做了。他们就凭这4000元的本钱承包了一个大学的电脑部，以推迟付款的方式买了一台电脑，在《计算机世界》上作了一次广告，欠债2万元。但是，他们一炮打响，在不到半年的时间，销售额突破了100万元。到了1991年，他们与全国700多家电脑公司联为一体，销售自己的产品，这一年公司实现了800%的发展速度。巨人公司的道路就是自我实现的道路，把一项成果成功地推向了全国市场，既实现了研究成果的价值，也实现了一批年轻创业者的价值。

但是，在成功面前，他们骄傲了，发展速度过快，有些决策失误，管理失控，造成了巨大的债务，使公司陷入了困境。然而，作为强人的史玉柱并没有趴下。2001年1月，史玉柱从跌倒的地方爬了起来，新巨人在上海注册成立。当年，史玉柱被评为“CCTV中国经济年度人物”。2007年11月1日，史玉柱旗下的巨人网络集团有限公司成功登陆美国纽约证券交易所，成为在美国发行规模最大的中国民营企业。2007年，史玉柱当选“2007最具影响力企业领袖”、“2007十大影响力精英”。

2. 逞强好胜性

在传统思想的人来看，“逞强好胜”是一个贬义词，至少是很忌讳的。与此有关的还有“好表现”、“好为人师”、“好高骛远”、“好大喜功”等。在传统的教育制度下，学生从小学到大学，都要在鉴定会上或鉴定表上检讨自己“逞强好胜”的“缺点”。在工作中也是一样，“平庸无能”变成了“优点”，高度的事业心和成就感却变成了“逞强好胜”。久而久之，大批血气方刚的年轻人的锐气消失了，个性“磨平了”，事业心泯灭了。这就是我们以前的教育不能造就大

---

① 报刊文摘，1993-05-24.

批创造型人才的原因。

其实，从创造学上讲，“逞强好胜”恰恰是一个创造型人才最宝贵的品格，它是一个人的自尊心、自信心的表现，是实现自我价值的驱动力。道理很简单，是逞强好，还是自甘懦弱好呢？是做成功的人好，还是做失败的人好呢？结论本来是很明白的，无疑前者是我们应当选择的。但是，对于奴隶主、封建主、独裁者以及一切昏庸者来说，他们永远不希望别人比他们强，他们宁愿用无能之辈也绝不用强人。但是，对于开明的企业领导人来说，他们却采用相反的标准。美国钢铁大王卡内基（Andrew Carnegie，1835—1919）之所以受到世人的尊重，不仅由于他由一个周薪2美元的小工变成为拥有亿万财富的成功企业家，而且还因为他有开明的用人之道。1919年，他在马塞诸塞州的别墅中去世，享年84岁，遗体被安葬在哈德逊河畔，墓碑上刻有他生前的亲笔墓志铭：“安眠于此地的人，懂得在自己的事业上，起用许多比他更优秀的人才。”这句墓志铭，正是他高明于他人的地方，也是他一生成功的秘诀。

3. 求异性

“求同存异”这个成语已是家喻户晓的了。可见，长期以来，在我国的文化观念中，“求同”是被大力提倡的，也视其为正统。相反地，对“异”字却是贬的多，如“异端邪说”、“异想天开”、“异己分子”等。“求同存异”作为一种思想方法和工作方法，在解决思想分歧和调整人际关系方面是具有一定作用的。但是，在科学研究与学术争鸣中，在倡导思想自由时，在发展自我和实现自我时，在发展个人的兴趣与爱好时，就不能用“求同存异”的原则来搞“大统一”。

我曾经对中国人和西方人的思想观念作过一个对比，并把多数中国人的思维方法概括为“三求三不求”——求多不求新，求同不求异，求稳不求变。虽然不能以偏概全，但相当多的中国人持有这种观念却是无疑的。这也正是我们缺乏创新精神的原因。

求异的个性，来源于人的不断增长的需要，是人不知足本性的反映。正是这种求异性，赋予了人们积极进取的动力和蓬勃向上的生命力。同求异的个性有关的还有批判、探索和求变等心理特征，这些也同样是一个创业者所必需的。任何创新的企图都将搅动躁动不安的心灵，使人们对那些因袭和陈旧的东西持怀疑和批判态度，并驱使他们去打破传统和常规，同时发现新的事物，并展望未来。意大利菲亚特公司的董事长吉奥凡尼·阿格内利就是这样一位不安分的人，尽管他已65岁了，但仍然静不下来，他从不支持和重复“老生常谈”，总是力求“与众不同”。

4. 进攻性

1979年，美国哈佛大学物理学家温伯格（S. Winberg, 1933— ）因在弱电统一理论方面作出的重大贡献，与另外两位物理学家一起荣膺1979年诺贝尔物理学奖。他不仅是一位著名的物理学家，而且也是一位科学方法论的学者。在获得殊荣后，接受采访时，他对科学家特别是发明家的素质提出了精辟的见解。他认为，“进攻性”的品格最重要，这不是人与人关系中的进攻，而是在探索未知世界领域时，要发扬进攻精神。对于一个有创新精神的人来说，不是迷信书本上的答案，要去尝试下一步，尝试书本上没有的东西，尝试那些被认为不可能的东西。这种尝试，就是去发现，尝试的成功将导致发明创造。

从本质上来说，“进攻性”就是人的主观能动性，与此有关的还有挑战与冒险精神。发挥主观能动性，就是主动地去发现问题，解决问题，就是主动地去寻找机会，争取创业的成功。总之，只有发挥进攻性，才能发挥人的积极性，也才能激发出人的最大的创造潜能。

进攻是最大而且也是最有效的防卫。凡是观看过拳击比赛的人，都会有相同的感觉。如果你不进攻，那么你就总是处于被动挨打的地位，而且失去了得分的机会。创业也是一样，如果你不主动进攻，那么就休想占据有利的地位，也不能占有最大的市场。在科学发展史上，有着无数的生动事例，由于研究者放弃了主动进攻的精神，最后贻误了发现、发明的机会。这种教训，是每个创业者都应当牢牢记取的。

5. 坚忍性

任何创业者都不可能是一帆风顺的，在其创业的道路上，既有成功也有失败。正如举世无双的发明家爱迪生（Thomas Alva Edison, 1847—1931）所说："我的成功乃是从一路失败中取得的。"① 爱迪生的话是十分深刻的，是他毕生从事发明创造经验的总结，这与中国成语"失败乃成功之母"如出一辙。成功要靠坚忍不拔的精神去克服困难，当面对失败时，又要凭借顽强的毅力承受失败的打击。因此，坚忍性是创业者必不可少的品格，它是区分强者与弱者的重要标志。

失败不好忍受吗？当然是这样的。对失败应当怎么看，是幸灾乐祸还是容忍并予以鼓励？正确的态度应是后者。我很欣赏美国一家计算机外部设备公司的宗旨，其中有一条这样写道："我们要求公司里的人一天至少要犯十次错误。如果谁做不到这一条，就说明谁的工作不够努力。"与其说这条宗旨是鼓励人犯错误，毋宁说是要求职工按高标准找出自己的不足，万一有了错误，也能容忍，鼓励你再尝试，以造成宽松的创新的环境。

第二节 智力素质

马克思早就指出："……发展人类的生产力，也就是发展人类天性的财富这种目的本身。"② 这里所说的天性财富，是指人的智力。我们今天的一切物质文明和精神文明，是人类一代又一代的创造性天赋所表现的总和。

---

① ［美］汤姆·彼得斯，南希·奥斯汀，著．志在成功［M］．马继森，等译．北京：中国对外翻译出版公司，1987：250.

② 马克思恩格斯全集（第26卷）［M］．北京：人民出版社，1973：124.

1. 思维能力是智力的核心

什么是智力呢？这是为心理学家、教育学家关注的问题，至今仍没有一个统一的定义。用通俗的话说，智力就是人聪明才智的总和，是人的思维发达的程度，通常用智商高低来衡量。人的智力到底有多少种呢？根据美国心理学家吉尔福特的推算，人类的大脑共有 120 种不同的智力。当然这仅仅是从理论上推算的，目前人们的智力有 50 多种，这是指能够列出名称的。

尽管智力的表现形式很多，但大多数研究者认为，智力主要是由五种要素构成的：观察力、想象力、记忆力、思维能力和注意力。但是，我过去曾指出，注意力不应属于这五要素的层次，它的功能实际上包含在其他几个要素之中。那么，另一个要素是什么呢？我认为是实践能力，这是由它在人的整个智力中的重要性决定的。

在五种要素中，并不是每一种要素都具有同等重要的地位，其中思维能力是智力的核心。这是因为：第一，思维能力在整个智力中占有十分重要的地位。思维是人脑对客观事物间接的和概括的反映。这正如恩格斯所断言的："没有理论思维，的确无法使自然界中的两件事实联系起来，或者洞察二者之间的既有的联系。"① 第二，思维能力与智力的其他四种要素有着密切的关系，并且思维能力在某种程度上对其他四种智力要素起着重要的作用。仅就记忆而言，怎样记得快、记得多、记得牢呢？据报载，荷兰的威·克莱因是位数学家，他能记住 100×100 以下的乘法表，1000×1000 以下的平方根，150 以下数值的对数值，而且能记住小数点以后的 14 位数值。他创造了六项心算的世界纪录，被人称为人脑计算机。很显然，他惊人的记忆力与他采用一些科学方法有关，如类比、归纳、联想等，而这些方法又恰恰是思维能力起作用的结果。

思维能力与掌握的知识有一定的联系，通过教育可以培养和提高人的思维能力。但是，不能由此作出学历越高则思维能力越强的结

① 马克思恩格斯选集（第 4 卷）[M]. 北京：人民出版社，1995：300.

论。日本索尼公司董事长盛田昭夫在1966年写了一本名为“学历无用”的畅销书，在日本企业界引起了很大的震动。他写此书的目的是想抑制盲目追求学历的倾向，而绝非是鼓吹“读书无用”。他认为，在日本重视学历甚于重视智力。其实，这种情况中国比日本更为严重。古往今来，有许多的大发明家、大企业家，他们并没有高深的学历，但他们确有很高的智力。他们的巨大成功，再一次告诉我们，智力比知识重要，作为一个创业者，一定要十分重视智力的开发。

2. 创造力的三大要素

创造力是智力发展的最高阶段，它既是一种高层次的思维能力，又是一种高层次的实践能力。创造力与智力的关系十分密切，后者是前者的基础，前者是后者的最高表现，二者不仅只是量的差别，更重要的是质的不同。

创造力是创业者最重要的素质，是获得成功的根本保证。为了培养创造力，我们必须剖析组成创造力的要素，以便有针对性地加以培养。但是，这又是一个十分复杂的问题，至今尚没有统一的认识。我个人认为，创造力的构成也像原子结构一样，分各个层次，按照一定的结构相互联结为一个统一体。通过研究，我提出了创造力的三大要素，即创造力的二级智力要素是由观察能力、思维能力和实践能力组成的。我提出这个观点，是以辩证唯物主义的认识论为依据的。我认定：创造力的形成与发展必须遵照实践（观察）—认识（思维）—再实践（创造行为）的过程，而观察能力、思维能力和实践能力恰好反映了创造认识过程中所必需的三种智力。打个比方，人脑产生创造性思维的大致过程与钢铁厂的生产过程是很相似的，都是经过三个步骤：原料的投入（创造性的观察、信息的摄入）、原料的加工（创造性的思维加工）、成品的产出（创造性的实践、获得发明创造成果）。这个比方既形象地描述了创造性思维的过程，也突出了创造力的重点，有助于创造力的开发。

具有观察能力是从事发明创造的前提，观察是认识的窗口，没有观察当然也就谈不上任何新的发现了。对此，达尔文的体会是深刻的，他曾说："我既没有突出的理解力，也没有超人的机智。只是在观察那些稍纵即逝的事物并对其进行精细观察的能力上，我可能在众人之上。"达尔文的不朽著作《物种起源》是经过5年的环球考察，并用20多年的时间写出来的，从而建立了19世纪最伟大的学说之一进化论。

恩格斯十分强调思维能力的作用，他曾说："一个民族要想登上科学的高峰，究竟是不能离开理论思维的。"① 对一个民族是如此，对一个创业者来说也是如此，一个人如果缺乏创造性的思维能力，那是不可能取得重大成就的。人们常说，哲学家用抽象思维认识世界，艺术家用形象思维认识世界，而科学家则靠灵感思维来发现未知的世界。实际上，人们在从事创造活动时，充分发挥了创造性思维的综合作用，不同职业的人只是各有侧重而已。

培养和发展创造性的思维，一定要创造一种自由思考的环境。英国哲学家约翰·密尔（John Stuart Mill，1806—1873）曾说过："天才只能在自由的空气里自由地呼吸。"② 我们很难设想，在一个充满着思想禁区的环境里，在一个宗教和迷信至高无上的国度里，能冒出创造性的思想火花来。

创造性思维是人类所特有的，它是创造力的核心，是从事创造活动的关键。从思维活动的质量看，创造性思维具有五个特征：高度的概括性、特别生动性、非常新颖性、极其深刻性和有效的实用性③。21世纪的严峻挑战，无疑对人类创造性思维的发挥起到了"催化"的作用。例如，日本的21世纪建筑设计规划就是充满着各种科幻奇想的大预演，也是创造性思维以上特点的集中表现。日本清水公司设计了一座"空中城市"方案，这是一座高2000米、由8排各有100层的三角形框架构成的金字塔，占地800公顷。这是一个"超级大

① 马克思恩格斯选集（第4卷）[M]. 北京：人民出版社，1995：285.

② [英] 约翰·密尔. 论自由 [M]. 北京：商务印书馆，1986：69.

③ 方展画，夏国英. 创造学精华 [M]. 上海：上海文艺出版社，1993：75.

都市”的大胆想象。这座“城市”可容纳100万人，可开展包括工作、娱乐在内的各种各样的活动。建筑这座“城市”，使用的主要材料也都是高技术的成果，如碳纤维和玻璃纤维等轻质材料。① 虽然这些工程现在还只是一种设想，有的甚至是空想，但是人类今天的许多物质文明，大多都经历过从空想到发明创造的实现。因此，幻想或空想并不是坏东西，是架设在创造性思维与发明创造之间的桥梁。

实践能力对于科学发明和创业的重要性已为无数的事实所证明。在科学发明与创业的艰难历程中，有些研究工作或项目的设计，之所以遭到了一次又一次的失败，往往不是他们的创意不对，而是他们缺乏实践的能力。例如，讲证券课的教授没有做过任何证券投资，教企业管理的专家不能治理一个工厂，从事建筑规划的工程师不懂房地产开发等，其原因都是他们缺乏实践能力。创造与创新的概念是不同的，前者是指产生新思想、新理论、新方法，而后者是指改良、革新的意思，是把创造的成果变成真正的产业。英国人罗麦士曾作过调查，他发现：“英国人毕竟还是有创业精神的，英国人是极优秀的发明家和作家。”“英国人觉得比较难的是，将他们的创造付诸实施，使其产生效果。”② 与英国人形成鲜明对比的是日本人，尽管他们面临着“创造的危机”，但他们却具有把他国的发明成果推向市场的能力，所以仍然保持很强的经济竞争能力。日本的秘诀就在于他们的“生产工程”。另外两个典型的国家是美国和中国，前者既具有创造的优势，又有把创造变为产业的实力；我国两者都不具有优势，既缺乏创造能力、创新能力，也缺乏实践。究其原因，这些差别主要是国民素质和文化传统所致，但归根结底还是保守的文化传统的影响。

3. 创造力可学也可教

日本企业战略家大前研一在《企业家的战略头脑》中写道：“创

---

① 世界博览，1994（6）：42-43.

② ［美］大卫·罗麦士，著．财富的创造者［M］．北京：中国工人出版社，1992：27.

造力是可以教授的吗？可能不行。可以有意识地培养它吗？显然我是相信这一点的，否则就不会写这本书了。”“对于我们多数人来说，创造性灵感则像一堆郁积着的余烬，必须不断地煽风才能使它发光。我坚决相信，当所有的必要的素质——敏感、意志和接受能力都已具备之后，通过示范、指导和调节，就能够培养出它来。简而言之，创造力不能够教授，但可以被学到。”① 从这一段引文来看，大前研一的观点似乎是前后矛盾的，他一方面认为创造力是不能够教授的，但另一方面又相信是可以培养的，是可以被学到的。问题在于，他对教授和培养作何解释，如果二者是相同的概念，那就是他自相矛盾了。从他前后的意思来看，他是把教授和培养相区别看待的，似乎把教授当成了单向的传授，把培养视为学习，不然怎么解释创造力“不能够教授，但可以被学到”呢？

应当说“教授”与“培养”不是完全相同的概念，后者比前者具有更积极和更广泛的意义。尽管如此，我不完全同意大前研一关于创造力“不能够教授”的观点。之所以不完全同意，是因为创造力确实不是简单地从课堂上的教授可以得到的，相当多的发明家和大企业家并没有高深的学历，他们的创造力不是从老师那里传授来的。但是，另一方面我又认为创造力是可以教授的，这就是创造教育的任务。我的基本观点是，创造力既然是可以被学到的，那也一定会有方法能够教授，不然从逻辑上说不通。当然，这种教授应不是那种传统的“三中心”的教授了，而应当按照创造教育的原则施教，教授的内容应当是创造的技法和有用的知识，任教的教师也应当是创造型的教师。目前，西方发达国家创办了不少的创造教育培训中心和发明创造学校，它们的任务正是为了培养创造型人才。达尔文曾说：“人的一端是几乎不会使用任何抽象名词的野蛮人，另一端是牛顿或莎士比

---

① ［日］大前研一，著．企业家的战略头脑［M］．北京：生活·读书·新知三联书店，1986：239-240.

亚。"① 那么，人从这一端过渡到那一端靠的是什么呢？我认为是创造教育，其目的是使更多的具有创造性素质的人变成牛顿或莎士比亚。

第三节 文化素质

人类学创始人泰勒（Edward Burnett Tylor，1832—1917）对文化下了一个经典的定义：所谓文化或文明，就其广泛的民族学意义来说，是知识、信仰、艺术、道德、法律、风俗及任何人作为社会成员而获得的所有能力和习惯的复合的总体。的确，文化是一个涵盖面十分广泛的概念，诸如人们的思维特征、知识载体、行为方法、价值取向、审美态度、情感表达、心理素质、生活方式等，无不包括在文化的范畴之内。因此，文化几乎无所不包，显然在本书中不可能涉及文化的各个方面，这里仅就与创业者文化素质有关的几个问题，简要地作一些阐述。

1. 创业者的文化素质与发明创造

诺贝尔是人所共知的伟大的发明家，被誉为"炸药大王"。在他的一生中，共获得355项技术发明专利权，在20多个国家开办了80多个企业，是19世纪最富有的资本家之一。根据他的遗嘱设立的诺贝尔奖，历时百余年而不衰，不仅700多人因杰出贡献而获此殊荣，而且诺贝尔的伟大创造精神正鼓舞着亿万青少年勤奋学习，争做发明家。

作为一个发明家，诺贝尔是闻名于世的。但是，恐怕很少有人知道诺贝尔所具有的文学创作和翻译才能。他广泛地涉猎自然科学、技术科学、历史、哲学、文学知识，精通俄、英、法、德和意5种语言。也就是说，诺贝尔不仅具有从事发明的才能，而且还具有高度的

① 转引自肖雪慧，韩东屏，著．自我实现——主体论人生哲学［M］．郑州：河南人民出版社，1988：49.

文化素养，并且这些文化素质对他的发明起到了“润滑剂”的作用。

诺贝尔自幼酷爱文学，特别喜欢写诗。一位熟悉他的教授评价说：“诺贝尔有资格成为理想的诗人，他丰富的感受性和想象力，可以从他的诗中窥见一斑。”他的自传诗《谜》、《赋与梦》和《说教》是当时的佳作。他的长篇叙事诗《兄弟们》发表后，很受读者欢迎。他还写了《在光明的非洲》、《复仇女神》等几部小说，以及《专利细菌》、《海梅西斯》等几个剧本。从这些创作成果看，诺贝尔确实具有很高的文化造诣，他作为诗人和作家是当之无愧的。①

美国《纽约时报》曾以“在原子中求美”为题报道了诗人化学家霍夫曼（Roald Hoffmann，1937—　）的科学发明的故事。霍夫曼因提出了化学反应方面的“轨道对称守恒理论”而获得1981年度诺贝尔化学奖②。他热爱化学，但他主要的兴趣则在于从平凡的化学反应中发现赏心悦目的美。这种对美的执著追求，必然引发他对科学的兴趣。他把美的概念融合到复杂的分子结构中，并用它来描绘分子中奇妙的电子“轨道”，从而导致了“轨道对称守恒理论”的重大发明。

霍夫曼因追求诗的语言和量子力学语言所表达的美而充满活力。他除了在化学上取得一系列重大的成果以外，还著有许多散文、评论和诗歌。《化学畅想》是他与维维安·托伦斯合著的一本佳作，该书把科学典故融入诗中，堪称文学美与科学美的巧妙结合。霍夫曼在获得成功后深有体会地说：“科学是教学和发现之间的一座桥梁，而我的毕生精力都奉献给了这种创造事业。”

诺贝尔和霍夫曼的成就是巨大的，成功之道是典型的，但仍具有普遍的意义。它说明，文化素质同发明创造有着密切的联系。我认为，人的才华是相通的，也是互补的。诺贝尔和霍夫曼的献身科学精神来自哪里呢？来自于体现其崇高的思想道德的文化素质。他们那种超人的发明创造的想象力又是来自哪里呢？来自于他们在《谜》和

---

① 文汇报，1991-05-01.

② 参考消息，1993-04-11.

《化学畅想》等作品里所展现的对美的欣赏能力，来自于热爱大自然和为着揭开它的奥秘而表现出来的洞察能力。

2. 文化素质的四大支柱

前面我们曾指出，文化的内容十分广泛，几乎无所不包。同样，文化素质也涵盖甚广。一个创业者，要提高其全面的文化素质，也必须从多方面着手。在本节中，我不想而且也无必要去广涉文化素质的各个方面，只打算就构成文化素质最主要的内容作一些阐述。什么是最主要的内容呢？我认为是思想道德、文化知识、科学技术和思维方法，我把它们称为文化素质的四大支柱。我之所以提出这个观点，是因为文化素质由众多的“文化元素”彼此相互联系，并且按照一定的方式结合为一个整体——人的综合文化素养。什么是“文化元素”？这是一个借用名词，是指文化素质的具体表征，也是最基本的单位。在那些众多的文化元素中，一定有主要的、次要的和派生的。什么是最主要的呢？这就是思想道德、文化知识、科学技术和思维方法，它们是文化素养的最基本的内容，由它们又可以衍生出人所必须具有的更多的文化素质来。

人的职业、专长和文化素质有联系也有区别。无论是在校的学生还是在职的员工，他们都应当有自己的爱好，并据此选择自己所喜爱的专业或职业，在某一领域里成为专家，做出创造性的成就来。但是，这决不意味着他们只需要学好自己的本专业，而不需要提高自己的文化素质。例如，作家和新闻记者不仅需要有深厚的文学和写作的功底，而且还必须要有高尚的思想道德，掌握电脑应用技术；如果他们是“电脑盲”，就会同时代的需要格格不入。同样地，一个计算机专家不能只限于编程序、使用机器，也应当加强文化素质的修养，否则将会成为“活的机器人”。

一个人的专业或职业与文化素质的关系是主与从的关系，是“一专”与“多能”的关系。一个人既要有精湛的专业知识，又要有广博的文化素养，这既是发明与创新工作的需要，也是适应职业更换的应变措施。历史上有过很多的先例，有些人不是在自己的主专业里作出贡献，而是凭借他的文化素质在其他领域做出成果。因此，“主”与“从”、“一专”与“多能”是会相互转化的，这是信息时代的特征，也是加强文化素质修养的原因。

马克思认为，人类创造了文化，而文化生产的社会功用又在于：“培养社会的人的一切属性，并且把他作为具有尽可能丰富的属性和联系的人……”① 我的理解是，马克思所说的“一切属性”就是全面的文化素养，“尽可能丰富的属性和联系的人”就是具有高尚素质的人。这就是：人类创造了文化，而文化又造就着“新人”。

教育是培养和提高文化素质的有效途径之一。这里所说的教育，不光是指学校的教育，还包括职业教育、业余教育和终生教育。面临知识激增的时代，一次性的职业教育已过时了，取而代之的是终生教育。联合国教科文组织曾指出：“21世纪最成功的劳动者将是最全面发展的人，是对新思想和新的机遇开放的人。任何把对劳动者的教育计划局限在可能产生短期效益的狭隘劳动技能的企图，都将导致大量长期的结构问题。”②

面对着新的技术革命的挑战，各发达国家十分重视对职工的全面素质的培训。日本企业家认为，新的技术革命的冲击引起了产业结构的变化，企业经济活动的国际竞争加剧了，所有这些对职工的文化素质提出了越来越高的要求。企业最宝贵的财富是人才，而企业内部的教育正是源源不断地开发这些财富的途径。日本松下电器公司把培养人才作为重点，强调将普通人培训为有才能的人。松下幸之助有一段精彩的话：“松下电器公司是制造人才的地方，兼而制造电器产品。”

英美国家对于提高职工的素质亦十分重视。英国许多企业每年用于培训的经费约为利润的10%。罗尔斯-罗伊斯公司对从16岁到65岁的全体人员分类进行有针对性的强化培训，每年耗资合2亿元人民

① 马克思恩格斯全集（第46卷）（上册）［M］. 北京：人民出版社，1979：392.

② 联合国教科文组织，编. 未来教育面临的困惑与挑战——面向21世纪教育国际讨论会论文集［M］. 北京：人民教育出版社，1991：37.

币。通过企业的培训，大大地提高了职工的文化素质，不仅提高了劳动生产率，而且也增强了职工的创新能力。

第四节　心理素质

人的心理过程，是人脑对客观事物的动态的反映。正是有了人的心理过程，才保证了人同现实的联系，逐步形成某些稳定的个性心理特征，并且把它们固载于个体人的身上。个性与心理过程有着密切的联系，心理过程的某些稳定的特点集中表现为人的个性。关于这一点，本章第一节中已谈过。现在，我们着重介绍一下某些心理活动的特征，我把它们称为心理素质。

1. 充满幻想的好奇心

在科学发展的历史上，由好奇心而导致科学发明的例子是不胜枚举的。有人说，一切科学发现与发明大多源于好奇心，这话并不过分。好奇心的产生，首先从观察开始，大脑对其摄入的信息进行“加工”，一旦发现新摄入的信息与原存储在大脑的信息不相符时，便出现了好奇心。如果是一个漫不经心者，就随意放过了这些怪异的现象；如果是个“有心者”，紧紧抓住机会，对观察到的异常现象深究下去，就有可能导致发明创造。

据报载，小学生韩江涛发明的“墨水一擦净”，就是一个源于好奇心的技术发明。14 岁的韩江涛对钢笔写在纸上的字不仅奇怪，而且因擦不掉而感到不方便。于是，他构思了 2 年，又花了 1 年的时间，反复试验了上千次，终于研制出一种液体，对红、蓝、黑三种墨水一擦即净。这样不仅可以大大节约纸张，而且有利于书写者节约时间。这项发明已获国家专利证书，填补了国内外文化用品上的一个空白。这项发明成果已投入生产，销售到全国 20 多个城市，并且使当地 5 个企业起死回生。

为什么韩江涛能够发明“一擦净”，而学问比他大得多的人却没有发明出来呢？这是由思维定式造成的。这个问题对于大多数成年人来说，已经在思想上形成了“本来就是如此”的固定观念，所以司空见惯，也见怪不怪了。但是，对韩江涛来说，“墨水擦不掉”在他思想上并没有形成定式，他从好奇转入到研究，用3年时间完成了被许多成人和专家忽视了的一项发明。

2. 不屈不挠的自尊心

从心理过程看，自尊心是一个很重要的心理特征，它是应当受到保护的。人没有自尊心，不仅不能活得像自己，而且甚至很难生存下来。我们常说的“人心不可欺”、“士可杀而不可辱”，也是讲的自尊心。大凡有才华的科学家，他们不仅有时性格怪僻，而且自尊心也是十分强的。自尊心是建立在自信的基础上的，它是独立个性的表现，有时甚至表现为倔犟和固执，但它是“自我实现”的巨大力量。

西班牙的卡哈尔（Santiago Ramóny Cajal，1852—1934）因揭示了人脑的神经结构而获得了1906年诺贝尔生理学或医学奖。他写的书，至今被世界医学界奉为“卡哈尔医典”。但是，就是这位脑神经医学的鼻祖，小时候却是一个顽童，而且他的成功是在自尊心受辱后转而奋发努力所取得的。

卡哈尔从小淘气，被警察拘留过，被学校开除后，他到处流浪。他暗暗地喜欢邻居的一位姑娘，但她却十分瞧不起卡哈尔。一天，卡哈尔从姑娘身边走过，想引起她的注意，然而那姑娘却轻蔑地说：“顽童都是弱者！”这句十分刻薄的话像针尖一样刺痛了卡哈尔的心。他好几天躺在床上，脑子里一片空白，像是死了一般。几天以后，卡哈尔又“活”了过来。人们发现：卡哈尔变了，他努力学习，决心继承父业做个名医。

一年以后，卡哈尔以第一名的成绩高中毕业，考上了萨拉格萨大学医科免费生。在他25岁时，被聘为母校的首席解剖教授。他在医学研究上取得了巨大的成就，特别是他与意大利的高尔基（Camillo Golgi，1844—1926）一起，揭示了人脑的神经结构，使人类对脑功能的研究进入到科学时代。为此，他们二人获得了诺贝尔生理学或医学奖的桂冠。事后人们评论说：“一句话改变了人的一生，造就了一个天才!”这是什么力量呢?这就是自尊心以及由它激发出的创造潜能!

3. 坚定不移的自信心

通俗地说,自信心就是自己相信自己的一种心理活动。一个人的自信心不是盲目的,是以物质条件为基础,以追求美好的事业为目标的。自信心是自我实现的前提,一个人如果失去了自信心,那是做什么事都不可能获得成功的。

有一篇报道,讲的是江苏省徐州市彭城五金交电化工公司经理韩玉亭的事迹,她依靠“五心术”在生命和事业上都创造了奇迹。韩玉亭从35岁起就患了所谓的“不治之症”。在长达25年的时间里,她身体的不同部位先后出现过6次癌变,曾作过14次手术,部分或全部摘除肋骨、肺、胃、脾、胰等12件器官,然而她却顽强地一次又一次战胜了死神的威胁,依然潇洒地走在创业的道路上①。

在通常的情况下,面对绝症,很多人的精神会一下子坍塌下来。可是,韩玉亭不仅没有倒下来,而且还带领职工创业,把一家面积不足150平方米、年销售额不到50万元的小店铺,变成了拥有6 000多平方米的营业面积、有8个销售网点的商业企业,每年为国家创利税200万元以上。这个奇迹是怎么创造的呢?用韩玉亭的话来说,她是依靠“五心术”,即信心、随心、善心、舒心、童心。在“五心”当中,信心是最重要的,正是由于她把这种坚定不移的自信心贯穿到生命和事业之中,才使得她的生命和事业闪射出光芒。

4. 献身社会的事业心

一个有创造力的人,毫无疑问是一个事业心很强的人。科学发明和创业活动都是极其艰苦的思维活动和实践活动,没有强烈的事业心是办不到的。一个有事业心的人,也一定是一个有理想和道德高尚的人,是愿意为人类的科学进步和美好事业献身的人。

---

① 工人日报,1994-08-14.

黑洞理论的创始人约翰·惠勒（John A. Wheeler，1911—2008）就是这样的人。惠勒从小聪明过人，且具有很强烈的好奇心，他 3 岁时就向母亲提出了一个问题："妈妈，如果我们从这里向天空一直走下去，会不会走到天空的尽头？"多么奇怪而又富有想象力的问题！

说来也真是巧得很，惠勒长大以后，果真走上了研究物理学的道路，他成了著名物理学家尼尔斯·玻尔（Niels Bohr，1885—1962）的学生，后来又成了爱因斯坦的朋友。在半个多世纪里，他在物理学上的贡献是巨大的。他在第一颗原子弹生产钚的工作中担任了重要角色，他与玻尔共同发表的原子核裂变论，为原子能应用奠定了基础。他的"爆炸理论"一直震撼着科技界，他是少数几个跨越物理学界三个巨变时代的领袖科学家之一。

最令人感兴趣的是惠勒提出的黑洞理论①。他的基本观点是：宇宙间的一切事物，包括时间和空间，都起始于大爆炸。同时又认为：大于一定距离的星球之间的引力会相对坍塌，因此整个宇宙从现在起就处于危险之中，并无可置疑地结束于几万年之后。当宇宙的巨大爆炸力最后耗尽时，尘埃微粒受引力的驱使，又形成了某些像黑洞一样的东西。十分有意思的是，惠勒在事业心的支持下，耗费 50 多年的精力，回答了自己在 3 岁时提出的问题——宇宙的起点和尽头。

5. 笃志不移的恒心

恒心是持久地投入创新活动的人格特征，是意志和毅力的表现。在创业活动中，像顽强、执著、坚忍、拼搏等心理特征都是以恒心为基础的人格表现形式。

两度获得诺贝尔奖的伟大科学家居里夫人曾说："我们的生活都不容易，但是那有什么关系？我们必须有恒心，尤其要有自信力！我们必须相信，我们的天赋是要用来做某种事情的，无论代价多么大，这种事情必须做到。"② 是的，居里夫人的成功，除了她的天才以外，

① 世界博览，1987（10）：55-56.

② 许嘉利，等编．名人轶闻 606 篇[M]．北京：中国青年出版社，1982：8.

就在于她的恒心。如果没有这一点，那么从数吨废矿渣中提取 0.12 克氯化镭简直是难以想象的。

在 1994 年夏季世界游泳比赛运动会上，美国奇人珍妮·汤普森带着严重臂伤获得两枚金牌，的确令人叹服。汤普森 5 月底摔断了左臂，6 月初做了手术，共缝合了 100 多针，用 7 枚钉子和钛板固定着。她手术后 10 天就重返泳池训练。最后，她虽没有打破她自己创造的世界纪录，但获得了两枚金牌，她竭尽了自己的一切力量。与其说她的成绩是速度的胜利，毋宁说是意志和恒心的胜利。

第五节 身体素质

1. 天才都是“最壮的牛”

人们往往用“牛”来形容具有埋头苦干的奉献精神的人，如“老黄牛”、“拓荒牛”和“孺子牛”等。从奉献来说，绝大多数的发明家和创业者都是具有奉献精神的，他们也是默默耕耘的“牛”。儒勒·列那尔（Jules Renard，1864—1910）有一句名言：“所有的天才都是‘最壮的牛’，他们每天工作 18 小时，孜孜不倦。”① 实际的情况正是这样，天才在于勤奋，任何聪明的人如果不努力奋斗，是不可能建立起伟大的事业的。美籍华裔学者李远哲既是一位聪明的人，又是一位十分勤奋的人，他获得诺贝尔化学奖，正是他孜孜以求的结果。难能可贵的是，在他获得诺贝尔化学奖以后，仍然没有放松研究工作，每天工作 18 小时以上。这就是天才的作风，也是“最壮的牛”所表现出来的顽强精神。

大发明家爱迪生说过：“天才是百分之一的灵感，加上百分之九十九的血汗。”这话虽然有谦虚之意，但也确实是发自于他内心的感慨。为了科学发明，天才人物们确实付出了极大的代价。爱迪生为了发明，被列车长打聋了耳朵；诺贝尔为了发明无烟炸药，自己被炸

① 中华周末报，1994-02-19.

伤，他的弟弟和四个助手被炸死。这些事例均说明，在他们的发明成果中，的的确确浸透了无数的血汗。要做到这些，没有强壮的身体和顽强的意志是不行的。为了发明创造，为了开拓、竞争，每个创业者都要十分爱惜自己的身体，只有首先把自己的身体锻炼为“最壮的”，才能承担超负荷的工作量，发挥出“最壮的牛”的冲刺作用。

2. 把握住生命的节奏

一般的，创业有成的企业家大多经历过多年的艰苦奋斗，甚至经历过惨淡经营或失败的挫折。不难想象，他们的工作是异常紧张的，身体的消耗是巨大的，因而不免心力交瘁，常常是未老先衰。

从报刊中，不断看到日本企业界的那种忘我的工作精神，这正是日本经济繁荣的重要原因。但是，这种“魔鬼式”的工作强度却给职工的健康笼罩上了一层阴影。不断有报道，日本企业界的高级经营管理人员由于劳心过度猝死。这是快节奏和高强度的工作带来的负面后果。针对这种状况，日本又兴起了“脑保健理疗”的产业，以消除快节奏工作给人们的大脑和心理造成的压力。

一个创业者不仅要具有良好的思想素质、个性素质、智力素质、文化素质，而且还应当有健康的体魄。面对着技术革命的挑战和市场经济的激烈竞争，企业家如果没有旺盛的精力，不仅不能保持清醒的头脑，作出正确的判断与决策，而且也无力率领广大职工创业，建立良好的企业文化。因此，企业家一定要十分爱惜自己的身体，不断增强体质，这是实现创业的重要保证。

人生有涯，事业无涯，怎样在有限的生命中实现人生的最大价值，这是每个立志创业的人都必须思考和回答的问题。依我之见，最重要的是把握住生命节奏，把握住创业的时机，凡事先行一步，凡事勇争第一。怎样才能把握住生命的节奏呢？以下几点可资借鉴：

（1）按照科学的方法有节奏地工作。一个创业者为了走向成功，一定要按照自身的节奏进行有效的工作。人的创造性的发挥，是通过大脑的思维进行的，而大脑皮质的抑制与解除也是有节奏地进行的。在紧张的工作之后进行适当的休息或体育活动，可以调整人体内在的节奏，以达到消除身心疲劳的目的。

了解自己的生物钟，按照生物钟安排工作，不仅是自身调整的灵活手段，而且也是科学的工作方法。我们周围的自然界在不断地变动着，而且其变动是按照一定的节奏进行的。什么是生物钟？按照一定周期支配着身体活动的身体节奏、左右着感情活动的感情节奏、改变智力高低的智力节奏这三种节奏，决定着每个人每天的幸运与否和状况好坏，这就是生物钟。① 尽管生物钟不是万能的，也不一定像卜卦那样决定你每天运气的好坏，但是它的确有一定的科学道理，掌握了它有助于你把握住自己的生命。这里很重要的是把握三个节奏，即身体节奏、感情节奏和智力节奏，使你更有效地工作，激发出更多的创意，助你创业成功。总之，生物钟将使你的生命更加辉煌。

（2）工作与娱乐并重。古人云："一张一弛，文武之道也。"这里，我把"张"与"弛"视为工作与娱乐。工作时要紧张，娱乐时要放松，这既是古训，又是现代的工作作风。但是，这个问题在我国企业中一直没有处理好，一方面，工作时松松垮垮、效率低下；另一方面，又有60%的职工患有不同程度的疾病。这又是一个怪圈：身体素质越差，生产效率越低；生产效率越低，职工待遇越差；职工待遇越差，又导致身体素质下降。走出怪圈的办法就是大力进行改革，缩短工作时间，提高职工待遇。要坚持工作与娱乐并重的企业文化，提倡快乐地工作，愉快地休息，工作时认认真真地干，休息时痛痛快快地玩。

（3）要永远保持心理健康。西方一位哲人说过，一个人的健康，首要是心理上的健康。这话无疑是完全正确的，已为生活中无数的例子所证明。日本松下幸之助被称为日本"企业之神"，他在77岁时曾说："只要心里觉得还年轻，自然而然也就变年轻了。"正因为他有着良好的心理素质，所以他豪迈地说，他要创办"日本政经塾"，

① 日本生产率总部创造性开发委员会，著．创造性开发与事业成功——调动积极性的自发经营之路［M］．赵兴昌，英子，译．北京：中国经济出版社，1992：100.

要活到300岁，为日本21世纪造就政治与经济领袖人物。

戴尔·卡耐基是著名的成人教育家，是畅销丛书“成功之路”的作者。他的所有课程的基本哲理是：“经由自信心的培养，学生能够成为更成功的人，过更丰富满足的生活。”卡耐基在自己办公桌上挂了一个牌子，上面的座右铭①是：

你有信仰就年轻，
疑惑就年老；
有自信就年轻，
畏惧就年老；
有希望就年轻，
绝望就年老；
岁月使你的皮肤起皱，
但是失去了热忱，
就损伤了灵魂。

无独有偶。美国将军麦克阿瑟（Douglas Macarthur，1880—1969）曾任美国西点军校校长，第二次世界大战期间，曾指挥盟军在西南太平洋地区作战。他办公室的墙上也挂着与卡耐基同样的座右铭，真是英雄所见略同。这个诗一般的座右铭就是最好的心灵润滑剂，它不仅可以使你年轻、健康，而且还能助你事业成功。

第六节　创业者的风格

人的风格乃是风度与品格的统称，是通过人的思想作风和工作态度体现出来的人的个性特点的全部总和。人的创业风格可以相似，但不会相同，这正像在大自然中不可能找到两片完全相同的树叶一样。

---

① ［美］亚瑟·裴尔，朵尔蒂·卡耐基，著．积极的人生　智慧的锦囊［M］．宋子生，荣刚，编译．北京：中国文联出版公司，1987：85.

风格不是漂亮的口号，不是蛊惑人心的广告导语，不是宣传标语，也不是模范人物的事迹和警句。风格是人们在创业过程中，经过无数的成功与失败，通过反复总结、体验并寓托于人的高大的形象和高尚的精神。风格是一种力量，它可以起到教育人和鼓舞人的作用，可以影响下属的职工，可以塑造一个企业的文化精神。

人的个性是千差万别的，风格也是多种多样的，不过我认为，对一个创业者来说，最重要的风格有三点。至少我是十分崇尚它们的。

1. 勇于开拓、创造的精神

按照人民教育家陶行知的观点，开拓和创造并不是相同的观念，二者不可混淆。

创业者最可贵的风格，首先是要发扬改革、开拓和创新的精神。在现代的管理学著作中，在著名企业家的经验总结中，“创造精神”的字眼几乎无处不在。而且，企业家精神和风格，几乎与“创新”一词成了同义语。

日本日立公司的创业者小平浪平是于1910年从三间破旧木屋中起家的，之后，公司已能生产家用电器、发电设备、钢铁及石油生产设备、微电子高技术各类产品达2万多种，销售额曾在日本电机公司中排行第二。小平浪平创立了日立公司，同时也形成了日立的风格——“日立魂”。这风格就是：“以和为贵，待人以诚，办事要有开拓精神。”有了这样的精神，企业自然会不断发展。在产品创新方面，他们采取了“特别研究制度”，集中力量攻克难关。20世纪七八十年代，日立公司在集成电路、电子计算机、机器人、核能发电等方面取得了突出的成果，有些走在同行的前列①。

2. 敢于冒险的精神

风险意识是企业家在寻求最大发展目标的过程中，敢于同传统观念决裂，同传统势力挑战，向充满着未可估量后果的领域进军时表现

---

①　经济日报，1988-03-19.

出来的大无畏精神，是创业者走向成功的内驱力。风险与创新是一对孪生兄弟，凡是创新的事业，都是有风险的；反过来，也只有敢于冒风险，才能有创新的机会。模仿他人虽然保险，但模仿终究不是创新。

美国的企业家们普遍相信一个观点，即风险越大，成功的机会越多。事实也的确如此。每当一项新的技术出现且人们还未接受它时，如果要去开发这个产品，的确是有风险的。那些率先进入这些尚未开发领域的人，肯定是有风险意识的人，他们不愧为智者和勇者。

我们仅以美国贝尔实验室为例，它几乎成了贝尔电话系统创新的“工具”。在过去70年间，贝尔实验室的发明成果一项接一项，包括半导体、晶体管、光纤电缆以及在计算机理论与工程方面的许多发明，真可谓多得不胜枚举。贝尔实验室的记录证明，即使是高技术领域，创业与创新的风险也是很低的。另一个例子，美国明尼苏达州圣保罗市的3M公司是一个以开发中等技术产品为主业的公司，在过去的60年当中，开创了近百项新的系列产品，它的成功率大约是80%。以上仅是少数创业家以低风险获得成功的例子，其他成功的例子还有美国的IBM公司、英国的马克斯与斯潘塞公司和世界上最大的消费品制造商普罗克特与甘布尔公司等。这些均说明，一个创业者应当具有敢冒风险的精神，它将给你带来成功的希望。

3. 百折不挠的精神

百折不挠和百炼成钢，历来是用来形容强人性格的。什么是强人？强人应当是这样的人：遇到风浪敢开顶风船，遇到竞争对手敢挑战，遇到困难不低头，遇到失败不回头。一个强人，在逆境中比在顺境中更能表现出英雄本色，这就是百折不挠的精神。

美国《福布斯》杂志记者采访了1994年度200家出色小公司当中的50位创业者。记者在与他们的交谈中发现了一条共同的线索。这些创业者几乎异口同声地说，假如当时他们的企业破产了，他们肯定会再办一家。同时，记者还采访了发展最快的公司之一美国软件频谱公司的董事长朱迪·西姆斯。他是一个钢铁工人的儿子，40岁，是从收入相当低的家庭开始创业的，他依靠自己的力量获得了成功。

怎样才能成为一位成功的企业家呢？答复也并没有那么复杂。最重要的是，需要有相当的智力、充沛的精力和一些运气。此外，还要有强烈的成功愿望，甚至于越是失败，决心越大。创业精神基本上就是再三尝试，不达目的誓不罢休。

第四章　大学的创业教育

直到20世纪90年代以前，我国大学毕业生都是统一分配工作的，这是与那时的计划经济相适应的。每个大学毕业生，只要是政治表现合格，不管工作单位好坏，都可以分配到一份工作，用不着自己为找工作而犯愁。在那个时代，上大学就等于拿到了铁饭碗，这是许多农家子弟实现“鲤鱼跳龙门”主要的途径。

可是，随着经济体制改革的深入，自20世纪90年代以后，我国大学在收费并轨的同时，取消了大学毕业生的分配，实行双向选择和自主就业。这是市场经济发展的必然趋势，我国大学的各项工作必须要适应这种转变。为了适应这种新形势的需要，作为对策之一，大学应当把创业教育纳入教学计划之内，设立专门的机构，以指导和帮助大学毕业生的就业和创业，使他们充分发挥在现代化建设中的作用。

第一节　大学教育的新课题

创业教育是摆在当今大学面前的一个崭新的课题，这是新的技术革命对大学提出的挑战，是知识经济对大学培养人才提出的新要求。当我们提到创业教育时，必须对创业的概念予以界定。什么叫创业？顾名思义，创业就是开创基业或称为创立新的企业。很明显，创业的关键在于“创”字上，这是一个从无到有的开拓过程。如果再作进一步的解释，创业就是创业者利用积极争取到的各种机遇和条件，运用新科学技术和管理知识，发扬创造精神，创建一个既有经济效益又能够造福于社会的新企业。创业之所以十分重要，一方面是受到国外大学经验的启发，另一方面是由我国大学生就业的严峻形势所决定的。

自20世纪90年代以来，美国经济持续高速增长，从而创造了当代经济的奇迹。为什么美国经济充满了活力呢？为什么美国依然是当今世界头号经济强国呢？只要我们看一看美国经济管理大师彼得·德鲁克的评论，我们就不难找到正确的答案。他说："创业型就业是美国经济发展的主要动力之一，是美国就业成功的核心。"未来学家约翰·奈斯彼特也指出："创业是美国经济持续繁荣的基础。"从1990年以来，创业的浪潮在美国是一浪高过一浪，这要得益于美国大学里的创业教育为社会输送了大批创业型的人才。据统计，91%的美国人认为，创办自己的企业是一件令人尊敬的工作。

美国麻省理工学院在培养创业人才方面一直走在各大学的前面。据1999年的统计，该校毕业生创办了4 000家公司，这些公司就雇用了110万人，创造了23 220亿美元的销售额。由此可见，创业是经济发展的源头活水，是解决就业问题的积极措施。同时，形势也大大地促进了大学创业教育的蓬勃开展。对于我国来说，实施创业教育是我国大学正面临着的一个新课题。

我国近代大学是戊戌变法前后诞生的，而且基本上是按照西方大学的模式建立的。在新中国成立前，我国大学与西方国家大学一样，对大学毕业生都是不负责分配工作的，但负有对大学毕业生就业进行指导与推荐的责任。大学教育者不仅负有向受教育者传授基础理论、基本知识和基本技能的责任，而且还应当指导受教育者如何选择职业和就业，这是大学义不容辞的双重职责。其实，这种对受教育者的择业和就业的指导，自从大学兴起时就已经出现了，只不过早先的那种指导是个别的，并没有正式纳入教学计划。

可是，20世纪50年代初，我国提出了"一边倒"的方针，高等教育实行"全盘苏化"，兴师动众地进行了大学院系调整，对大学生实行统招统分。那个时代，大学还是精英教育，国家又急需建设人才，所以那时大学毕业生是"皇帝女儿不愁嫁"，根本用不着进行创业教育，只要做好大学生服从统一分配的思想工作就行了。

自20世纪90年代开始，取消了大学毕业生统一分配，实行双向选择和自主就业。这种制度使大学生们不再绝对服从组织分配，为他们提供了更多的选择机会，但却使他们为了求职而疲于四处奔波。于是，一个新的课题也就提到了大学领导者的议事日程上了。特别是自1999年大学扩招以后，使得大学生和研究生的数量激剧增加，这就增加了大学生就业的难度。

例如，1998年大学招生人数是107万，而1999年一下子增加到157万，2005年招生已达到500万。在过去8年中，大学招生人数增加了4倍，年平均增加速度为22%。据劳动和社会保障部的统计，大学毕业生总数达到413万，比2006年增加75万人。按照理想的70%就业率计算，2007年就有124万人不能就业。如果再加上历届毕业生未能就业的，恐怕有近500万大学毕业生不能就业。这是一个十分严重的问题，如果不能妥善解决，不仅造成人才资源的巨大浪费，而且还将导致社会的不安定。

严峻的就业形势要求我们大学必须把创业教育纳入教学计划，加强对大学毕业生就业和创业的指导。同时，我们还应当认真思考大学的教育改革，包括大学的功能定位，以及培养目标、专业设置、教学内容、教学实践、教学方法等问题。总之，改革的方向是要实行大学多元化，提高教学质量，使大学毕业生具有较强的适应力和竞争力。

第二节　国外大学创业教育概况

随着人类社会的发展，人们的生产劳动出现了分工，这是社会进步的表现。社会劳动分工的必然结果，正如马克思所指出的："职业由于分工而独立化。"① 这就是说，由于在社会生产劳动中出现了许多独立的职业，所以相应地也就有了对各种职业的选择以及对大学毕业生选择职业的指导。

早在19世纪末，美国和欧洲等许多国家的大学就开始对大学毕业生进行就业指导。1894年，美国加州工艺学校开始对毕业生进行

① 马克思恩格斯选集（第1卷）［M］．北京：人民出版社，1995：134．

就业指导，随后英国、德国和苏格兰也开始对毕业生进行就业指导活动。但是，把就业作为一门课程纳入教学计划，是1911年由哈佛大学率先开始的，这一举动再次显示了它对世界大学改革所起的先锋作用。

创业与就业是两个完全不同的概念，大学对大学毕业生进行创业教育要比就业指导晚得多。一般地说，创业教育的兴起基于两个原因：一是自20世纪70年代新技术革命的出现，新的技术产业逐步代替传统的工业，于是经济的发展需要大批创业型的人才；二是西方国家高等教育已经实现了大众化，有的甚至已经达到了普及化的程度，于是高等学校培养的人才出现了供过于求的现象，这就促使部分大学毕业生走上自主创业的道路。为了满足部分创业者的需要，大学开始把创业教育纳入教学计划。

从人类发展的历史看，一旦有了社会需要，就能够以巨大的动力把科学推向前进。无论是自然科学还是社会科学，它们的各个分支学科，都是在不断地综合和交叉中逐步发展起来的。创业学是一门新兴的学科，它是教育学、管理学、公共关系学和创造学等多门学科交叉的结果，是应大学创业教育和广大的创业者的需要而产生的。

美国是创业教育的发源地，早在20世纪60年代末就开始起步，并且创业教育开展得也很广泛。据不完全统计，截至2005年初，美国已有1 600多所大学开设了各种类型的创业学课程。例如，美国哈佛商学院在创业教育方面一直是走在前面的，该校把“普通管理学”改为“创业精神管理学”，以适应创业者的需要。加州大学洛杉矶分校开设的与创业有关的课程多达24门。其他如麻省理工学院、斯坦福大学、芝加哥大学等名校都十分重视创业教育。美国是一个高等教育高度多元化的国家，甚至还创办了一所专门培养创业管理人才的学校，它就是巴布森创业管理MBA商学院。

经过30多年创业教育的实践，美国大学的创业教育在理论和实践方面都积累了丰富的经验。归纳起来，美国大学的创业教育具有如下的特点：

第一，从政府到社会机构，都十分重视创业教育。为了支持大学的创业教育，美国政府专门设立了国家创业教学基金，以支持大学教学改革，建立美国完整的创业教育体系。除了大学以外，创业教育已经涵盖了从小学到研究生教育的全过程。目前，创业学已成为商学院和工程学院发展最快的领域，也是最受大学生们青睐的选修学科。

除了政府以外，许多金融和社会机构也都十分重视大学里的创业教育。这些机构纷纷设立创业教学基金，支持开展创业教育，这些基金用于开展创业项目竞赛，奖励优秀的创业学生，开发创业教育的新课程等。

第二，把创业教育思想贯彻到各科教学中。美国大学除了开设创业学课程以外，还要求所有的科目都要体现创业的思想，要求所有的教师都要教授与创业有关的知识与技能。对于那些学习经济、商贸、财税、管理和应用科技专业的学生，更需要把创业教育渗透到相关的课程中，以提高学生的创业意识和基本素质。

第三，十分重视培训和提高教师的创业素质。创业教育是一个新的课题，这就对教师提出了新的要求。教育者必须先受教育，这样才能适应新形势的需要。美国创业教育组织十分活跃，对教师进行创业教育专门训练，组织他们参加创业模拟训练，举办创业教学示范或研讨会，编写创业教学的课程教材。所有这些措施对于普及创业教育，对于培养大学生的创业能力，都起到了很好的作用。

除了美国以外，创业教育在英国、法国、德国、日本、澳大利亚等国的大学中也已经普及了，甚至在中小学也专门开设了创业方面的课程，以便从小培养学生的创业意识和素质。英国财政部于 1999 年拨款 7 000 万英镑，专门用于剑桥大学与麻省理工学院之间的合作，目的在于把美国的创业教育经验引入英国，以便鼓励大学毕业生创业，提高英国在新技术领域里的竞争力。

日本人善于模仿，目光始终注视着世界上的新技术和新管理经验。日本通产省对此非常敏感，他们对日美创业情况作了对比：在 90 年代末美国有 500 所大学开设了创业教育的课程，而日本只有 20 所；美国优秀的大学毕业生中有 30% 独立创业，而日本只有 3%；日本的大学毕业生的目标是到大公司就业，而美国的优秀学生是要自己创办企业。两相对比，反映出了日、美两国大学毕业生的素质和价值取向的差别。针对这个差距，通产省与日本文部省合作，在小学实施创业教育。他们在日本小学推介“起早会”，督促孩子们早早起来，利用上课前的两个小时开展勤工俭学，这既是对他们进行艰苦创业的教育，又可以使他们为将来的创业作准备。总的说来，日本的创业教育的方向是，开发出能够让学生自然适应自我负责意识、投资意识、风险意识和创业意识的教育体系。

新加坡虽然是一个资源贫乏的小国，可是它凭借着科学技术却创造了高度发达的经济和高效管理的先进典范。在这一方面，新加坡的教育无疑起了巨大的作用。目前，在亚太地区创业教育方面，新加坡的南洋理工大学一直是走在前面的。为了进行创业教育，该校成立了科技创业中心，把创业学由管理教育的一个分支发展为一个硕士学位专业，教学的重点始终是贯彻创造精神，训练学生如何创办企业，如何把小企业变成大企业。任何一个成功的大企业，都是从无到有、从小到大发展起来的，因此，在创业教育中要使学生了解创业过程中需要解决的各种问题，如掌握新技术发明的开发机遇、资金的筹措、人才的选拔、财务管理、各部门的公关等。创业教育必须注重实践，既要模拟创业的过程，又要置身于创业的环境中，唯有如此才能真正地学到创业的本领。

第三节　中国大学创业教育的情况

1989 年 11 月，联合国教科文组织在北京召开了“面向 21 世纪教育国际研讨会”。在这次会议上，提出了一个全新的教育概念，一个人要想获得成功，必须获得三张教育证书：一是学术性的，二是职业性的，三是证明一个人的事业心和开拓能力，也叫创新能力的通行证。最初，把第三张通行证译为“事业心和开拓教育”，后来正式翻译为“创业教育”（Enterprise Education）①。这次会议正式肯定了创业教育的重要性，它对于促进发展中国家开展创业教育具有重要的作用。

在20世纪90年代以前，我国保持大学毕业生统一分配工作的制度，还没有感受到开展创业教育的必要性。那时，我国大学还不知道什么是创业教育，对国外大学的创业教育也不甚了解。随着取消大学毕业生分配制度，特别是联合国教科文组织会议的推动，我国教育部才开始重视大学的创业教育。

从2002年开始，我国教育部确定了9所大学开展创业教育的试点工作，这9所大学是：中国人民大学、清华大学、北京航空航天大学、黑龙江大学、上海交通大学、南京经济学院、武汉大学、西安交通大学和西北工业大学。

除了以上9所大学以外，根据形势发展的需要，其他大学也纷纷行动起来，开展了多种形式的创业教育。目前，已经成型的创业教育模式有四种：②

第一，以中国人民大学为代表的模式。这个模式的重点是将第一课堂与第二课堂结合起来，重在培养学生的创业意识，构建创业所需要的知识结构，完善学生从事创业所需要的综合素质。在创业教育中，鼓励学生创造性地投入到各种社会实践和公益活动中去，实现以专业为依托、以项目和社团为组织形式的创业教育实践体系。

第二，以北京航空航天大学为代表的模式。这个模式以向学生传授创业知识和技能为重点，以商业化运作为特点。为此，学校建立了大学生创业园，成立了创业管理培训学院，设立了300万元的创业基金。通过这些措施，使学生掌握创业知识，获得创业资金的资助，支持他们从事创业的各种尝试。

第三，以上海交通大学为代表的综合创业教育模式。这个模式包

---

① 国家教委国家教育发展研究中心，中国教科文组织全委会秘书处，编．未来教育面临的困惑与挑战［M］．北京：人民教育出版社，1991：23．

② 蔡慧．高校创业教育三种模式［N］．文汇报，2003-09-02．

括两个方面：一是把创新教育作为创业教育的基础，在专业知识传授过程中提高学生的创业基本素质；二是为大学生创业提供必要的资金和技术咨询。为此，学校投入800万元资金，建立若干个实验中心和基地，全天候地向学生开放，培养学生动手能力，以实现他们设计的创业项目。

第四，以复旦大学为代表的模式。这个模式以育人为中心，对在校生着重培养创新精神、实践能力和团队精神，对毕业生着重加强创业过程的指导，帮助其实现创业设想。该校目前已有四五个项目获得了资助，每学期提出申请的项目就有100多个。

经过一年创业教育的试点，2003年3月教育部在北京航空航天大学召开创业教育试点学校工作会议，总结了试点学校的经验，研究了开展创业教育中的问题，从而进一步推动了在我国大学中创业教育的开展。目前，我国各大学对实施创业教育的热情很高，形式也多种多样，应当说形势是好的。

但是，我们必须看到，开展创业教育在我国的时间毕竟很短。我们不仅谈不上经验，而且存在的问题还不少。总的来说，主要有以下四个问题：一是创业教育的观念落后，无论是教师还是大学生，都还有一个观念转变和适应的过程。二是教师的知识结构和素质不能适应创业教育的需要。我国大学教师与西方发达国家大学教师有很大的差别，不仅缺乏创业精神，而且也几乎没有创业的实践经历和经验。所以，教师的素质是我们进行创业教育的软肋，不尽快提高教师的素质，要对大学生进行创业教育和指导他们创业是十分困难的。三是缺乏对大学生进行创业教育的实用教材，特别是经过实践检验的案例教材。四是存在一哄而起和赶浪潮的毛病，只图立竿见影而不愿扎扎实实地进行改革实验。因此，我认为必须克服根深蒂固的形式主义，这样才可能使创业教育落到实处，以保证大学生创业教育收到实际的效果。

第四节 创业教育的目的

大学为什么要开设创业教育呢？创业教育与其他课程又有什么不同呢？这些问题是摆在我们大学领导者面前的必须回答的问题，如果不明确我们教育的目的，那么就达不到所期望的效果。应当说，创业教育既不同于基础理论与专业知识的教育，也不同于单纯的思想教育，它有其独特的目的与要求。根据联合国教科文组织提出的概念，创业教育要培养学生具有“第三种能力”，它是与学术能力和职业能力不同的一种能力。因此，我认为，创业教育应当紧紧围绕着“第三种能力”而展开。依照柯林·博尔的解释，“第三种能力”就是一个人应当具有的事业心和开拓技能。

如果再进一步追问：事业心和开拓技能又是指什么呢？怎么样把这个要求贯彻到创业教育的计划中去呢？我认为最重要的是通过创业教育达到五个目的。

第一，使大学生树立崇高的理想和终极价值目标。这二者是互为因果的，只有树立了崇高的理想，才能达到人生终极价值的目标。理想决定人的前途与命运，有了理想就有了改变现实的巨大动力，就能够把自己的聪明才智发挥到极致，就能够积极、主动地去获取创业所需要的知识、技能和机遇。

第二，培养大学生的创造和开拓精神。创造和开拓不是同义语，它们分别代表两种素质和能力。对此，人民教育家陶行知先生曾经作过精辟的论述，他说：“敢探未发明的新理，即是创造精神；敢入未开化的边疆，即开辟精神。创造时，目光要深；开辟时，目光要远。总起来说，创造开辟都要有胆量。”他又说：“大丈夫不能舍身实验室，亦当埋骨边疆尘，岂宜随便过去！但是这种人才，究竟要到什么时候才能出现？究竟要由什么学校造就？究竟要用什么方法养成？可算是我们现在最关心的问题。”① 这是陶行知先生在“五四”运动前

① 陶行知全集（第1卷）[M]. 长沙：湖南教育出版社，1984：114.

夕写出的论述，如果说那时尚没有实现他的理想的条件，那么历史的使命必将落在我们这一代人的身上，他所说的“创造开辟”的人才正是我们今天所需要的，我们所进行的创业教育就是要找到培养这类人才的方法。

第三，使大学生掌握从事创业的思维方法。过去大学只重视知识的传授而忽视思维方法的训练，这是必须要纠正的。其实，知识是不断更新的，而创造思维方法才是创业的关键。因此，在创业教育中，要向大学生教授思维方法的技巧，特别是创造灵感思维方法、创造抽象思维方法、创造性的求异思维方法、创造性的简约思维方法，等等。

第四，使大学生掌握从事创业所必需的专业知识与技能。专业知识与技能是从事创业的基础，此外，还应懂得金融、财务、法律、市场运作等方面的基本常识。创业不仅要有很好的创意，而且还必须具有实践的能力。

第五，培养大学生敢于冒险的精神。美国人是一个敢于冒险的民族，他们认为风险越大，成功的几率也越大。恰恰相反，中国大多数人是不敢冒险的，他们是求稳怕变，宁肯墨守成规。这是因为中国人缺乏创造和开拓精神。在对大学生进行创业教育时，我们要有意识地训练他们的冒险精神，对待失败要宽容，多支持，少责备。我国有一句成语：“失败是成功之母。”让这句箴言成为每个创业者的力量源泉！

第五节　创业教育的课程设置

一般来说，教学的目的主要是通过课程教学实现的，因此开设哪些课程直接关系到创业教育实施的问题。那么，对大学生进行创业教育需要开设哪些课程呢？对于这个问题，不能一概而论，应当因校而异。也就是说，不同类型的学校和专业可以开设不同的创业教育的课程。总的来说，设计和设置创业教育课程的原则是：因校（专业）而异，不求绝对统一；理论联系实际，学以致用；多样化，各取所需。总之，检验创业教育课程设置是否合理和有效，唯一的标准是实践，即能否培养出大批的自主创业型人才。

虽然国外开展创业教育已有40多年的历史了，但目前尚没有形成完整的创业教育科学课程体系和理论框架，似乎还处在百花齐放的阶段。不过，有一点是明确的，那就是创业教育始终要围绕着“创业”这个中心而展开，各门课程也都必须为这个中心服务。从课程的类型看，可以分为必修课、选修课和实践课三类。如果按照培养创业者的要求来看，应当开设五种类型的课程，它们是：人生哲学、创造思维方法、创业能力、创业实务和创业专业技能。为了明晰起见，我们不妨列表予以说明。

创业教育课程设置参考表

课程类型	供参考课程名称	主要学习内容与要求
人生哲学类	“成功人生之路”、“积极的人生”、“积极开拓自我”、“现代人生的意义”、“创业是人生最大的价值”、“人生未来之路”等	树立远大的理想，培养创造开拓精神，鼓励敢于冒险和挑战的勇气，磨炼百折不挠的意志，激励创业意识等
创造思维方法类	“方法学”、“科学方法大纲”、“创造思维方法”、“创造工程学”、“创造技法”、“创造学”、“简约就是美”、“怎样捕捉创造灵感”等	掌握从事创业所需要的各种创造性思维方法，如直觉思维、联想思维、抽象思维、演绎与推理思维、逻辑思维、猜想思维、求证思维等
创业能力类	“创业与决策管理”、“创业与竞争”、“创业与公共关系”、“创业与国际合作”、“创新与产品开发”、“创新与市场营销”、“创业与信息搜索”等	培养创业者需要的各种能力，如决策与管理能力、竞争与合作能力、公关与协调能力、适应与应变能力等

续表

课程类型	供参考课程名称	主要学习内容与要求
创业实务类	“新企业的创立”、“成长型企业的管理”、“企业危机的处理”、“创业与融资”、“企业收购与管理”、“风险投资与成长资本”等	创业实务所涉及的学习内容很多，根据不同的业务领域可以有选择性地开设必要的课程，掌握应对实际问题的方法与技巧
创业专业技能类	现代产业以高新技术为主导，从电子计算机到微电子、激光、新材料、能源、生命工程等，无所不包，进行创业教育时应当与相关专业相结合，开设出实用的专业技术课程	不同专业领域的创业者要根据需要学习和掌握必需的专业知识，以满足创业的需要

以上所列的参考课程只是根据国内外大学的做法和创业需要提出的，远不能够概括创业教育的全部。但是，最重要的是要从各校实际出发，依靠广大热心从事创业教育的教师，不断总结实施创业教育的经验，由他们精心设计适应广大创业者需要的创业课程。在此基础上，本着实践—认识—再实践—再认识的规律，把实践经验上升到理论高度，通过不懈的努力，创立适合我国国情的创业教育理论框架和课程体系。

第六节　实施创业教育的模式

教育上有一个行话：教无定法，学亦无定法。这就是说，再好的教与学的方法，只可能适合某些人，而不一定适合每一个人。尽管如此，我还是想借用现在十分流行的一个名词——“模式”，介绍一些大学实施创业教育的做法。其实，模式与做法并没有本质的区别，某种做法一旦具有普遍效仿的价值，那么我们就可以把它当作一种模式，或称为样板。

美国是创业教育的发源地，综合它们的一些大学的做法，我们可以归纳出四种模式。

（1）百森模式。这是美国百森商学院实施创业教育的做法，具有一定的代表性。百森商学院是一所私立的商学院，创建于1919年，在实施创业教育方面一直是领跑者。早在1967年，它就推出全球第一个创业管理研究生课程，其创业管理本科教育屡次获得排名第一的荣誉。据《华尔街日报》于2001年的排名，该校毕业生的创业技能居于第一位，该报甚至称百森是商学院中亟待挖掘的“深山美玉”。那么，百森商学院的做法是什么呢？概括起来就是一个中心两个结合，即以培养学生的创造思维方式为中心，做到必修课与选修课相结合。纳入创业课程教学大纲的必修课有：“新生管理体验”、“新企业的创立”、“成长型企业的管理”和“创业企业融资”等；学校开设的创业选修课有：“连锁经营授权与分销途径”、“组织内部的创业”、“家庭企业管理学”、“风险投资与成长资本”、“收购管理”和“创业领域专题”等。由于采用了这种教学模式，该校学生创业意识强烈，每年大约有25%的本科毕业生被授予创业学学士学位。

（2）“产学研联合体”模式。美国斯坦福大学是这种模式的典型代表，它与旧金山的硅谷形成了天然的“产学研联合体”。可以毫不夸张地说，没有斯坦福大学就没有硅谷，而如果没有硅谷也就没有充满创业活力的斯坦福大学。有人赞誉：“斯坦福大学是牵引硅谷前进的火车头。”

提起斯坦福大学与硅谷，人们不能忘记弗雷德里克·特曼（Fredrick Emmons Terman，1900—1982），他被誉为硅谷之父。在他的倡导下，于1951年成立了斯坦福工业园，到了70年代初，硅谷如日中天，成为IT业的圣地麦加。据统计，全球100家最顶尖的企业中有20%都扎根在这里，在创业的高潮时，每周诞生11家新公司，平均每5天就有一家公司上市，每天诞生62个百万富翁。那么，硅谷成功的经验是什么呢？秘诀就是斯坦福大学的成功的创业教育，这所大学为它输送了大批创造型人才。

(3) 案例模式。这是哈佛大学创建的，也是它实施创业教育的最大的资源与优势。哈佛大学案例教学始于19世纪80年代，这种教学模式已经广泛被商学院、法学院和医学院所采用。现在，已经出版的哈佛大学案例全集收集了500多个案例，可以毫不夸张地说，任何企业发生的问题，都可以从这些案例中找到参考答案。

截至2001年底，哈佛大学共开设了17门创业管理课程，具有代表性的有："创业精神"、"开创新企业"、"创造性与组织管理"、"创业财务"、"创业管理"、"创业营销"、"专业服务公司"等。哈佛大学实施创业教育的优势是，它们的教授都有从事创业的实际经验，而且还能够从企业中邀请到著名的CEO来作专题讲座，使大学生能够学到实际有用的创业知识与技能。

(4) 孵化器模式。孵化器作为国家企业创新是已经被普遍推广的做法，但是在一所大学建立孵化器，并把它作为实施创业教育的模式并不多见。在这一方面，美国仁斯里尔理工学院作了有益的尝试。该校是一所私立大学，于1980年建立了孵化基地，1983年开发大学科技园。经美国国家企业孵化器协会确认，该校的孵化基地是全美最好的孵化基地。围绕着创业教育这个中心，该校建立了创业中心、创业家网络，开设了"创业原理"等课程，已经摸索出了一条将创业贯穿于各课程的路子。该校创业教育的特色是科技创业，其主要目的是培养未来的企业领导者。

40多年以来，各国大学实施创业教育的做法多种多样，我只是从中撷来几种有代表性的模式。这些模式只能供我们参考，万万不能机械地照搬，因为任何简单的模仿，都是与创造精神相悖的。创业教育最重要的是发扬创造精神，我们只能以这种精神去创造适合自己的教学模式。

第七节 创业教育的方法

创业教育最大的特点就是必须坚持理论联系实际的原则，实施创业教育的根本目的在于培养创业者。那么，怎样才能达到这个目的呢？毛泽东曾经形象地说过："我们的任务是过河，但是没有桥或没有船就不能过。不解决桥或船的问题，过河就是一句空话。"① 在这里，无论是桥还是船，都是指达到目的的途径，也就是方法。正确地采用实施创业教育的方法，对于我们培养创业人才是非常重要的。

近年来，我国各有关大学对于开展创业教育的热情很高，从不同的方面进行了试验。但是，有关业内人士指出，我国大学的创业教育很难从理论走向实践，大有"纸上谈兵"的毛病，这是有着深远的传统文化根源的。从历史上看，我国有"重道轻器"的偏向，即重理论，轻实践，因此导致了中国大学生实践与动手能力差的缺点。

2006 年 9 月 25 日，在北京召开了"中日创业教育国际研讨会"，日本大学的经验值得我们借鉴。日本大阪商业大学的创业教育研究始于第二次世界大战之前，经过几十年的实践，已经形成了联系实际的教育系统。② 该校的商业先导课程（OBP Course）是有代表性的实学教育，始终坚持理论与实践相结合。该校的具体做法是：通过教授讲授、案例分析、企业采访、实地调研和与企业交流等环节，全面提高学生的创业素养。同时，大学还充分利用区域资源，与当地政府、商业团体合作，由学生策划操作活动，政府提供资金，商业团体提供场所，给学生提供创业实践的机会，使大学生真正学到创业的实际本领。

创业教育联系实际的方法很多，例如现场教学法、模拟创业法、"解剖麻雀"（如解剖一个成功企业的成长过程）法、组织创意竞赛法和实际参加技术开发研究，等等。我觉得理论联系实际的困难不是缺少方法，只要愿意去实践，就可以通过实践总结出有效的方法来。就我国创业教育而言，困难主要有两个：一是我们教师不适应，他们大多数没有从事创业的实际经历，也缺少大胆创新的精神；二是企业不愿接受大学生实习，甚至还要向学校收取实习费，这是与西方国家

---

① 毛泽东著作选读（上册）[M]. 北京：人民出版社，1986：63.

② 梁国胜. 为何创业教育难从理论走向实践 [N]. 中国青年报，2006-09-30.

完全不同的。因此，实施创业教育，培养创业者，不仅只是大学的任务，政府和企业都应给予大力的支持。唯有如此，才能使创业教育顺利进行，也才能培养出社会所需要的创业者。

第五章　创业的理论与方法

在商业上有一句约定俗成的话语："经营非理论。"① 这话是说，经营是一门实践科学，不能机械地照搬某种理论，同时也说明经营的理论和方法是多种多样的，企业和个人绝不可简单地模仿某一种做法。

这么说来，是否意味着创业就没有可以借鉴的理论和方法呢？那倒也不尽然。虽然目前尚没有一个创业成功战略公式，也还缺乏系统的创业理论和方法，但我还是有意把那些成功创业者的点滴经验汇集起来，试图把这些资料上升为某种理论或方法。当然，这个汇集是十分有限的，仅仅限于个人的阅读和见闻，而且也仅仅从创业的角度，因此挂一漏万的情况在所难免。同时，那些被我纳入本章的内容也是见仁见智，有的是理论，有的是方法，甚至有的只不过是个指导原则而已。我之所以把它们概括为理论或方法，目的在于给那些正走在创业道路上的朋友们以明晰的理念，同时，也希望广大的学者和创业者携手共创一套科学的创业理论和方法。

第一节　头脑风暴法

1. 最懂创造力的人

在人类历史上，最伟大的发明应当是"发明方法"的发明。它

---

① ［日］篠原勋，小泽清，著．竞争·出奇·制胜——"阿信"后代与八佰伴［M］．赵晓华，译．北京：企业管理出版社，1993：2.

不仅是打破古文明基础的新尝试，而且还是创造未来文明的希望之光。

对创造学的研究是从20世纪20年代开始的。但是，将创造学作为一门独立的学科，那是始于20世纪50年代。1953年，奥斯本(Alex F. Osborn)的名著《应用想象力》出版。这本书被认为是创造学的经典著作，重点是放在想象的重要性和普遍性上，它首先在美国布法罗大学作为创造学的教材使用，随后被其他大学相继采用。这是一本阐述创造力的最早的和较为系统的著作，后被译成其他多种文字出版，在世界学术界有较大的影响。

奥斯本早在1938年就发明了创造技法——头脑风暴法，并把它应用于发明创造实践，获得了巨大的成功。20世纪40年代，这一方法首先在美国得到推广和应用，美国的一些高等院校还专门开设了这门课程，日本许多大公司也积极举办各种智力激励法训练班，收到了极好的效果。

奥斯本对创造学研究与推广的贡献是多方面的，他创建了“创造力教育基金会”，建立了“应用创造力解决问题研究所”，创办了唯一的《创造行为》杂志。在50年代后期，他还出版了畅销书《我是最懂创造力的人物》。他以大半生的时间致力于人类创造力的研究与推广普及，足迹踏遍全美各大学和数以千万计的企业。他的论点及建议曾激励了无数的人，给他们带来了希望与成功。

的确，奥斯本是最懂得创造力的人，是他把人类这一宝藏发掘了出来，并且造福于人类。是他证明，“人与人之间，虽有程度上的差异，然而，均拥有想象力”，“男女创造力并无差别”，“一位80岁的老人与一位30多岁的青年人，智力没有多大差别”。他认为：“当务之急在唤起、训练人类的发明能力，因为从整体来看，具有发明能力的社会才是最强盛、最进步的社会。”①

① ［美］亚历斯·奥斯本，著．我是最懂创造力的人物［M］．严厉，编译．厦门：鹭江出版社，1989：2.

2. 头脑风暴法

这个方法是奥斯本于1938年在BBDD广告公司任副经理时发明的，一被提出，很快受到企业界的青睐。把它应用于发明创造实践活动中，效果十分明显，因此很快在各行业得到了推广。

头脑风暴法是从英文Brain Storming直译过来的，相近似的译名还有“头脑震荡法”、“脑轰法”、“智力激励法”、“畅谈会法”等。名字虽然各异，但其核心是：使人的大脑处于一种自由奔放的氛围之中，把人的想象力激发到最活跃的状态，并围绕着某一个问题激励与会人员提出尽可能多的创意。这是开发创造力的最早的方法，也是运用得最广泛的方法。

现将头脑风暴法的基本内容简介如下①：

（1）头脑风暴法的基本原则。奥斯本认为：“想象力，是人类区别于其他动物的重要因素之一，也是人类征服世界的动力。”② 头脑风暴法的目的，正是为了最充分地发挥人的这一巨大的潜力，激发出最多的创意来。为了达到这一目的，采用头脑风暴法必须遵循两条基本原则：

第一，推迟判断原则。所谓推迟判断，意指不要过早地对人们提出的设想或建议下断言、作结论，以免束缚人的想象力，窒息创造性的思想火花。严格地遵守这一原则，是开好“畅谈会”的前提，是使头脑风暴法获得成功的保证。F. 席勒（Friedrich Schiller，1759—1805）说：“当一些设想刚刚产生的时候，你就运用智能加以十分仔细的研究，这显然是不妥当的，因为它有碍我们进行创造性思维。”这里所说的“仔细的研究”就是判断，是“评头论足”，是对刚刚产生和正在萌发的创意的干预。推迟判断的目的，是为了获得“心理

---

① 方展画，夏国英，著．生命因此辉煌——创造学精华［M］．上海：上海文化出版社，1993：133-139.

② ［美］亚历斯·奥斯本，著．我是最懂创造力的人物［M］．严厉，编译．厦门：鹭江出版社，1989：2.

安全”和“心理自由”。这是源源不断产生创意的必要的心理环境。奥斯本曾作过调查，华盛顿联邦政府曾召开过一个 200 人的会议，采用这种方法不到 30 分钟，就提出了超过 100 种的创意。

第二，数量保证质量原则。奥斯本认为，越是增加设想的数量，就越有可能获得富有实用价值的设想，越有可能走上解决问题的正确轨道。无疑，这个观点是符合唯物辩证法的“量变到质变”的规律的，没有一定的“量”就没有“质”，进而没有“质”的突变也就不可能实现人们认识的飞跃。

（2）头脑风暴法的基本做法。这种方法的基本点在于：为了解决一个明确的问题，召集专门的特殊会议。要求与会者敞开思想、各抒已见，互相启发、互相激励，使创造性的思维产生共鸣和连锁反应，从而获得更多、更好的解决问题的方法。会议时间一般在半小时至 1 小时之间。参加人数一般为 5～10 人，最好要有几个思想活跃的人起带头作用，但不能事先作暗示。会议主持者 1 人，要求头脑清醒，思维敏捷，作风民主，善于启发诱导。会议记录员 1～2 人，作风踏实，办事认真，负责完好地把与会者的意见记录下来。会议一定要有充分的准备，提前“安民告示”，要求与会者围绕议题作好准备，发言简明扼要。会议过程既要充分发扬民主，又要正确引导。会后，记录员要协助主持人把所有与会者的设想、方案整理出来，对不同的意见应当一一列出，对相似的意见可作必要的归纳。然后，主持人组织未参加会议的人，对会议提出的各种新设想（不公布提出人的名字）进行评估：一是新设想是否可行；二是新设想实行后是否有效益。对那些既可行又有效益的设想，决策人往往会采纳并予以实施。

（3）会议的原则。为了开好会议，必须贯彻以下原则：①会议的议题要适当。一般来说，议题要明确，讨论和要解决的问题大小适度，不得附加任何约束性的条件。②自由奔放。提倡自由思考、自由想象，鼓励“异想天开”，不限制任何奇谈怪论，敢于“标新立异”，创意越新越好。③严禁评论与批评。对与会人员提出的任何设想不得阻挠，不得评头论足，不得批评，即使是幼稚甚至是荒诞无稽的，也不得讥笑或批评。须知，这是保护创造性思维最重要的原则，也是人们在日常工作中最容易忽视的一个问题。④既要求数量，又要求结合与改善。要求与会人员提出尽可能多的创意，越多越好。同时还要求与会人员动脑筋，改善他人的创意，或通过思维加工把几个创意结合在一起形成一个更好的创意。⑤不得谋求权威。不管是会议主持者还是与会者，也不管他们原有的职业与身份，在会议上是一律平等的，任何人不得谋求权威，不得阻挠和打断他人的发言。

（4）与会者应遵守的原则。头脑风暴法执行得好与坏，不仅取决于会议的主持者，而且与会者的自觉配合也是十分重要的。因此，与会者必须遵守以下的原则：①与会者不论职务高低，不论年龄大小，在会议上一律平等，享有同样的发言权力。②互相尊重、合作，要有宽容大度的胸怀，不许对他人提出的设想进行评议，更不能贬斥。③不许交头接耳、私下交谈，以保持自由奔放的会议气氛。④对与会者在会上的发言，要严加保密，任何人不得向外泄露。会议结束后，除了会议记录以外，其余一切应不留"痕迹"，特别是与会者都要从会议上超脱出来。

半个多世纪的实践证明，头脑风暴法的确是一个行之有效的方法，它已在世界各国得到了广泛的推广。当然，它也像任何其他的科学理论与方法一样，也有其自身的局限性，正因为如此，才出现了对头脑风暴法的改进，使它更趋完善。

3. 创造技法的万花筒

世界各国都十分重视创造方法的研究与推广，美国把它称为"创造工程"，日本称它为"创造工学"，俄罗斯称它为"创造技术"，德国称它为"主意发现法"，中国称它为"创造技法"。虽然名称各异，但主旨是相同的，意在开发国民的创造力，促进本国的科技和经济的发展。

有人通过研究，把目前已知的300多种创造技法归纳为三大类，即逻辑的创造技法类、亚逻辑的创造技法类和非逻辑的创造技法类。实际上，在已知的300多种创造技法当中，有不少是大同小异的，真正具有一定独特性的创造技法约有60多种，其中经常使用的只有20多种（参见下表）。

创造技法分类表

<table>
<tr><th>类　别</th><th>系　列</th><th>创造技法</th></tr>
<tr><td rowspan="13">逻辑的创造技法类</td><td rowspan="2">加减系列</td><td>加法创造法</td></tr>
<tr><td>减法创造法</td></tr>
<tr><td rowspan="2">检核系列</td><td>检核表法</td></tr>
<tr><td>列举法</td></tr>
<tr><td rowspan="6">联想系列</td><td>联想发明法</td></tr>
<tr><td>类比发明法</td></tr>
<tr><td>移植法</td></tr>
<tr><td>缺点逆用法</td></tr>
<tr><td>中山正和法（NM法）</td></tr>
<tr><td>KJ法</td></tr>
<tr><td rowspan="5">组合系列</td><td>综合法</td></tr>
<tr><td>组合法</td></tr>
<tr><td>信息交合法</td></tr>
<tr><td rowspan="2">亚逻辑的创造技法类</td><td>头脑风暴法（含各种变类法）</td></tr>
<tr><td>综摄法</td></tr>
<tr><td rowspan="4">非逻辑的创造技法类</td><td rowspan="2">形象创造系列</td><td>美感表达法</td></tr>
<tr><td>幻象追求法</td></tr>
<tr><td rowspan="2">顿悟创造系列</td><td>直觉创造法</td></tr>
<tr><td>灵感创造法</td></tr>
</table>

我不打算再对常用的创造技法一一作介绍，但从表中我们可以看出，以逻辑思维为基础的创造技法占了绝大多数，其中联想系列又有

着举足轻重的作用。这就证明了奥斯本的一个观点："创意的基本原则——联想观念。"他认为："在创意的思考活动中，担任领导角色的，即为创意的联想观念，称为'联想观念说'或'统合说'。"①联想观念在创意的产生以及诸创意因素的组合的过程中，担任着"催化剂"的作用。奥斯本引用史托尼·J. 庞德的观点，把联想观念的结合机能比喻为万花筒而予以说明。

当你窥视万花筒时，可以看到某种图样，摇动万花筒后，可以看到许多数不尽的变化图样，如果放入新纸片，又将看到万花筒内出现了与过去全然不同的图样。事实上，联想观念的作用如同在万花筒中放入新纸片一样，如果将新的事实及经验投入大脑中，即可形成另外的图样，只要能把新的事实与旧的事实相结合，再加以整理并操作，新的创意便可不断地产生。

第二节 熊彼特理论

1. 现代经济学大师

创新理论（Innovation Theory）的创立者是美籍奥地利人、当代西方著名经济学家约瑟夫·阿洛伊斯·熊彼特（Joseph Alois Schumpeter，1883—1950）②。他被誉为"经济学大师"、"现代社会科学巨人"，曾一度担任过奥地利政府财政部部长、美国经济学会会长，在哈佛大学任教近20年。他的主要著作有：《经济分析史》、《经济发展理论》、《资本主义、社会主义与民主》、《经济周期：资本主义过程之理论的、历史的和统计的分析》以及《从马克思到凯恩斯十大经济学家》等。1912年，他在《经济发展理论》中提出了创新理论，以新的观点阐述资本主义经济发展的本质，从而一举成名。时年仅

① ［美］亚历斯·奥斯本，著．我是最懂创造力的人物［M］．严历，编译．厦门：鹭江出版社，1989：91-93.

② 张胜纪．"创新"理论：涵义与特点［J］．价格与市场，1994（10）.

29岁。熊彼特对现代经济发展做过重大贡献，他在经济理论方面有着重大的影响。

2. 创新理论的含义与特点

熊彼特是把创新理论引入经济领域的第一人。他用创新理论，即生产技术和生产的变革来解释资本主义经济的基本特征和发展过程，这的确是经济理论上的重要发展。

熊彼特认为，经济发展是一个动态的过程，是一个与传统的静态循环相区别的现象。经济发展的关键在于创新。他认为，经济在静态循环之下，发展缓慢，企业的收入等于总支出，管理人员不能算是企业家。

创新的含义是什么呢？他认为，创新就是要建立一种新的生产函数，也就是说要用创新的精神来改造生产因素和生产条件。具体来说，创新包括五个内容：①引进新产品；②采用新的技术，即新的生产方法；③开辟新的市场；④控制原材料的新的供应来源；⑤实现企业的新组织。现代各国经济发展的事实完全证明了熊彼特理论的正确性，没有创新，就不可能实现现代化。

创新理论有什么特点呢？归纳起来有三点：①强调生产技术的革新和生产方法的变革在经济发展过程中的至高无上的作用，并把它看作是资本主义最根本的特征，认为经济发展的关键在于创新。②极力强调“变动”和“发展”的观点，认为创新是一种内在因素（实际上是创造力），经济发展就是依靠创造性的变动，这与传统经济学认为主要依靠人口、资本、工资、地租等外因是不同的。③特别重视企业家在经济发展中的独特的作用。他认为，企业家是经济发展的“灵魂”，他们是创新活动和生产要素组合的主要组织者和推动者。企业家与管理者不是一回事，只有当管理者拥有创新功能时，他才能成为一个企业家。

熊彼特的创新理论对于创业具有很重要的指导作用，它既是经济学的理论，又是创业的理论。创业者应当认清当代经济发展的特点，自觉地把创新的内容引进到经济活动中，培养自己的创新能力，努力使自己成为一个成功的企业家。

第三节　空 隙 理 论

日本索尼（SONY）公司是控制日本经济的十大财阀之一。该公司的创始人和总经理盛田昭夫号称日本家用电器发明与生产大王，被誉为“日本的爱迪生”。他自幼喜爱物理，从中学时代就开始尝试录音机录音头的研制，后来进了大学的科学系，决定在科学发明的道路上走下去。他艰苦创业，把仅有20个人的小作坊发展成为拥有10万职工的跨国大公司，年销售额为200亿美元，使SONY的声音响遍世界。

盛田昭夫不仅是成功的企业家，而且还是一位创业的战略家和理论家。在20世纪50年代，他提出的空隙理论就是一个重大的发明，这是他丰富经验的总结，是他深邃战略眼光的反映。盛田昭夫的空隙理论既没有繁琐的数学公式，也没有实验的证明，它仅仅是一个理念或观点。空隙作为一种客观事物，几乎存在于一切地方，人们也司空见惯了，谁也没有注意它。然而，作为发明家、企业家的盛田昭夫却捕捉到这个灵感，把它引入经济领域，并上升为空隙理论，这正是盛田昭夫的高明之处。

盛田昭夫在解释空隙理论时说：“市场上总存在一些空隙，如果能想出消灭这些空隙的办法来，就可以找到一种意外的生意事业。”①打个比喻说，当你画大小不同的圆，既要使它们不重叠又要让它们彼此相邻的时候，圆与圆之间就会出现空隙。但是，像这样的空隙，如果你仔细去研究，那实在是不可轻视的大有文章可做的空白地带，要争取把这些空隙利用起来，这就是空隙理论。

索尼公司的成功，其原因之一便是采用了空隙理论。20世纪50年代初，在面对着生产收音机的大工厂的竞争时，索尼把目标转向了

---

① ［日］篠原勋，小泽清，著．竞争·出奇·制胜——“阿信”后代与八佰伴［M］．赵晓华，译．北京：企业管理出版社，1993：130.

第一代磁带录音机的空白领域；在面对着体积大的真空管收音机的竞争时，他又瞄准了半导体袖珍收音机的空隙；当日本各大电机工业巨头们激烈竞争日本国内市场时，索尼第一个“杀”出国界，在美国注册了公司，并且成为第一家股票在美国上市的日本公司；当美国电视台开始用录像机制作节目时，索尼开始研制家用录像机，决心占领“千家万户”这个最大的空隙地带。仅从这几个事例就可以看出，“索尼尊重并鼓励个人才智的发挥——人人适才任用——相信个人，发展能力，将潜力发挥到极致，这就是索尼最大的力量”①。

空隙理论已经不仅仅是索尼公司的财富了，它现在正被越来越多的企业当作创业的指导理论。20世纪60年代中期，八佰伴公司开始向自选商场领域拓展，但很快就面临着像大荣、伊藤八日堂和JASCO这样一些大型商业企业的竞争，从而使八佰伴步入了创业以来的最大危机时期。正在此时，八佰伴公司的董事长和田一夫想到了空隙理论。于是，他下定决心，“要做流通领域的索尼”，“与其留在日本和那些自选商场巨头们挤在一起苦撑苦熬，还不如到尚没有任何竞争对手的海外这个‘空隙’去开拓新的事业，这才是通往胜利的捷径”。果然，八佰伴又争取到一次大展宏图的机会。

中国的改革开放为广大的企业和创业者提供了无数的机会。一般来说，一个空隙就会有一次机会，一个空隙的被利用，就会导致一次创业行为的成功。例如，建立经济特区和开发区就是按照空隙理论而设计的。深圳和珠海原本是临近香港和澳门的边陲小乡镇，数百年以来，一直默默无闻。但是，改革开放以来，它们的地位发生了变化，既是面向海外的“桥头堡”，又是发展新兴产业的空隙。事实证明，这些特区的建设是成功的，对于推动内地的改革开放起到了巨大的作用。我不止一次地想过这样的问题：如果当初的经济特区不是选择在深圳、珠海，而是选择在北京、上海、天津这样一些计划经济基础强大的地区，那么经济特区能获得成功吗？我的回答是否定的。深圳、

① ［日］盛田昭夫，著．日本爱迪生盛田昭夫［M］．余水秀，杨则瑞，译．北京：中国经济出版社，1992：136.

珠海是“空隙”，既没有强大的国有经济与之竞争，又没有根深蒂固的计划经济体制的阻挠。相反地，如果当初把经济特区定在某一特大工业城市，很可能早就被扼杀在摇篮里了。

第四节 门 槛 理 论

众所周知，TCL 集团公司是中国电子工业的五强之一。据 1999 年的统计，TCL 连续 10 年电话销量居全国第一，彩电销量连续 3 年居全国第三。1998 年工业产值 140 亿元，销售收入 98 亿元，利税 8 亿多元。然而，这样一个在家电行业的品牌价值高达 56 亿元的“大哥大”，却卷土重来大举进军 IT 产业，甘当 IT 行业的新军。1998 年 2 月，TCL—GVC 公司创立，同年 5 月正式运行。1999 年 6 月 25 日，TCL 电脑公司在北京正式推出“精彩 600”低价 PC，一炮打响，它的目标是打进中国 IT 产业的前三名。它为什么作出这样的选择呢？是技术、资源和规模的优势，但最根本的还是依靠经营理论和企业文化精神。

1. 门槛理论①

1999 年，我国 PC 拥有量只有 1 590 万台左右，别说相对于全国 13 亿的人口，就是相对于全国 3 亿多人口的城市家庭，这个数字也是微不足道的。相对于全国 3.5 亿台电视机来说，电脑作为另一种消费品的保有量也是很低的。当时，TCL 致福电脑公司杨伟强总经理认为：“我们甚至不能说已经进入了 PC 时代，或者只能说，我们面对的只是一个准 PC 时代。”

怎么才能改变这种状况呢？杨伟强经过市场调查和深入地思考，提出了门槛理论。他认为，中国的 PC 普及已经进入一个临界状态，如果突破 PC 进入市场的门槛，那么 PC 用户数量将可能呈几何级数增长，PC 就很有可能像电视机一样普及。因此，PC 市场前景相当乐

---

① 信息产业报，1999-07-05.

观。杨伟强认为，电脑之所以难以像电视机那样普及，就在于存在两个门槛：一是电脑的应用门槛。当时，电脑对于大多数中国老百姓而言，依然还是一个不知道该怎样摆弄的新玩意。由于缺少必要的应用培训，人们通常对电脑的使用还有神秘感，因而不易接受。二是电脑的价位门槛。对于收入还不太高的大多数中国老百姓来说，电脑无疑还是一种奢侈品。有鉴于此，他提出："要做让老百姓买得起、用得好的电脑。"于是，TCL 致福电脑公司推出全新的"精彩 600"电脑，售价为 4 888 元，破除了 5 000 元以下买不到高档电脑的框框。TCL 凭借在技术、资源、规模上的优势，年生产电脑 500 万台。

杨伟强是如何感悟出门槛理论呢？除了他的悟性以外，重要的还在于他立足于民众之中，肩负着民族信息产业的重任，对 IT 产业的市场具有深刻的洞察力。他在大学里学的是计算机专业，毕业后当过电脑维修工，先后还做过注塑模具、电子通信、程控交换机和推销彩电等工作。当初，他走出校门来到东莞，面对的是求职生存的压力；而 10 年后，他领军 TCL 的一个巨大 IT 产业，肩负的是市场竞争的压力。这压力是动力，是杨伟强不竭的智慧之源。

2. 跨越门槛的非常措施①

一些业界分析家认为，让人们兴奋的不是"精彩 600"电脑，而是杨伟强的门槛理论和非常措施。如果说理论是行动的先导，那么非常措施就是实现其理论的保证。既然门槛是 PC 进入市场的障碍，那就要消除门槛。

非常措施的第一步是拆除价格门槛。为此，他们新推出价格仅 4 888元的主流电脑——"精彩 600"。降价不能降低质量，TCL 承诺"精彩 600"在具有"非常价格"的同时，还具有"非常科技"和"非常品质"两大特点。

非常措施的第二步是帮助电脑用户克服在 PC 应用这道门槛上的困难。为此，必须完善售后服务体系，TCL 有一个明确的承诺，原有

① 互联网周刊，1999-07-05.

的"星光使者"服务承诺不变，另外提供"百日包换、三年保修"的非常服务和软件支持服务。所谓"星光使者"，是TCL注册的、国内PC行业的第一个服务品牌。他们的口号是：TCL的工程师将如满天繁星，把尽善尽美的服务送给每一个客户。

TCL还有一个"365宣言"，即3项服务宗旨（放心买、放心卖、放心用）；6项服务内容（总部24小时热线电话服务、硬件安装调试、硬件故障修理、8小时初级电脑培训、用户回访、为经销商提供技术支持）；5星级服务人员（服务人员按技术水平和服务质量分为5个等级，并且每年进行考核）。

杨伟强提出的门槛理论和非常措施给国内PC产业带来不小的冲击，从此，越来越多的家庭进入PC和网络大世界。

第五节 T型理论

当今，美国不仅是经济最发达的国家，而且也是世界上科技发明成果最多的国家。从因果关系来看，这两者是相辅相成的，科学技术是经济发展的推动力，而经济则又是科学技术发展的基础。20世纪90年代中期，美国航空航天局宣布了兴建"月球城"的计划。该计划历时10年，耗资1 000亿美元，建立一个可供人类居住的"月球城"。面对这样一个宏伟的计划，除了拥有强大的经济和科技实力的美国以外，任何其他国家都只能是"望月兴叹"了。

为什么美国的科学技术一直领先呢？美国威斯康星大学的心理学家凡里通过研究得出了结论。他称美国为T型国家①，并认为30%的美国人属于风险型的创业者。所谓"T"即"Thrill Seekers"的缩写，意为"追求刺激者"。他还断言："他们是伟大的生命实验者，从不囿于陈规陋习。"另一位经济学家乔治·吉尔德（George Gilder）也认为："在美国有一类人喜欢'改变现有体制而非建立平衡状

① ［日］上野明，等著．企业活力和企业家精神［M］．上海：上海翻译出版公司，1992：165-173.

态’。”我曾问过一位美国大学教授：“为什么多数美国人都富有冒险精神?”他回答说：“我们是欧洲移民的后代，没有冒险精神就没有美洲大陆，因此冒险精神就成了美国立国精神。”

凡是敢于冒风险和充满竞争精神的人，都被称为T型性格人。正是这一大批人，成为美国新一代的创业者，成为美国科学和企业界的精英，并推动着美国社会向前发展。

性格是一个人的个性中最重要、最显著的心理特征，是指一个人对周围现实的一种稳固的态度以及与之相适应的习惯了的思维和行为方式。人的性格不是天赋的，是在人的生活实践及环境中形成的。对于T型性格人来说，聪颖是他们共同的特征，而风险型的创业精神的形成则与他们的家庭、社会环境和工作经历有着密切的关系。美国路德岛大学历史系教授克林说过：“我们是在奖励冒险的制度与价值观念中长大的。”美国之所以被称为T型国家，就是因为它鼓励冒险和创业，这种价值观念又孕育出了T型性格人。

美国心理学家查尔斯·高菲尔德研究了T型性格人与家庭之间的关系。他发现，“有两种不同类型的家庭能够产生卓有成就的创业者。不少事例显示，从‘困境求生型’家庭出身的儿童，往往在家中饱经饥寒贫困、父母离异等的折磨。然而，正因为他们必须克服这些障碍，许多人最后成了杰出人物。新闻界的巨头特纳就是极好的例证。”另一种类型，“往往是从‘高期望型’家庭中培养出来的。这种类型的家庭给予孩子以挚爱、扶持与鼓励，帮助他们发挥特殊的天赋。譬如，画家韦斯竟然允许儿子吉米从小学六年级起休学在家学画。今天，吉米已成了美国公认的最杰出的画家之一。”

具有T型性格的人，有着创业的可贵精神，但是若要使创业获得成功，还必须具备以下三个条件：

（1）具有充分的自信和坚忍不拔的精神。自信心是建立在自我认识基础上的，这是每一个自己决定自己命运的人必备的心理素质。有了充分的自信心，就能在追求既定的目标时表现出顽强的毅力，并能承受各种精神压力。美籍华人朱钦骐从29岁开始创业，经过10年的努力，终于创立了名牌服装公司，1993年销售额为1.76亿美元，该公司曾被《福布斯》杂志评为全美中小企业的第二名。他的成功是创意带来的，其商标“诺蒂卡”（Nautica）是从 Nautical 简化而来的，它象征着冒险。面对成绩，他信心十足地说：“最有兴趣的是设计一个自己的事业，设计一个产品，而不是设计一件衣服。”

(2) 不怕失败，不以成败论英雄。美国人不满足于现状，对任何事情都愿意尝试一下。T 型性格人坚信：今天失败并非意味着明天也不成功。即使摔了跤，风险型创业者也有自己站起来的能力。美国是一个宽容失败者的国家，他们不怨天尤人，也不对失败者冷嘲热讽，而是鼓励人们再去尝试。曾经作为硅谷代表的美国前众议员苏奥指出：“在美国，人们甘愿冒险是因为即使不成功也不是什么奇耻大辱。”与美国刚好相反，中国则是一个对失败者非常苛刻的国家，长期受“胜者英雄败者寇”，“不求有功，但求无过”等思想的影响，在民众中普遍存在着对失败“幸灾乐祸”的心态，这些都对失败者造成了极大的压力，使得人们谨小慎微，养成了一种“得过且过”的惰性心态。这恐怕是中国近代以来缺乏创造成就的主要原因。面对21 世纪的激烈竞争，彻底克服我国国民的“求稳怕乱”的心理，以及改革造成这种心理的体制，恐怕已是刻不容缓的事了。

(3) 具有捕捉和控制成功机遇的能力。机遇对每个人都是公平的，问题是我们自己是否重视机遇，是否能够捕捉到它和控制它。有人曾问台湾企业家王永庆：“你的成功是否因为运气特别好？”他回答：“是的，我的运气不错。一般而言，不论成功也好，失败也好，我们都把它委诸于运气。”① 什么是运气呢？广义地说，运气就是机遇，它是靠自己争取来的，是个人勤奋工作累积起来的结果。

创业者如果能够捕捉到一个好的机会，并把它变为现实，那么就会获得成功。英国《太阳报》1994 年 7 月 20 日报道了一则失业者变为百万富翁的消息：27 岁的英国人迈克·索恩三年前从大学毕业，一直没有工作。他抱着尝试一下的态度，给美国航空航天局写了一封

---

① 郭泰，著．王永庆奋斗史——立志成功者最好的一面镜子［M］．北京：中国经济出版社，1992：56.

信，要求得到一份在英国销售纪念性T恤衫的工作。美国国家航空航天局的官员们太忙，不能就他的要求作出答复，只好寄给他一张宇航员登上月球的照片和国家航空航天局的标记，并要他自己生产T恤衫。一封信争取到一个巨大的机会。于是，迈克·索恩马上推出了印有宇航员阿姆斯特朗名言“对人来说这只是一小步，对人类来说却是一大步”的T恤衫，开始在英国各商店出售，并计划在全球销售。经过这次创业，索恩说：“这件事表明，任何失业者没有理由气馁。”

第六节 双T理论

在20世纪80年代初期，美国总统里根（Ronald Reagan, 1911—2004）的科学顾问基沃斯曾提出双T理论，并以此指导美国的科学研究的发展。所谓双T，即Talent和Team Work，前者是指天才或称为尖子人才，后者是指协调合作或叫做团队精神。在科学技术高度发达的今天，强调双T的作用是十分重要的。这是发展大科学和大经济所必需的。双T中的两个“T”密不可分地联系在一起，二者相辅相成，在创业中既要充分发挥天才人物的作用，又要依靠团体的力量。

1. 创造奇迹的尖子人才

顾名思义，尖子即物体的最突出部分，尖子人才是突出于众之才，也就是通常所称的天才。尖子人才并不神秘，他们是通过教育、环境和个人努力而形成的，在各个领域里都有这样的人才。一般说来，尖子人才具有以下的特点：智商高，富有创意；具有独立自主意识，敢于自我表现；不畏艰难，勇于做开路先锋；不尚空谈，非常注重实际……正因为如此，创业需要尖子人才，时代呼唤尖子人才，未来寄希望于尖子人才。

美国全国科学基金会作过一项统计①：按研究与开发资金平均计算，小企业研究出来的创新项目是中型企业的 4 倍，是大型企业的 24 倍。这里的奥秘就在于：小企业把自主权下放到基层，激发了群众的创业精神，所以能够研究出更多的成果。托马斯·彼德斯曾作过一项研究②，对美国和日本的大公司的 24 项重大创新成果作了分析，结果发现尖子人才在这些创新中起到了至关重要的作用。在 24 例中，获得成功的 15 项，其中有 14 项是明显地依靠尖子人才的作用；在失败的 9 例中，或者没有尖子人才，或者仅有尖子人才领头和过早地失去了尖子人才。从美国国际商用机器公司的成功来看，没有哪一项重大的创新不是由于尖子人才的作用而取得。

既然尖子人才是创新过程的关键，那么我们为什么不能培养和造就更多的尖子人才呢？这个问题正是国内外创造教育学家们致力研究的问题，也是开明的企业领导人期望解决的问题。根据我个人的观察，造成尖子人才不能大批成长的根本原因有二：一是传统的教育思想和教育制度注重传授知识，忽视创造力的培养。要求学生“规规矩矩”，不准“乱说乱动”；要学生机械地服从，不准学生有个人的兴趣和独立个性的自由。这些传统教育思想，在中国仍然根深蒂固，使教育改革的阻力重重。二是尚缺乏保护和支持尖子人才的系统。尖子人才虽然具有创业所需的特征，但也有其自身的鲜明个性。他们往往被那些思想保守的人扣上“自高自大”、“好表现”、“不合群”、“自由散漫”等帽子，甚至被斥为“不安定分子”，“好高骛远”和“轻狂之辈”等，有的甚至会遭受到排斥打击等厄运。另外，过去中国的长期政治运动也留下了很深的消极影响，如“枪打出头鸟”的做法就令人生畏，在这种情形之下，有谁敢做尖子人才呢?!

---

① ［美］托马斯·J. 彼德斯，小罗伯特·沃特曼，著．探索企业成功之路：美国优秀公司的管理经验［M］. 王延茂，译．上海：上海翻译出版公司，1985：163.

② ［美］托马斯·J. 彼德斯，小罗伯特·沃特曼，著．探索企业成功之路：美国优秀公司的管理经验［M］. 王延茂，译．上海：上海翻译出版公司，1985：164-165.

彼德斯提出，创业需要有“发明家、创业家和保护人们免受官僚主义之害的行政尖子等”。综观一些著名公司的创业过程，例如国际商用机器公司、明尼苏达矿业制造公司、麦克唐纳公司和王安电脑公司等，它们之所以成功，是因为它们不仅大力使用尖子人才，而且还敢于保护尖子人才，使一批年轻的工程师敢越雷池，敢冒险，即使是失败了，也还是可以锲而不舍地追求创新。

2. 竞争取胜的团队精神

众所周知，日本是当今世界上的经济强国，是最大的债权国之一。日本企业成功的诀窍是什么呢？原因是多方面的，但是“根植于企业职工中的价值、信念、理想、经营准则、道德规范等，即文化因素起决定的作用”①。

美国《幸福》杂志为了研究日本企业经营管理制度，总编辑助理威廉·鲍恩曾到日本召开了一个圆桌讨论会，其中有一段对话，现摘抄如下：②

鲍恩：“有个美国人写的一篇关于日本的文章说，日本企业的特点是具有‘内和外争’的精神。这样说有根据吗？”

同部：“我们有句俗话，‘把陌生人当贼看待’。这似乎表明了同局外人对抗的心理。”

寺泽：“那位美国人所说的‘争’是指什么？”

鲍恩：“是指团体之间的竞争，而不是个人之间的竞争。他是说日本企业往往培植本企业职工的和谐感，对别的企业的竞争感。”

寺泽：“美国的情况怎样？是不是内外都竞争？”（笑声）

鲍恩：“也许是这样。”

这段对话不仅反映了日本企业的团队精神，而且也可略微看出

① 王秀珍，程省文，著．企业文化［M］．哈尔滨：北方文艺出版社，1991：26.

② 张在元，编．世界经济强人［M］．武汉：湖北人民出版社，1985：440.

日、美企业管理上的差异。就日本公司管理方式来看，虽然各有自己的特色，但都是建立在互相尊重的团队精神之上的。

日本八佰伴公司第二次进军巴西时，第一批部队出发了。这个部队被和田一夫命名为“八佰伴，日的本队”，这里的“日”是指太阳，“日的本队”的意思是“太阳的主力部队”。由于“日的本队”隐含有“日本”二字，所以又可以把它看作“日本部队”。仅从这个队名上就可以看出他们为了创业而持有的“要豁出一切”、“决一死战”的团队精神。

“成长之家”是八佰伴董事长和田一夫提出的经营原则，这也是企业团队精神的体现。和田一夫到巴西以后，身先士卒，为人表率，和新职员共同接受教育，共同学习，使当地职员个个为之感动，从而使他们凝聚在一起形成了一个和谐的团队。日本索尼公司董事长盛田昭夫也反复强调，“公司不是属于少数管理者，而是属于全体员工的”，“我们有一项政策，那就是不论我们在何处，只要是我们的员工，就是索尼大家庭的一分子”，“索尼人都是一家人”①。

日本经济发展的经验已引起各国的重视，团队精神已不仅为日本企业所独钟，而且也为其他国家所效仿。英国帝国化学公司董事长约翰·哈维·琼斯说：“理想的公司，是一个自由的联盟，大家在自由意志下一起工作，以便达到共同的目的。”又说：“工业是一种团队工作，我们的团队是对抗竞争者的团队。”② 德国工商大会主席汉斯·彼得·施蒂尔在总结德国“冠军企业”成功的秘诀时，就谈到了革新政策和团结合作的重要性：“德国大部分企业咨询专家都认为紧密团结是成功的重要因素之一。”③

---

① ［日］盛田昭夫，著．日本爱迪生盛田昭夫［M］．余水秀，杨则瑞，译．北京：中国经济出版社，1992：132，137.

② ［美］大卫·罗麦士，著．财富的创造者［M］．颜斯华，译．北京：中国工人出版社，1992：12，29.

③ 参考消息，1994-08-31.

第七节 Z 理论

1. 东西合璧的文化精神

美国是一个充满着创意的国家，不仅拥有当今世界半数以上的诺贝尔奖牌，而且盛产管理理论。第二次世界大战以后，美国企业管理界出现了百花齐放的局面。

一项重大成果出自于美国麻省理工学院史隆工业管理学校著名教授麦格雷戈（Douglas McGregor，1906—1964），他提出的 X 理论和 Y 理论使他闻名于世。他认为："X 理论、Y 理论是相对的，前者认为工人都是好逸恶劳的，所以要严加管制；而 Y 理论认为工人是富于创造性的，应当赋予职责。"①

20 世纪 80 年代初，又有几本管理名著问世，并成为畅销书。第一本是哈佛大学工业管理研究院安东尼·阿索斯和斯坦福大学商学院理查德·帕斯卡尔合著的《日本企业管理艺术》。第二本是日裔美籍学者威廉·大内（William Ouchi）的《Z 理论——美国企业如何迎接日本的挑战》（以下简称《Z 理论》）。这几本著作具有鲜明的理论特色，但又不作纯学术性的泛论。它们从企业整体与创业的高度，运用系统的观点与方法，对企业的竞争与成败诸因素作了分析，因而具有重要的理论和实际意义。

大内对美国和日本的企业管理进行了研究比较，为了吸取这两个国家管理的长处，他提出 Z 理论的管理模式，它堪为东西文化合璧的一个具体表现。

从形式上看，Z 理论似乎与 X 理论和 Y 理论有关，或是介乎它们之间的一种理论。实际上，Z 理论并不是针对麦格雷戈的理论提出

---

① ［美］托马斯·J. 彼德斯，小罗伯特·沃特曼，著. 探索企业成功之路：美国优秀公司的管理经验［M］. 王延茂，译. 上海：上海翻译出版公司，1985：86.

的，而是通过对美日企业管理的比较而提出的，也可以说它是美日两种截然不同的管理理论之间的一种折中理论。

大内把美国式的管理模式称作“A 型”（即 America 的缩写），把日本的企业管理模式称作“J 型”（即 Japan 的缩写）①。他认为，美国式的企业必须跳出以往管理方式的窠臼，吸收日本管理的长处，同时又不放弃美国管理的某些好东西。大内把这种兼有美日长处的管理模式称作 Z 理论，这种企业叫做“Z 型”企业。

Z 理论的“Z”取自于英文 Zygote，它的中文译意是“接合孢子”、“合子”，寓意着它是美日两国企业管理经验之融合。

企业管理的目的是提高生产率，作为指导企业管理的理论，也必须为这一目的服务。日本从战后的一片废墟上，在短短的 20 多年内发展成为世界经济大国的事实，使人们把注意的目光转向了日本的企业管理经验。美国的企业界和从事企业管理研究的学者们发现，日本企业成功的原因之一是使工人关心企业，使工人与企业结合成为一个和谐的整体。所以，Z 理论的出现不是偶然的，它是国际间企业既互相竞争又互相学习的必然结果。一个国家经济的兴旺，一定有它合理的内因，有可供他国学习、借鉴的东西。从这个意义上说，Z 理论是个进步，互相学习代替了互相排斥。

概括起来，Z 理论的主要观点有三：第一是信赖性，即在上下级之间、部门之间、雇主与雇员之间，建立一种互相信任的管理制度。第二是微妙性，即废除上司发号施令和监督控制等激烈的管理办法，而采用一种微妙（或叫微调）的办法来激励工人提高生产率。第三是亲密性，即在人与人之间建立一种平等的关系，形成一种家庭似的亲密气氛。大内在归纳《Z 理论》一书要旨时说：“《Z 理论》这本书讲述的是信任、微妙性和人与人之间的亲密性。如果缺少这三点，

---

① 罗长海，编著．企业文化学［M］．北京：中国人民大学出版社，1991：141-150.

没有哪一个‘社会的人’能够获得成功。”①

2. Z理论的研究对象和特征

Z理论的研究对象是企业宗旨，回答如何使企业由“A型”转到“Z型”的一系列问题。具体来说，用Z理论来研究企业宗旨必须解决以下三个问题：一是企业发展的总目标和阶段目的；二是达到这些目标所必须采用的基本手段；三是必须提出处理好企业同其他社会和经济环境的关系的办法。一个企业要想获得创业的成功，在很大程度上依赖于这三个问题的解决，而解决这些问题又必须以Z理论为指导。

以Z理论为基础建立起来的“Z型”模式，既不同于“A型”模式，也不同于“J型”模式，兼有二者的优点，但与“J型”模式相似之处较多一些。综合起来，它有以下四个特征：

(1) 关于聘任（或雇佣）制度。在“A型”模式中，是采用短期雇佣制。在美国企业中，求职和辞职、雇佣和解雇都是完全自由的，也是经常发生的事。据统计，在美国企业中，一般职工在企业滞留的平均时间为2年，经理级人员平均为4年，企业管理硕士在毕业后的头10年也调换过三个公司。短期雇佣制的优点是人员流动快，但是更大的缺点是造成雇员的短期行为，不易造就业务熟练的、稳定的职工队伍，不易增强职工对企业的主人翁意识。

在“J型”模式中，是实行终身雇佣制。就日本而言，也不是所有的企业都实行终身雇佣制。日本的学校和企业是分了等级的，只有那些名牌大学的毕业生被著名的大公司聘用，才能享受终身雇佣制，这种情况大约占日本就业人数的35%，这种终身雇佣制的优点是激发了日本职工对工作所持的奉献精神，培养了他们的“企业家族”的观念。

然而，“Z型”模式既不同于“A型”模式的短期雇佣，也不同

---

① ［美］威廉·大内，著．Z理论——美国企业如何迎接日本的挑战［M］．黄明坚，译．香港：长河出版社，1984：3.

于“J型”模式的终身雇佣，而是趋向于从短期向长期过渡。这样做的好处是使职工更加热爱企业，愿意接受企业的宗旨、作风和传统，使之被企业同化，以树立他们为企业献身的精神。与雇佣制有关的还有关于职工晋升与职工培养发展的问题，“Z型”模式也是采用取两者之长的做法。在对待职工的评价与晋升上，采取长短结合，取其适中。在职工的职业发展上，采取博约相济，以博为主，实现“一专多能”。

(2) 关于控制方式。管理就是控制，问题在于采用何种方式控制。在“A型”模式中，控制方式是指令性的和形式化的，缺乏民主协商和协调的气氛，使职工处于消极被动的地位。在“J型”模式中，采取微调的方式实行控制。从表面上看，这种控制好像是迁就和软弱无力的，但实际上这是一种文化控制的方法，调动职工的内在积极性和创造性，外因通过内因起作用。而在“Z型”模式中，采用“刚柔相济”的方法，根据不同的对象和不同的情况，分别采用不同的控制方式，也就是我们常说的“软硬兼施”。

(3) 关于决策的原则。决策是管理的核心，并贯穿于管理的全过程。在“A型”模式中，推崇的是个人决策和个人负责制。在美国的企业里，普遍都是主管的领导人说了算，下级和职工少有参与决策的权力。在“J型”模式中，主管领导要组织有关人员参加讨论，反复协商，待取得一致意见后，由领导做出意见一致的决策，以调动职工贯彻决定的积极性。在“Z型”模式中，提倡合意决策，既要依靠科学，又要依赖于理智、经验和敏锐性；既要依靠集体，又要个人敢于负责；既要提高决策的效率，又要减少决策中的失误。

(4) 关于人与人之间的关系。在“A型”模式中，人与人之间的关系是一种局部的关系，他们彼此的了解也仅限于工作范围。人们在企业中各自扮演一个角色，他们与雇主的关系是雇佣关系。在“J型”模式中，企业与职工、雇主与雇员以及雇员与雇员之间是一种整体关系。企业不仅向职工提供适当的工作，而且还要对职工进行培训，关心他们的衣、食、住、行等问题。职工不仅只是完成分内的工作，而且把企业当作家，自己是其中的一分子。这样，人与人之间形成一种完整而全面的关系，彼此生活和工作在一种亲密、和谐的“大家庭”之中。而在“Z型”模式中，主张发展整体关系，促进公开的思想感情交流，建立信任与合作。但是，也不能认为“J型”模式的管理方法可以解决一切问题，并且要注意避免以集体而压抑个人创造性的情况。

Z理论不仅是企业实行科学管理的一种模式，而且也是个人创业的一个指导思想。一个创业者，从他创业之初到主管一个很大的企业，都必须制订创业的目标、策略和方法，也不可避免地要同各方面的人打交道。如果掌握了Z理论的要点，就等于你吸取了美日两国的长处，有助于解决创业过程中的各种问题。

第八节 “占位”理论

“在当前商品信息众多、竞争激烈的市场里取得成功的唯一希望是选择重点、缩小目标、细分市场。一句话，就是‘占位’。”① 这话是日本学者上野明提出来的，而且把它提到创业重要策略的高度来认识。

什么叫“占位”？上野明的解释是：“占位是使企业的产品在顾客的心里占有位置，留下印象的一种新型的市场营销方法和广告方法。”这是一种狭义的解释。事实上，“占位”的含义甚广，它是一个多方面、多层次、多功能的概念，是争取创业机会的一个重要策略。用通俗的语言解释，“占位”就是“占有一席之地”。除了营销广告的“占位”以外，在其他领域都存在“占位”的现象。生活告诉我们：你若想要站稳脚跟，想要赢得创业和竞争的胜利，就必须“占位”。例如，轮船要停泊在码头，必须要“占位”；汽车要停在停车场，必须“占位”；中长跑运动员抢跑道，必须“占位”；拳击运动员为了击倒对手，必须占据有利的位置；产品为了获得销售市场，

---

① ［日］上野明，等著．企业活力和企业家精神［M］．上海：上海翻译出版公司，1992：174.

必须在同类产品中占有一定的位置；企业要想与同行业竞争，必须“占位”；为了推出一种新产品，必须填补空白的位置；为了保护科学发明成果，必须在专利上“占位”，等等。总之，在各行业中，对于每一个创业者来说，都必须树立“占位”的策略思想，在创建新的事业中，在实现人生价值的过程中，占有你应当占据的位置。

“占位”是创业的策略，而为了达到“占位”的目的，又必须掌握一套“占位”的战略和战术。“占位”策略涉及多方面的知识，如市场营销学、社会心理学、企业管理、决策科学等。对一个创业者来说，自觉地学习这些知识，掌握有效的“占位”方法，是保证创业成功的重要措施之一。

从创业者的成功经验来看，“占位”的策略主要有以下几种：

（1）超前一步，争当第一。著名美籍华裔物理学家李政道先生一向鼓励青年学子奋发向上。他说：“不是第一，就是落后。”① 在创业中，这个思想更具有现实意义，更显争第一的重要性。争第一不仅是实力的较量，而更重要的是要有争第一的思想意识，要有超前的创意，要有抢先一步“占位”的得力措施。在市场上占据第一，就意味着你掌握了主动权，不仅可以占领市场，而且还可以占领人们的心理，这样可以为企业带来巨大的效益。争得第一是可贵的，但是如果能连续保持第一，那就更难能可贵了。争第一要靠超前的思维和决策，保持第一则更需要远见卓识，要有“放长线，钓大鱼”的胆略。例如，北京大学方正集团公司的创始人王选教授，他之所以获得了世界第一的研究成果，就在于他有超前的创意，在20多年前当人们面对电脑汉字处理茫然不知所措时，他率先推出汉字处理系统。为了继续保持第一，他领导的研究所早就在考虑10年甚至20年以后的产品了。

（2）攻其之短，迅速占领。尽管每一个创业者都应当有争第一的思想，但是第一总是少数，每个项目、每个行业只有一个。但是，这并不等于说没有得到第一的人或者没有“占位”的人就没有机会了，就只能无所作为了。实际情况并不是如此简单，创业是一个动态

① 科学学，1984（9）：26-27.

的过程，竞争不断地打破动态的平衡，犹如奥林匹克运动比赛一样，原有的名次会重新排列，原来的记录不断被刷新。采取这种策略的一个成功例子是美国新泽西联合银行。它在新泽西有116个分行，但在当地它不是最大的银行，排行第三。它为了与都市银行和查斯曼哈顿这些大银行竞争，通过调查找到了自己的长处和竞争对手的短处。他们发现那些大银行的致命弱点是“缓慢的反应”。于是，他们推出“快速运转银行”服务，并打出了两条醒目的标语：“快速生财”和“银行不应妨碍公众”。这个新的“占位”策略，使新泽西联合银行一举获得了巨大的成功。这一计划实施一年后，新泽西联合银行的收入增长了3 000万美元，比上一年度增长26%。

（3）瞄准缺口，后来居上。在创业的过程中，那些不是处在领先地位的追随者往往处于不利的地位。面对这种情况，有两种赶超的办法：一是尾随追赶；二是迎头赶超。按照第一种办法，只能是等距离追赶，如果要想超过前面的人，需要付出几倍甚至几十倍的努力，这对于本来就处于追赶地位的人来说，又往往是力不从心的。因此，在绝大多数情况下，尾随追赶者很难超过他所追赶的人。迎头赶超是一种巧妙的赶超方法，是凭借“占位”的策略取胜的方法。譬如说，在你要竞争的行业或产品中，另辟“奇”径，以达到“占位”的目的。按照这种“占位”策略，就缩短了你同竞争者之间的距离，这时你和竞争者处在相同的起点上。很明显，这种另辟“奇”径的“占位”方法，就是迎头赶超的策略。例如，德国大众汽车公司在推出甲壳虫汽车时，就是以这种策略而获得成功的。大众汽车公司实现了“以小取胜”的经营思想，也转变了人们长期所持的“大一些必然好一些”的传统观念。

第九节 激励理论

1. 世界上最伟大的管理原则

美国著名的管理学家米切尔·拉伯夫积20多年的研究与实践，

终于发现了一个任何其他原则都无法比拟的管理原则。用拉伯夫的话来说：这个原则简单、明白到几乎无法描述，但它却是大多数营利及非营利组织常忽视的一项关键原则。① 这个原则是什么呢？这个原则就是奖励。美国心理学家托兰斯(E. P. Torrance)在考察了大量的创造行为之后，提出了一个有名的论断："要激发创造性行为必须有奖。"很显然，这个观点与拉伯夫的观点是一致的。拉伯夫之所以把奖励称为世界上最伟大的管理原则，并不是夸大其词，它的确起着其他原则所不能起到的作用。一个最明显的例子是日本工人的积极性和奉献精神。为什么日本工人用 100 个工时就可以生产和装配一辆汽车，而美国工人却需要 200 个工时呢？只要深入考察一下就会发现，日本工人不仅有终生的职业保障，而且他们每年收入的 40% 是与生产力和盈利挂钩的，他们的奖励制度的确有很好的效果。

奖励的最根本的功能就在于激励。从心理学上说，激励是激发人的动机的心理过程。在一定的内部或外部条件影响下，通过激励，使人的思想维持在一个兴奋的状态中。从人的心理活动过程来看，激励的机制是按以下过程进行的：需要引起动机，动机引起行为，行为又指向一定的目标。为明晰起见，我们分别用下面两个图表示动机激发的心理过程模式和人类行为模式②：

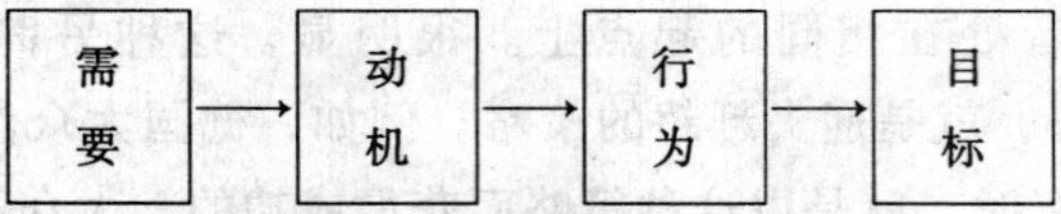

动机激发的心理过程模式图

① ［美］米切尔·拉伯夫，著．世界上最伟大的管理原则［M］．徐海波，编译．北京：科学技术文献出版社，1989：4.

② 俞文钊，编著．管理心理学［M］．兰州：甘肃人民出版社，1985：116.

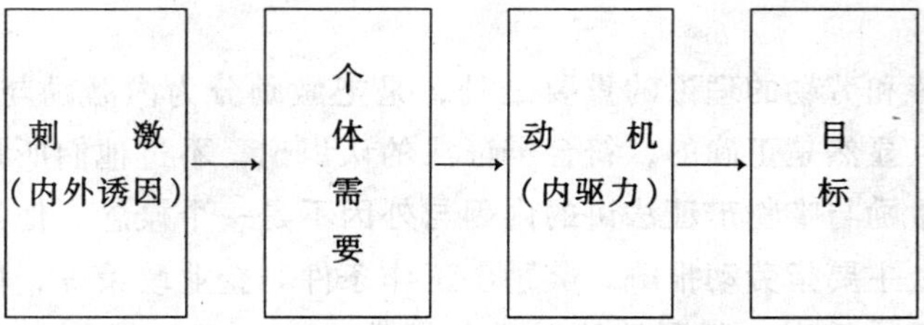

人类行为模式图

从以上的图式可以看出，由需要引起动机、再引起行为、最后达到所追求目的的过程是明白无疑的，因此研究人的需要，再由需要来寻求有效的激励方式，是实施有效管理的根本途径。

人们发现，无论在生活中还是在工作中，也无论是在幼儿时期还在成年人阶段，都存在一种普遍的现象：人人都愿意去做受到奖励的事情。正是基于这种心理，所以颁奖活动无时无处不在进行，小至幼儿游戏比赛，大至奥林匹克运动会和诺贝尔奖评奖活动。总之，绝大多数的人对奖励会作出积极的反应。奖励不仅仅只限于企业界，而且也广泛地被用于家庭、学校、军队、医院、政府机构、教会以及任何众人共事的场所。从这个意义上说奖励是世界上最普遍的、最伟大的原则，是一点也不过分的。

2. 综合型激励论

从20世纪20年代开始，管理心理学家们一直在努力建立激励的理论模式。这种努力是有成效的，到目前为止，已提出了三种激励理论，即行为主义激励论、认知派激励论和综合型激励论。由于行为主义激励论和认知派激励论各有自己不可克服的片面性和局限性，所以它们已逐步被综合型激励论所代替。事实上，综合型激励论正是为克服前两种理论的片面性而建立的。

综合型激励论的代表人物是波特（L. M. Porter）和劳勒（E. E. Lawler），他们于1968年提出这个理论。经过数年的考察，这一理论到20世纪70年代得到完善，并被西方国家广泛应用于企业管理之中。

波特和劳勒的理论的重要之处，是把激励分为内激励与外激励。这个观点显然是正确的，符合辩证法的认识论，不过他们所指的内激励与外激励与唯物辩证法讲的内因与外因不是一个概念。他们所指的内激励，主要指劳动报酬、奖励、工作条件和企业政策等，似乎是指企业内部的因素。所谓的外激励包括社会、心理特征的因素，如认可、人际关系等，似乎多为企业外部的影响。

波特和劳勒的理论的特点，在于他们考虑到了多种因素对激励过程的影响，因而其理论被称为综合型激励论。事实上，波特和劳勒的激励过程可看成是外部刺激、个体内部条件、行为表现和行为结果的相互作用的统一过程。众所周知，激励价值本身是由被它吸引的程度决定的，因此不同类型的激励（如工资、奖金、认可等）对不同的人具有不同的意义。一般来说，对个体的激励价值越高，以及他所获得的期望值越高，那么他所付出的代价也就越大。

波特—劳勒激励模型在企业中已得到应用，根据对 7 个企业的近 600 名领导人进行试验的结果表明，在上述模型中的各种变量和活动结果之间存在一致性。实施波特—劳勒激励模型，企业的领导是关键，他们的主要责任就在于及时地分析和调整领导者的定势作用、个人的价值定向和活动结果之间的联系。具体来说，企业的领导者要做好以下几件工作：

（1）调查研究，正确地估计所属部门职工的满足水平，做到心中有数。同时，从开展的活动中，对不同工作者的满足水平作出比较。为了激励每个人的积极性，通过激励的方式不断地加强职工满足感同工作结果之间的联系。

（2）为使职工对自己的工作期望更高，要设法确立相应的激励措施。如果职工的期望不够高，那么就要考虑刺激是否适当，以及人们是如何对待这些刺激的。在这个基础上，帮助职工确立新的期望值，采取新的激励措施。

（3）领导者应当定期检查、测量定势，分析职工态度等。如果激励和劳动结果之间的联系减弱，那么职工就会丧失信心，这时领导者就要设法增加新的刺激，并增加职工期望同获得刺激之间的联系，使得激励达到最佳的效果。

3. 做一个成功的10/10的管理者

奖励是激励创新的重要手段，也是实施有效管理的要诀之一。管理者应当正确地使用奖励的措施，在表现与奖励之间建立正确的关系，要使奖励促进人们实施正确的行为，这样就可以得到积极的结果，并使企业获得成功。但是，十分遗憾的是，现在实行奖励最大的障碍是，在我们所需要的行为和我们所奖励的行为之间存在很大的距离，以致奖励步入了误区。

这种不正常情况的产生，既有领导人执行奖励政策上的问题，也有外界不恰当的干预和不健康思想的影响，如“长官意志”、“关系学”、“平均主义”和“走后门”等。总之，目前到处都存在奖励不当的情况，很多组织和机构都充斥着负效应的奖励，在平均主义和形式主义严重存在的中国，更是如此。

什么行为应该受到奖励呢？对于这个问题，拉伯夫经过长时间的研究，提出了应当奖励的10种重要行为，同时还提出了不应奖励的10种行为。这些行为是①：

(1) 奖励彻底解决问题，而不是奖励“特效药”（或叫作应急措施）。这两者的差别就在于：前者是为了长远的利益，以未来作投资；后者只顾眼前利益，以未来作抵押。

(2) 奖励承担风险，而不奖励回避风险。我们应当承认，大多数人都有回避风险的倾向，这就使得奖励承担风险的人很困难，并且很容易使那些胆小怕事的人获得奖励。因此，要创造一种氛围，以便促进、奖励和支持冒险行为。美国苹果电脑公司的创始人之一乔布斯（Steve Paul Jobs，1955—　）说：“我们雇佣真正的人才，而且为他们创造一个可以犯错误和成长的环境。”美国欧伊达冷冻食品公司的

① ［美］米切尔·拉伯夫，著．世界上最伟大的管理原则［M］．徐海波，编译．北京：科学技术文献出版社，1989：24-75.

研究部每当研究失败之后，就鸣放礼炮，借以鼓励冒险行为。

（3）奖励善用创造力，而不奖励愚蠢的盲从。任何人都有创意，问题在于你要去发现和发掘它。现在，我们最缺乏的是能大胆创新的人，他们是勇往直前、坚忍不拔、绝不认输的人；他们富有创意，并且愿意为它的实现付出一切。但是，通常获得奖励的不是这些人，而是那些具有学历和循规蹈矩的人。如果创新和奖励之间没有合理的一致性，那么创造发明就不会产生，科学和社会就不能前进。

（4）奖励果断的行动，而不奖励光说不动。通常的情况是，能发表意见的人并不缺少，但既敢说又敢干的人却很少。因此，要奖励果断的人，并使有这种行动倾向的人升到高位，发挥他们在创业中的先锋作用。

（5）奖励多动脑筋，而不奖励一味苦干。动脑筋是巧干，它与一味苦干的区别就在于：前者出创意，事半功倍；后者出力气，事倍功半。从对比可以看出，应当受到奖励的是事半功倍的创造性的行为，而不是忙忙碌碌不出效率的劳动。

（6）奖励简化，而不应当奖励繁琐。由繁到简和由简到繁，体现了两种思维方法和两种工作作风，最后得到的也是两种效率。由繁到简，这是科学技术进步的结果，也是当代和未来的必然趋势，如电脑的普及、自动照相机、自选市场、自助餐厅等，都是这种趋势的表现。因此，应当奖励简化，推动社会向前发展。

（7）奖励踏实而有效的行为，而不应当奖励夸夸其谈。在每一个单位里，都有各种类型的人，如推脱不负责的，光说不做的，唯我独尊和否定别人的，以及苦干务实的。很明显，我们要奖励的是第四种人，前三种是绝对不能奖励的。

（8）奖励高质量的工作，而不应奖励敷衍塞责的工作。在激烈竞争的时代，产品的质量就是企业的生命。对产品质量的认同感，必须从奖励质量开始，对粗制滥造和弄虚作假，不仅不能奖励，而且还应予以惩罚。

（9）奖励忠诚、敬业，而不奖励“跳槽”行为。每一个成功的企业领导人都知道，有一大批稳定、有认同感和敬业精神的职工，是保持企业持久成功的关键。如果公司要得到职工的忠诚和认同，那么公司就必须对他们的忠诚给予奖励，以资回报。

(10) 奖励团结合作，而不奖励互相对抗。日本企业中的团队精神为世界各国所认同，许多国家都在研究和学习日本人的团队精神，以提高生产力，制造性能最佳的产品。要发扬团队精神，就必须奖励团队合作，强化每个职工的团队意识，树立他们团队合作的光荣感。

拉伯夫在论述了应当奖励的行为之后，他又提出了10种奖励方法。这10种奖励方法是：①金钱；②认可；③休假；④行动参与权；⑤喜欢做的工作；⑥晋升；⑦自由；⑧自我成长；⑨乐趣；⑩奖品。由于每个人对奖励的追求不一样，所以应当因人而异，如果使用得当，那么这10种奖励都可以达到一定的激励目的。但是，从大量的调查来看，普遍认为金钱和认可是两种最有力的奖励。这是因为，这两种奖励是最普遍和最根本的需要。

根据激励的理论，已列出了10种应当受到奖励的行为，同时又提出了10种不同的奖励方式，把它们合并在一起，就形成了10/10的管理系统。根据匹配原则，在这个系统中，总共可以列出100种的选择方式。然而，事实上任何一个管理者都不可能同时奖励10种良好的行为，而是从中选择最有价值的重要行为，然后再给予最大的奖励。一般认为，在创业中最值得奖励的有四种行为：一是彻底解决问题以确保长期目标的实现；二是敢于承担风险，善于动脑筋，致力于发明创造；三是踏实肯干，注重工作质量和效率；四是敬业，具有团队合作的精神。

实施10/10的管理，当然主要是管理者的事，同时也是被管理者的事。要使管理者与被管理者都明确地知道选定的结果、所需要的行为以及采用的奖励方式，并且用目标/奖励契约书的形式确定下来。这样，管理者和被管理者双方就会同心协力地去实现创业的目标。

总之，管理是艺术也是科学，其中艺术的成分要大得多。因此，一个成功的创业者和管理者，必须很好地掌握和应用这些奖励的原则和奖励的方式。可以肯定地说，创业者的成功，将取决于他们的决策判断和管理技巧。

第十节　三C战略

三C战略是日本学者大前研一提出的，他认为：“任何经营战略的构想必须考虑三个主要角色：公司自身（Corporation）、顾客（Customer）和竞争对手（Competitor）。这‘三C战略’中的每一个都是活生生的实体，都有自己的兴趣和目的。”①

企业发展战略家之所以把“三C”当作战略，是因为它们的确是决定企业成功的关键因素。从逻辑上看，这三个因素既是互相联系又是互相制约的，三者缺一不可。没有消费对象（即顾客）的企业是没有必要存在的，没有竞争对手的企业必定是垄断性的，而且也是不会有生命力的。

实施三C战略的一个重要前提就是必须有充分的自由、民主、平等和公开竞争性的机制，三个角色中的任何一方都享有这种权利。如果没有这种保证，或者说这种机制受到不当的干预而遭到了破坏，那么再来谈论三C战略就没有任何意义了。

在三C战略示意图中，顾客是处于顶端的位置，这不仅仅是画图的问题，而是体现了“顾客是主人”的经营思想。在一个自由的、充满竞争的经济环境中，如果一家公司忽视为顾客服务这一基本使命，那么它是绝对不会成功的。一个有战略眼光的企业，首先应当关心其顾客的利益，其次才是股东和其他合伙者的利益。这并不是放弃公司的自身利益，而是为公司的长远利益着想。有一个道理必须明白：能够给公司带来利润的不是别人，而恰恰是顾客。

顾客既是公司的服务对象，又是公司的调查研究对象。在自由经济中，每一个顾客（或顾客群）都有选择自己消费的权利，因此在三C战略中他们并不完全是被动的。顾客的兴趣、需求、性别、年龄以及它们的变化情况，始终是公司的跟踪调研对象。顾客总是倾向

① ［日］大前研一，著．企业家的战略头脑［M］．北京：生活·读书·新知三联书店，1986：75-82.

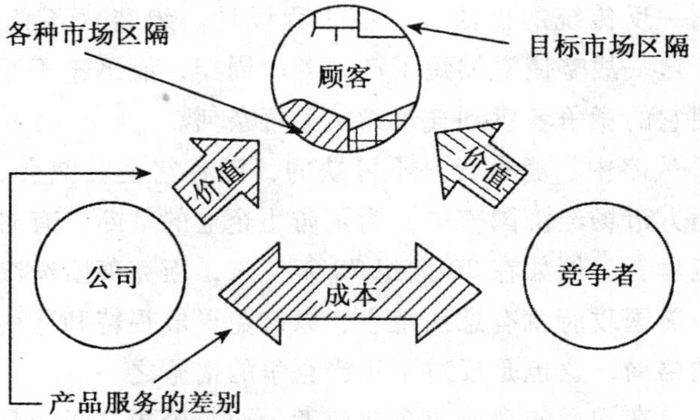

三 C 战略示意图

于接受个性化的产品服务，因此每家公司也应当是不同的。任何超级的大公司，都不可能包揽所有的顾客，它只能影响和占有它应当拥有的顾客。

在三 C 战略中，企业（或公司）是一个独立的实体，是产品的生产者和销售者，也是物质财富的创造者。与基于顾客的战略不同，企业的战略则是企业的功能，也即回答企业是干什么的，干得怎么样，有什么区别于其他公司的特色。大前研一说："那些虽然能对顾客和竞争对手作出分析，但在增强本行业取得成功的关键功能方面欠缺的公司，就像一支由文职人员统率的军队一样缺乏战斗力。"①

成功的企业家必须具备两种战略：一是必须能有效地满足顾客需要；二是要有与对手竞争的特殊功能。一个企业有数种产品，每个产品也具有多种功能，任何公司都不可能在从资源到服务的每一个功能上都处于绝对领先的地位。如果能在某一关键功能上真正形成决定性的优势，那么它就能在竞争中取得胜利。日本许多企业之所以获得成功，就在于十分重视产品功能的设计与开发，在于对产品实行严格的

① ［日］大前研一，著．企业家的战略头脑［M］．北京：生活·读书·新知三联书店，1986：95.

质量控制。日本卡西欧公司就是一个靠产品功能设计与开发获得成功的例子。它一反传统的做法，只搞工程设计、组装（不搞制造）和市场经营。这一战略使它缩短了产品寿命周期，能迅速不断地推出新产品，这使它的竞争者感到气馁而又无可奈何。

在三C战略中，竞争者是不可缺的，没有它企业就会失去活力。因此，在西方市场经济国家中，为了防止企业的垄断，有时甚至有意识地扶植竞争者。例如在20世纪70年代末，当克莱斯勒汽车公司面临破产时，美国政府就有意扶植它，以避免形成福特和通用汽车公司两强垄断的格局，这也是反对不正当竞争的措施之一。

事实上，在同行的企业与企业或者公司与公司之间，是互为竞争者的，它们的战略都是针对对方的。在三C战略示意图中，反映出公司与竞争者之间的竞争主要是成本的较量。这仅仅是一种概括的表示，实际情况则要复杂得多。准确地说，企业之间的竞争在很多方面都存在着，如产品的成本、价格、质量、使用价值、营销手段、企业的实力与企业的形象等。在诸多因素中，决定盈利与否的主要是三个要素：价格、产量和成本。

建立在竞争者基础上的战略，最重要的是对企业功能的差距及其形成差距的根源进行分析，包括从原材料的采购、功能设计、制造工艺、营销方式到服务的质量等。差距就是缺陷或劣势，是导致企业失去部分或整个市场的原因。

第十一节 三P理论

当代美国杰出的企业家艾柯卡曾提出：所有的企业经营可归纳出三个概念，即人（People）、产品（Product）和利润（Profit），三者中人最为重要，因为，一旦能得到有能力的人才，其他两者便可迎刃而解，并且可使经营发展到极限。我们可以把艾柯卡提出的三个概念简称为三P理论，它们是从大量的企业经营活动中总结出来的，反映了当代企业管理的基本规律。

在现代企业经营中，人、产品和利润是决定企业成功的三大要素。从经营决策战略来看，应当以人为中心，也就是说人才的开发与管理，特别是创造型人才的发现与使用，是决定企业经营成败的关键。艾柯卡深有体会地说："成功的关键不在于信息而在于人。"①麦克科迈克也说："如果你不雇佣一流的人才并促使他们做出一流的成就，你就是在将你的公司降为二流的公司。"② 在管理人员录用职工时，可能容易犯的最大错误，就是不肯录用比自己能力强的人。为克服在用人上的保守观点，著名的广告专家、奥吉尔维·麦瑟公司的创始人戴维·奥吉尔维通过一次有意义的活动阐明了这个道理。在一次董事会上，他给每位董事送了一个娃娃玩具。董事们将娃娃打开，里面有一个小一号的娃娃，再打开这一个，发现里面又有一个更小的……在最小的娃娃肚子里装着奥吉尔维的一张字条，上面写着："如果你总是雇佣水平比你低的人，我们将会变成侏儒公司，如果你聘用水平比你高的人，我们的公司将成为巨人。"③

"事在人为"这句老的格言说明了人与事的关系，事是靠人去完成的。优秀的企业大都拥有大量的人才。例如，世界上最大的半导体制造商得克萨斯仪器公司，近年来录用大学毕业生的人数之多，令人惊讶。现在，该公司职工多达 8.4 万人，比日立公司还要多 0.8 万人。一个公司能否获得优秀的人才，这在很大程度上取决于该公司是否具有能够吸引优秀人才的魅力。企业人才的开发，不能仅仅停留在选聘阶段，还要制订培养、使用和奖励等措施。只有这样，才能保证企业经营成功，创造出更多的新产品，获取最大的利润。

产品是企业经营的主要任务，没有产品的企业形同空壳，其存在的必要性值得怀疑。企业的成功主要反映在产品设计、制造和营销上，企业之间的竞争也反映在产品上。仅从艾柯卡在福特和克勒斯勒

---

① ［美］李·雅科卡，威廉·诺瓦克，著．美国实业界巨子雅科卡自传［M］．范存恒，等译．北京：中国对外翻译出版公司，1988：66.

② ［美］马克·H. 麦克科迈克，著．哈佛学不到［M］．周莉，译．北京：中国审计出版社，1993：123.

③ ［美］马克·H. 麦克科迈克，著．哈佛学不到［M］．周莉，译．北京：中国审计出版社，1993：123.

两个汽车公司的创业过程，就可以看出产品设计、生产和营销的重要性。艾柯卡到福特公司不久，为了开拓新的局面，组织了一批聪明能干、有创造能力的年轻人参加设计竞赛，结果设计出了一款命名为“野马”的新型轿车。由于这种车型特别是它的名称，颇适合美国人的口味，所以头一年就创造了销售新纪录，两年销售额共11亿美元。因此，有人说“野马车改变了亨利”，同时，艾柯卡也被誉为“野马之父”。有功之臣艾柯卡被福特解雇了。他怀着“在市场上一决雌雄”的“雪恨”决心，又应聘到面临破产的克莱斯勒汽车公司任总裁。他又是如何使克来斯勒“起死回生”的呢？依然是靠产品，新型的K型汽车使他旗开得胜。正如艾柯卡说的：“在我们最困难的日子里，K型车一直是我们摆脱困难的希望。好几年来，这种美国制造的省油的前轮驱动轿车也许是我们唯一拿得出来的产品。”①

K型车，是哈尔·斯伯利奇于1977年加入克莱斯勒汽车公司以后，一直孜孜不倦研制的汽车。它小巧玲珑，坚固美观，行驶灵活敏捷，显然比通用汽车公司一年半前推出的X型车更胜一筹。因此，当它被推到市场以后，受到了用户的欢迎。到1981年初，其销售量大增，到年底已占整个小型汽车市场的20%以上。

美国罗伯特·汤森德写了一本书——《企业·人·利润》，他的观点与艾柯卡的三P理论不谋而合。他用散文的体裁阐述了这三个要素之间的关系，以及它们对创业成功的影响。他在谈到企业目标时说：“领导者的重要作用之一，是使组织机构集中力量实现其规定的目标。就阿维斯出租汽车公司而言，我们用了六个月的时间选定了一个目标——想发展成为速度最快的公司，在不提供司机只出租车辆的业务中，取得最高额的利润。”② 麦克科迈克在回答“何为最大的成就”时说：“我个人的宗旨始终是：①最大限度地利用时间；②尽可

---

① ［美］李·雅科卡，威廉·诺瓦克，著．美国实业界巨子雅科卡自传［M］．范存恒，等译．北京：中国对外翻译出版公司，1988：300.

② ［美］罗伯特·汤森德，著．企业·人·利润［M］．侯儒成，译．北京：能源出版社，1988：106.

能多地取得成就；③尽可能大地获取利润；④富于创造性；⑤通过某些项目的成功获得自我实现的满足。”①

从以上的引文中可以看出，对于企业来说，其目标总是与创造的利润联系在一起的。企业不创造价值，没有利润，迟早是要破产的。企业必须重视利润，因为它是企业生命力之所在。

人是企业经营中最活跃、最宝贵的因素，是人创造了产品，利润是产品剩余价值的表现。对一个创业者来说，他的成功与价值，又主要是通过创新的产品，最终通过企业所获得的利润而表现出来的。艾柯卡的经历，最能充分说明三者的关系。艾柯卡曾说过一句意味深长的话：“如果你要发迹，就要付出代价。”②

第十二节 三R因素

日本的大前研一试图探索一个成功的战略公式，然而他最后作了否定的结论。他说：战略的成功不能被压缩为一个公式，任何人都不可能仅仅通过读一本书就成为战略思想家。然而，确实可以通过实践形成某些心理习惯和思维模式，帮助你从自己的潜意识中释放出创造力，并增加你提出成功战略概念的机遇。③ 也许正是出于寻求成功战略概念的需要，大前研一提出了制订企业战略的三个限制因素，他称之为“必要的三R——现实（Reality），时机的成熟（Ripeness），资源（Resources）”。它们之所以成为企业战略家制订战略时所必需的，是因为任何成功的创业者都不可能离开现实而完全从空想出发，也不会不选择恰当的时机而盲目行事，当然更不可能做“无米之炊”了。

现实是每个企业家考虑问题的出发点，不能正视现实的人，不是

---

① ［美］马克·H. 麦克科迈克，著．哈佛学不到［M］．周莉，译．北京：中国审计出版社，1993：297.

② ［美］李·雅科卡，威廉·诺瓦克，著．美国实业界巨子雅科卡自传［M］．范存恒，等译．北京：中国对外翻译出版公司，1988：410.

③ ［日］大前研一，著．企业家的战略头脑［M］．北京：生活·读书·新知三联书店，1986：246.

实事求是的。现实的情况包括有利的因素和不利的因素，包括成功与失败。尊重现实，就是要能接受这两种现实。戴尔·卡耐基曾说：成功者与失败者之间的区别，在于成功者能由错误中获益，并以不同的方式再尝试。①

尊重现实但又不能迁就现实。如果一味地以尊重现实为借口，不求进步，不肯创新，那就会变成“无所作为”的“安于现状派”。创业者的思想往往是超前的，同现实的思潮又是相矛盾的。在历史上似乎存在一种现象，一个新的创意出来以后，人们总是评头论足，首先反对一气。人本来是最富有创造性的，但面对创新的事物，他们又表现出排异性。这的确是个怪现象。

一切成功的创业者，他们既是重视现实的，同时又是敢于开拓未来的。面对现实，是为了站稳脚跟，打牢基础，满足眼前市场的需要；开拓未来，是为了竞争，为了长远的更大的利益。在这一方面，日本的企业家们堪为典范，他们既要拥有现在的市场，又要占领未来的市场。例如，日本的彩色电视机行业在世界市场的角逐中出人头地，但是，日本彩电三大家——松下、日立、东芝，为了长远的利益，它们有时不得不放弃国内零售市场的利益，而设计和推出了一代又一代的新型彩电，若非如此，它们就不能领导世界彩电的新潮流。

关于创业的时机，也是制订战略的一个重要因素，有时甚至是成功的关键。《三国演义》中有一个典故：“万事俱备，只欠东风。”这里所说的“万事俱备”，是指周瑜火攻曹操的作战准备工作，虽然万事都具备了，但却有一个条件不具备，没有“东风”。只有孔明“借”得“东风”来，这时才算时机成熟，周瑜才能下令发起火攻，一举大破曹军，取得赤壁大战的全胜。

企业经营与军事作战是一样的道理，为了取得创业的成功，一定要掌握好时机。在这方面，我们既有成功的经验，又有失败的教训。20世纪80年代初，随着经济的发展，为了满足人民生活的需要，开

① [美] 亚瑟·悲尔，朵尔蒂·卡耐基，著．积极的人生智慧的锦囊[M]．宋子生，荣刚，编译．北京：中国文联出版公司，1987：318.

始开发家电和饮料产业，这应当说是成功的，多数企业也因此而获得了巨大的利润。相反地，20 世纪 80 年代中期提出的开发高技术产业，以及随后出现的兴建“科技开发区”热，上至京城，下到乡镇，刮起了一股形式主义的歪风。除了其他因素以外，仅从开发高技术产业的时机来看，显然是极不成熟的。我常说，不能把高技术产品当饭吃，中国现在是解决吃饭的问题。我们现在的情况是，既没有几项真正过了关的、堪称为高技术的产品，又没有形成高技术消费的市场，至少时机还不太成熟。

三 R 因素的第三个因素是资源，这个问题太大，似乎只有国家和有关政府部门需要考虑，以至于很多企业和个人把它忽略了。这是很危险的，任何情况下离开资源而搞企业经营，只能是做“无米之炊”。当然，在考虑资源的时候，只是为了使企业有充足的原材料供给，不至于停工待料。但是，不能用狭隘的观点来看待资源，仅仅局限于一个地区或一个国家。如果持这种观点，那么资源缺乏的日本就不能成为经济发达的大国；中国台湾、中国香港、韩国和新加坡也就成不了“亚洲四小龙”。

资源问题应当用动态的观点来看待。所谓动态的观点，就是说不要把资源看作是一成不变的。资源可以移动，资源可以再生，资源还可以综合利用。我曾考察了广东省新会市的经济，我发现那里没有畜牧业，不产羊毛，也没有基本有机化学合成工厂，但他们却把该市建成为纺织工业城，拥有毛纺厂、涤纶厂、腈纶厂和丙纶厂等。原料是以哪里来的呢？羊毛是从澳大利亚进口的，合成纤维原料是从日本进口的。如果当初他们抱着唯资源论的观点，不去开辟资源，那么也就建不起来那么多的现代化企业，也不可能开创新会市经济的新局面。

资源缺乏是坏事，但也可以是好事，资源危机意识往往能激发人们的创意，创造了一些新的机会。香港就是一个典型的例子。“弹丸之地”香港为什么能成为“亚洲四小龙”之一，成为国际金融中心呢？原因也是，它仅仅是个“弹丸之地”。我就听到香港人说过：“是地理环境造就了香港人的经济头脑。”如果香港拥有辽阔的土地和丰富的资源，那么今天出现在香港的可能不是金融、房地产和成衣三大产业，也许仍然是小农、小手工业式的经济。

第十三节 麦克科迈克公式

美国马克·H. 麦克科迈克原是经营高尔夫球运动的，后来他成立、发展了国际管理集团公司（简称 IMG）。之后，该公司在 19 个国家的 30 多个城市建立了办事处，业务非常广泛，为很多重大国际组织，如诺贝尔基金会、1992 年奥运会组委会等提供帮助。麦克科迈克从自己经营的实践和他人的得与失的创业中，总结提出了一个业务发展的公式。他说："实际上，我们公司的业务发展都遵照这样一个公式：发挥自己所长，然后在一个从未涉及过的领域里运用它。"① 这个公式仅仅只有 23 个字，虽然没有像数学公式那样的推导与计算，但它却是从几十年的实践中总结出来的规律，包含着广泛的意义。这个公式并不费解，甚至也有不少人这样做过，但却从来没有人把它作为一个公式提出来，这不能不说是麦克科迈克的卓识。

麦克科迈克的公司本来是经营体育运动的，同金融财务没有关系，但该公司的财务人员在投资与税务管理方面积累了很好的经验，于是他们建议成立一个"利润核算中心"，为国内外客户服务。麦克科迈克采纳了这个建议，拓展了金融管理服务的业务，并且取得了成功。

另一个成功的例子，是日本帝人公司从事医药事业的开发与突破。② 帝人公司本来是生产合成纤维的，从未接触过医药工业。但是，为了迎接未来的挑战，他们认为不能仅限于化学纤维这个行业。由于帝人公司在精密化学方面积累了经验，于是向医药行业拓展就成了顺理成章的事了。为了实现向医药行业拓展的目标，公司派人进行

---

① ［美］马克·H. 麦克科迈克，著．哈佛学不到［M］．周莉，译．北京：中国审计出版社，1993：103.

② ［日］阿部实，著．人与企业的未来［M］．王雪村，译．北京：国际文化出版公司，1989：69.

调查，先后与美国、联邦德国的制药厂接触，最后与联邦德国贝林格·英格拉哈姆公司成立合营公司——帝人光明医药公司。后来，帝人公司买下了全部股份，并组建了帝人医药股份公司，生产和引进多种产品，使之成为帝人未来事业的巨大支柱之一。

第十四节　威·威利·基勒方法

美国汤姆·彼得斯和南希·奥斯汀（Thomas J. Peters & Nancy K. Austin）合写了一本书——《志在成功》（*A Passion for Excellence*）。这是一本阐述最佳管理思想和方法的书，总结了一些企业成功的秘诀。其中，他们形象地把棒球比赛的方法引入到管理学中，提出了威·威利·基勒（Wee Willie Keeler, 1872—1923）法。他们阐述道："这里谈的是我们称之为'两条道路'的理论。第一条道路叫'本垒打思想'法；与'本垒打思想'法相反的是第二条道路，也就是'威·威利·基勒'方法。"①

根据彼得斯等人的解释，"本垒打思想"法是一种仅有"巧主意"而没有行动的"纸上谈兵"的方法，由于拖延又拖延，贻误战机，最后"使你永远脱离了球赛"。

所谓威·威利·基勒法，就是以美国棒球名将基勒命名的一种棒球击球法。基勒是19世纪90年代到20世纪头10年间在美国颇有影响的棒球名将，是美国职业棒球队外场手，以左手击球传球。他在20多年的棒球生涯中，只打了三次本垒就出了名。他两度获得全美击球冠军，并于1939年被选入美国棒球荣誉厅②。基勒之所以成为棒球名将，而且只打了三次本垒就出了名，显然他是掌握了独特的击

① ［美］汤姆·彼得斯，南希·奥斯汀，著．志在成功［M］．马继森，等译．北京：中国对外翻译出版公司，1987：174.

② 设于美国纽约州库珀斯敦市，建于1936年，1939年举行落成典礼，纪念道布尔戴创立棒球运动100周年。凡对棒球运动有杰出贡献的运动员、裁判员和经理人，均有纪念牌陈列于内。

球方法。对此，他颇为自信地说："打他们的缺口。"基勒成功的全部秘诀就在于这6个字，虽然字数不多，但却寓意深广。

棒球比赛分攻方和守方，而且只有攻方才有得分机会。因此，攻方的击球手就显得特别重要，要选拔眼尖、腿快、掌握击球方法的击球手。在企业经营上也是一样的，市场如同"赛场"，竞争的双方互为攻方和守方，他们的目标和采用的方法都是为了赢得最后的胜利。

在市场竞争中，采用基勒法取胜的公司不少，其中最典型的就是百事可乐公司对可口可乐公司的挑战，它被称为美国20世纪企业竞争六大经典战例之一①。

美国软性饮料可口可乐的配方"7X"是1886年由亚特兰大的药剂师约翰·斯蒂斯·彭伯顿发明的。1893年，美国专利局裁定可口可乐为注册商标。同年，凯莱布·B. 布拉伯汉把他在药店里销售的一种具有可乐味道的饮料改名为百事可乐。从此，可乐双雄就开始了一场旷日持久的"跨世纪之战"。

由于多种原因，在长达80多年的时间内，可口可乐一直居于支配地位。那么，百事可乐公司是如何向可口可乐公司发起攻击的呢？他们就是采用了基勒的"打他们的缺口"的方法。什么是可口可乐公司的缺口呢？其缺口就是僵化保守，不求创新。年迈的公司总裁罗伯特·伍德拉夫独裁、专横，把持公司60年之久，他坚持可口可乐的"传统"形象，甚至包装还是20世纪初使用的六个半盎司的瓶子。在市场竞争中，弱点就是对方进攻的缺口。百事可乐公司的经理约翰·斯卡利只有30多岁，他瞄准了可口可乐公司的缺口，在20世纪70年代中期展开了一场广告战，"为了那些思想年轻的人们"、"百事可乐的一代"等口号也先后面世。在BBD&O广告公司开展的"不看商标的品尝试验"中，百事可乐比可口可乐更受欢迎。约翰·斯卡利坚信，基于味道和销售这两个根本原因，百事可乐终将战胜可口可乐。一次又一次的试验证明，消费者们，特别是年轻消费者们更

---

① [美] 道格拉斯·拉姆齐，著. 美国企业竞争六大经典战例 [M]. 何茂春，等译. 北京：中国经济出版社，1990：86-153.

喜欢百事可乐较为甜美而柔和的味道。随着“百事可乐的一代”的成长，长期以来可口可乐的市场独占地位面临挑战。在百事可乐的挑战之后不到三年，《商业周刊》已开始怀疑可口可乐是否有足够的防卫技巧和销售手段来抵御百事可乐的猛烈进攻。应该说，这是百事可乐向可口可乐挑战获得的第一个胜利。但是，竞争是激烈的，竞争还远未有穷期，究竟鹿死谁手，还要把这场“棒球比赛”看下去。

第十五节　SDP 法

SDP 法是美国纽约大学颜彼得教授提出来的，不管是作为一种方法，还是作为一种指导思想，它的确反映了现代企业的趋势。“SDP”是三个英文字的缩写，它们分别是：Serve（服务）、Develop（成长）、Profit（利润）。他解释说：“我的一生就是围绕这三个字转。服务是未来的代价，也是放长线，钓大鱼。”①

颜彼得教授是美国现代城市管理学派孔慈的高足。1994 年初，他应邀来华讲学。他以“企业家的智慧与创造”为题，曾在一些单位作过报告，着重介绍了“现代企业趋势”，“透视管理真谛与要素”和“21 世纪的企业经理人才”等论题。他提出倡议：“争取做注重时机、创造局面的人，而不要观望摇摆。”做一个合格的企业家，就要把握管理的诸多要素，这就是他提出的多元管理功能学说，亦即计划、创造、组织、指挥、激励、协调、领导等。

作为一种新的管理方法，SDP 法体现了新的管理观念和时代的精神。在服务、成长和利润三要素中，颜彼得把服务放在第一位，这不是简单的排列秩序问题，而是体现了当代经营管理观念的重大转变。服务是基本出发点，只有具有最优质的服务，才能生存与发展，最后达到获利的目的。如果离开了服务这个前提，就发展谈发展，一味追求利润，那只能是“欲速则不达”。

20 世纪 90 年代中期，日本企业营销的方法发生了很大的变化，

---

①　南德视界，1994（159）.

提出了“日本企业新武器：七大黄金定律”。这个新的动向与颜彼得的SDP法观点上是一致的。一篇报道曾说：“西方企业还在品质的竞赛中冲刺，日本企业却已开始改写竞争的游戏规则，把重心转移到顾客服务方面来。一位松下电器的主管指出：“今天大家都晓得要重视品质，但是未来游戏规则追求的重点，叫做服务优越性。”①

日本企业的七大黄金定律包括：①定义企业概念时要从顾客利益出发；②高层主管都要投入对顾客的服务；③强调雇佣能够正确对待顾客的人；④训练再训练；⑤重视与顾客的沟通；⑥运用科技提高顾客满意度；⑦以创意超越顾客的期望。每种管理的理论与方法的产生，都有一定的背景，这七大黄金定律产生于日本经济不景气的情况下。许多西方人士都据此相信，优秀的日本企业家必将凭借七大黄金定律，在世界范围内摆开新的竞争战场。

第十六节 TQC法

1. 全面质量管理和戴明奖

爱德华·戴明（W. Edwards Deming，1900—1993）是美国著名的管理学家和统计学家。第二次世界大战以后，他发展了一套管理理论——TQC，后来被称作“全面质量控制法”，其英文全称为Total Quality Control。他的理论强调员工参与、目标设定和良好的沟通。他写过数本巨著和170多篇论文，他的很多观点已成为世界各国广大管理人员切实遵行的管理基本原则②。

戴明于1950年应邀到日本讲学，传授以图表法为主的质量管理法。他传授的方法在日本产生了深远的影响，为以后日本的统计质量管理打下了基础。在戴明讲学之后，日本出现了质量管理热，全国共

---

① 参考消息，1994-09-03，1994-09-04.

② ［日］盛田昭夫，著．日本爱迪生盛田昭夫［M］．余水秀，杨则瑞，译．北京：中国经济出版社，1992：151-152；海外星云，1994（4）.

设立了65 000个质量管理小组，全面推广质量管理法。这为日本的企业发展，使日本的产品走向世界打下了坚实的基础。

日本企业界十分崇敬戴明，称他为“企业管理之父”。1960年，日本创设了“戴明奖”，这不仅是日本而且也是世界最高荣誉的品质奖①。“戴明奖”在日本具有极大的影响力，每一个日本公司都努力追求产品的质量，以获得“戴明奖”为最高的荣誉。对于产品质量问题，日本索尼公司董事长盛田昭夫曾十分骄傲地说：“索尼公司的同仁，对品质的追求不遗余力。简单来说，产品品质越好，就越不会有维修的问题。我们很骄傲地获悉，阿波罗11号太空船带着索尼卡式录音机飞往月球，以播送音乐回地球。索尼录音机经过严苛的测试后，一切正常，不需修改。”② 这说明，索尼生产的录音机的质量是过得硬的，不仅能在地球上使用，而且在无重力的太空中也显示出了良好的性能。

全面质量管理为什么会得到广泛的推广呢？这是根据它的功能和特点决定的，全面质量管理就是全面、系统地对影响产品质量的因素进行管理，以保证和提高产品质量。它具有以下特点：

(1) 全面质量管理不仅要管产品质量，而且要管产品质量赖以形成的工作质量。

(2) 全面质量管理是以预防为主，实行全过程的管理。为此，必须把质量管理工作的重点从单纯的事后检查，转到事先控制不合格品的设计和生产方面来。

(3) 全面质量管理是全员性的管理。戴明认为：“说到底，质量主要是指人们的决心的函数。”因此，提高产品质量要依靠所有人员的共同努力，从管理人员、技术员到工人，所有人员都必须参加质量管理。

(4) 全面质量管理就是用全面的、多种多样的方法进行质量管

---

① 科技咨询，1985-04-16.

② ［日］盛田昭夫，著．日本爱迪生盛田昭夫［M］．余水秀，杨则瑞，译．北京：中国经济出版社，1992：152.

理，也就是综合性的质量管理。

戴明循环，又称 PDCA 循环，是指按照计划、实施、检查、处理四个阶段顺序进行的管理工作循环，它是质量管理活动所应遵循的科学程序，也是全面质量管理的一个好的工作方式。计划阶段包括：制订方针、目标、活动计划、标准、管理项目等。实施阶段包括：根据计划阶段制订的产品、方法、工作等标准进行实施。检查阶段包括：检查实施是否按标准进行，其结果是否达到计划阶段所制订的标准要求。处理阶段主要是根据检查结果采取改善措施。之所以称之为 PDCA 循环，是因为四个阶段头尾相接，犬牙交错，如同一个车轮不断向前转动，每经过一个循环，产品质量就“更上一层楼”。

2. 一个被美国人忽视的权威

正当戴明全面质量管理法在日本大行其道的时候，具有讽刺意味的是，作为美国人的戴明在自己的国家却默默无闻。这大概也是“墙内开花墙外香”吧！对此，戴明曾不客气地表示，希望自己成为美国人心目中的“一个花费毕生精力阻止美国自杀的人”。戴明以 93 岁高龄逝世于华盛顿，使他感到慰藉的是，他毕竟看到他的理论在美国“开花”、“结果”了。

直到日本产品充斥世界市场的时候，美国人才感到十分惊讶，并着手研究日本企业振兴的诀窍。20 世纪 80 年代初，在一部反映美国企业竞争力衰减的纪录片中，戴明被描写成一个促进日本经济腾飞的关键人物，正是他的全面质量控制理论使日本企业获得了巨大的成功。这时美国人才发现，自己的“国宝”竟然被日本人挖走了，于是开始重视这位权威。美国最大的汽车公司的老板福特，便是戴明理论的皈依者。国际商业机器公司也是满腔热情地看待对顾客的服务，即注重对顾客服务的质量。该公司举办的为期 18 个月的销售培训班的一个毕业生说：“你整天听到的是‘顾客’二字，以致你做梦都梦到这两个字。”3M 公司整天想到的也是用户和质量。几乎所有的在 3M 公司担任高级职务的人，都有过在工厂里广泛巡回和外出销售产品的经历。

进入20世纪90年代，越来越多的公司采用了全面质量管理法，并且成了“质量迷”。一个典型例子是麦克唐纳公司。多年以来，该公司的宗旨一直是八个字：“优质、服务、清洁、公道”。公司创始人R. 克劳克说：“要是我每重复一遍这八个字的宗旨就算一块砖的话，恐怕这些砖已经可以建造一座横贯大西洋的大桥了。”该公司不仅是“质量迷”，而且还是“清洁迷”。在1980年的年度报告中，它再次重申：“在麦克唐纳之优质、服务、清洁、公道的八字箴言中，质量当居首位。”① 麦克唐纳公司今日之所以风靡全球，就是因为他们总是追求卓越，创造第一流的服务。

① ［美］托马斯·J. 彼德斯，小罗伯特．沃特曼，著．探索企业成功之路：美国优秀公司的管理经验［M］. 王延茂，译．上海：上海翻译出版公司，1985：140.

第六章 创业模式

在第四章中，有一节专门介绍了实施创业教育的模式，讲述学校应如何对大学生进行创业教育。创业模式与创业教育模式的不同之处在于，前者是介绍创立一个产业（或企业）的途径，所体现的是具体成就；而后者是进行创业教育，所体现的是提高人的创业素质。当然，这两者具有因果关系，创业教育的目的是为了创业，而创业必须具有创业者的素质。

本章所介绍的创业模式，是从大量的实践中总结出来的，虽然它们具有某种参考价值，但毕竟不是灵丹妙药。即使再好的创业模式，只能借鉴，而不能机械地照搬，因为创业需要的是创造精神，任何模仿对于创立大业都是无济于事的。因此，每一个创业者都要发扬创造、开拓精神，通过创业实践的探索，总结出属于自己的创业模式。

第一节 "零成本"创业模式

没有资金，能够创业吗？当然可以，我们不妨介绍一种"零成本"创业的模式，可能对你有所启发。什么叫做"零成本"创业呢？所谓"零成本"，并不是说绝对不需要一点资金，只是形容所需要的资本很少而已。在数学上，当数字趋近于零时，可以被认为是零。

美国惠普公司（Hewlett-Packard Company）是世界上最大的计算机公司之一，在全世界 170 多个国家设立了分支机构，拥有 15 万名员工，2006 年的营业收入达 917 亿美元，在美国 500 强企业中名列第 11 位。然而，休立特（Bill Hewlett）和帕卡德（David Packard）这两个年轻的发明家是怎样白手起家而成为世界信息产业的巨擘的呢？早在1939年，创业的起因是休立特的一篇硕士论文——《制造和评价一个可变频率振荡器》。导师弗雷德·特曼（Frederick Terman）支持他们，并借给他们538美元被称为“天使基金”（Angel Capital）的“种子钱”。他们在帕洛阿尔托市爱迪生大街367号一间车库里开始了发明创造。应该说，是“天使基金”成就了惠普，而从未停止的创新和变革精神则创建了惠普今天的伟业。

“天使”在西方文学中，常常被寓意为神的使者，用“天使基金”来形容对创业的资助，无疑具有非常美好的含义。也许是受了这个创意的启发，我国有些地方也设立了“天使基金”，支持大学毕业生的创业活动。例如，上海市专门设立了大学生创业“天使基金”，在全市设立5~6个受理点。凡是从事创业的大学毕业生，如果他们提出的技术开发项目通过了专家的论证，可以获得5万~30万元的资助。创业就像科学实验一样，争取成功但也允许失败，因此即使在创业中遭受到失败，也无须偿还损失。①

面临着大学毕业生日益严重的就业形势，2006年，人事部人才流动中心、北京市高等学校毕业生就业指导中心倡导举办了“零成本”创业活动。② 参加这次活动的有来自国内20多所高校的学生代表。这是首次由政府部门、高校、社会企业和相关专家组成的“四位一体”平台，为大学毕业生提供免费服务。此次活动的中心是，围绕着由大学毕业生发起的“我能行”创业计划大赛，大学毕业生们展示自己的创业设想、创业项目，通过评选优秀的项目，为他们提供融资与合作的机会，从而实现他们“零成本”创业的计划。

“零成本”创业是一个十分广泛的概念，每个人都可以应用这种创业的形式，无须为没有资金而苦恼。例如，“点子”公司、顾问与咨询公司、代理公司、翻译公司等，都无须大量的创业资金。俗话说：“千里之行，始于足下。”每一个有志于创业的大学毕业生，如果要想成就一番大业，那就应该眼睛向下，不妨从最细小的工作做

① 倪杰. 大学生创业天使基金［N］. 新闻晨报，2006-05-18.

② 北京青年报，2007-01-15.

起，通过不断积累方可获得最终的成功。

第二节　风险创业模式

顾名思义，所谓风险，是指可能发生的危险，或者存在的潜在危险。而风险创业是指从事蕴藏着较大失败危险的高新技术开发产业，以期成功后取得高资本收益的一种创业模式。一般来说，风险创业包括风险创业者和风险投资者两个方面，他们是相辅相成和相互制约的关系，二者缺一都不可能从事风险创业。当风险投资者把资金投入创业公司以后，他与创业者就处于风险同担和利益均沾的境地，形势逼迫他们不得不朝着一个成功的共同目标前进。

VC 是风险投资 Venture Capital Investment 的缩写，这是从字面上直译过来的。也有人认为，把它翻译为创业投资更合乎本意，而且还消除了对风险投资的误解，如把风险投资家看成是见义勇为的“勇士”，那么创业者就是高风险和高收益的实践者。

从风险投资发展的历史来看，美国是风险投资的发源地。1946 年对于风险投资来说是具有里程碑意义的，哈佛大学的乔治·多里特（George Doriot）和波士顿联邦储备银行行长拉尔夫·弗兰德斯（Ralph Flanders）创立了美国研究与发展公司（American Research Development Corporation），这标志着现代风险投资业的诞生。半个多世纪以来，美国的风险投资业经历了三个时期：创建期（1946—1969），发展期（1970—1985）和快速发展期（1986—　）。目前，美国风险投资公司多达 4 000 家，风险资本总额为 1 000 亿美元，每年大约有 1 万家高新技术企业依靠风险投资来运转。①

在美国风险投资成功经验的影响下，欧洲、亚洲许多国家的风险投资公司也日益蓬勃地发展起来了。美国高新技术产业蓬勃发展，在很大程度上与风险投资有着密切的关系。

---

① 钱水土．国外风险投资业发展的成功经验［J］．浙江经济，1999（3）：40-41．

留美学者李彦宏是利用风险投资获得巨大成功的创业者，他的创业经验对人们颇有启示作用。相对于众多的著名大学里的计算机博士来说，李彦宏仅仅获得了布法罗纽约州立大学的计算机硕士学位，但他却是计算机搜索引擎技术领域的权威专家。

专题世界互联网大会于 1998 年 4 月在澳大利亚布里斯班召开，他在会议上作了发言，不料他的研究成果被两个参加会议的人应用了。他们很快推出 Google 搜索引擎，大获成功，并相继把 Infoseek 和 Yahoo 抛到了后面。Google 的成功对李彦宏产生了极大的刺激，使他决定做搜索引擎技术开发。他深知，要在美国与 Google 公司一决高低是不可能的，因为他缺乏对西方文化心理和思维习惯深入了解的根基。他把目光投向了自己的祖国，率先开发中文搜索这个巨大的宝藏。于是，一个以“众里寻他千百度”名句中的“百度”作为名字的搜索网站，先后在美国和北京正式注册了。

对李彦宏来说，做搜索引擎根本不存在技术问题，因为搜索方式和技术平台本是他的原创成果。问题是所需要的 100 万美元启动资金从哪里来？他想尽了一切办法，找了所有能够找的人，仍然凑不到 100 万美金。在一筹莫展的情况下，还是他的夫人提醒了他：“找风险投资商！”

说起来容易，可是做起来难啦！经过他们精心的挑选，最终选定了两家风险投资商，一是 Peninsula Capital（半岛基金），二是 Integrity Partners（诚信合伙人公司）。风险投资商都是玩钱的高手，他们看重技术但更看重人，与其说是投资项目，倒不如说要投资“人”。经过艰难的历时 5 天的谈判，他们了解到李彦宏是世界搜索引擎领域里排名前 3 的权威，同时也认可中文搜索引擎在中国的巨大市场，所以同意投入 120 万美元（李彦宏要求的是 100 万），占百度的 25% 股份。后来又投入了 1 000 万美元。

2000 年 1 月 3 日，以李彦宏为首的七剑客终于聚齐了，开始了百度的创业之路。经过 6 年的拼搏，他们终于获得了巨大的成功，百度不仅是世界上最大最好的中文搜索网站，而且百度公司的股票也于 2005 年 8 月 5 日在美国纳斯达克股票交易所挂牌上市。瞬间，奇迹出现了，3 个小时之内，股价涨到了 122.54 美元，涨幅达到了 353.85%，打破了美国股市有史以来的纪录。随着股票的增值，李彦宏的个人财富超过了 9 亿美元，同时还造就了 8 位亿万富翁和 300 位百万富翁。

除了科学家和技术专家们以自己的研究成果利用风险投资来创业外，那些初出茅庐的大学毕业生们能否借用风险投资模式进行创业呢？回答应当是肯定的。问题的关键不在于资历的高低，而最重要的是你是否掌握了具有竞争力的新产品，并具有驾驭风险投资的能力。无论是什么样的人，只要具备了这两个创业所必需的素质，那么都是可以利用风险投资进行创业的。

一个利用风险投资创业成功的例子：以邱虹云为首的几个清华大学学生发明了超大屏幕多媒体投影仪，并注册了视美乐公司。初生牛犊不怕虎，他们获得了 5 250 万元风险投资，因而一夜成名。① 对于他们发明的新产品，专家们感到震惊。在研制产品核心部件光学透镜时曾遇到困难，虽然采用了多种国外技术但仍然没有成功。被老师和同学们称作“爱迪生”的邱虹云，不相信他们的产品就此画上句号。于是，他一次又一次地反复试验，常常是通宵达旦，经过 45 个通宵的攻坚，终于获得了成功。经过半年的努力，他们的产品已经通过了中间试验，并开始批量生产。他们对未来充满信心。邱虹云决心一个季度研发一个新产品，每半年到一年推出一个产业化的新产品。有了这样的目标，具有这样不断创新、开拓的精神，一定能够创造出更多的奇迹！

既然是风险创业，当然就有失败的风险。无论是初次涉世的大学生，还是富有创业经验的人；也无论是在中国，还是在外国，风险创业失败者都不乏其人。因此，我们对待风险创业要抱着平静的心态，既不能一味地捧杀，也不能在遭到失败时轻易放弃。特别是在我国，风险创业的历史还不长，机制还不完善，对待大学生风险创业要采取更宽容的态度，使广大的风险创业者从游泳中学会游泳，以便让我国

---

① 杜鹃，耿彩琴．大学生技术创业的故事［N］．北京日报，2005-04-19.

的风险创业越来越成熟。

第三节　科技创业模式

顾名思义，科技创业模式就是以开发科技产品为主要任务，不断地把自己的新产品推向产业化。作为新技术产品的研制者，当然也可以自己开发，但主要的还是依靠企业家们去开发，这是社会分工的需要，以便使科学家与企业家各自发挥自己的特长。

一提起科技创业，人们自然而然地就想起了大学生创业计划大赛。1998 年 5 月，清华大学大学生科协创办了首届创业计划大赛，在全国引起了很大的反响。紧接着，共青团中央、全国学联和中国科协联合发起举办了“挑战杯”中国大学生创业计划大赛，之后每两年举办一次。为了顺利地进行征稿和比赛，组建了大赛组织委员会，并委托某一大学作为承办单位。第一届（1999 年）由清华大学承办，第二届（2000 年）由上海交通大学承办，第三届（2002 年）由浙江大学承办，第四届（2004 年）由厦门大学承办，第五届（2006 年）由山东大学承办。

创业计划竞赛（Entrepreneurship Competition）又称商业计划（Business Plan）竞赛，它最早源于美国。自 1983 年美国得克萨斯奥斯汀分校首创这项活动以来，诸如麻省理工学院、斯坦福大学、哈佛大学等著名的大学，都陆续地开展了这项活动，以麻省理工学院最为成功。从某种意义上说，大学生的创业计划竞赛已成为新技术的源泉，是美国经济发展的驱动力。例如，像 Yahoo、Netscape、Excite 等公司就是在斯坦福大学创业园里诞生的。

目前，大学生创业计划竞赛已经风靡全球，并且成立了世界大学生创业联盟，举办全球大学生创业大赛（The Global Student Entrepreneur Awards）。这是于 1988 年由美国圣路易斯大学发起，由世界中小企业协会组织的一项活动，当时只限于北美赛区（美国、加拿大、墨西哥等国家）。从 1998 年起，扩大到全世界，每一年举办一次，中国参加了 2005 年的比赛。举办这项活动的目的是，在大学生创业者与企业投资者之间建立互补，提高竞赛的广泛性。这其中产生了不少年轻的企业家，而且还大大地促进了高新技术产业在世界各国的蓬勃发展。

近年来，大学生创业计划竞赛已经成为我国大学中一项最受欢迎的活动，在高校中掀起了创新和创业的热潮。其实，这项活动已经远远超出了技术层面上的意义，它活跃了校园文化，促进了大学生业余科学研究，推动了教学改革，最终必将催生出大批创造型和复合型的人才。

除了大学生从事科技创业以外，一切拥有科学研究和技术开发能力的知识分子、科学爱好者、科技发明爱好者和技术革新者，都是可以从事技术创业的。在技术创业方面，王永民是当之无愧的典范，他在30年里获得了无数的技术发明。例如，他发明了“五笔字型”汉字输入法（王码），提出了“形码设计三原理”，首创汉字字根周期表，发明了25键4码高效汉字输入法，继而发明了98王码、阅读声译器、名片管理器、98规范王码、6键6码和9键6码成品软件，等等。他不仅解决了汉字电脑输入这个世界难题，为祖国争得了巨大的荣誉，而且也创造了巨大的财富，这是值得每一个决心走技术创业道路的人学习的。

第四节　孵化器创业模式

企业孵化器（Business Incubator 或 Innovation Center）作为创业的一个模式，现在已经风靡全世界，成为培育新技术企业的一种有效途径。20世纪50年代，企业孵化器诞生于美国，第一个提出企业孵化器概念的是约瑟夫·曼库索（Joseph Mancuso），第一个企业孵化器于1959年在美国纽约北部的Batavia县创立，取名为贝特维亚工业中心。是什么原因激发出曼库索提出企业孵化器的灵感呢？当时，美国纽约北部最大的企业Massey Fergusongs公司倒闭，大量工人失业，当地失业率竟高达20%。倡导者曼库索本是一个私人房地产开发商，他购买下了这家破产公司的大楼，准备重新启动这个企业，但他发现旧的经营方式难以取得成效。于是，他突发奇想，把大楼分成若干个单元，分别租给不同的企业，并为这些企业提供融资、技术咨询服务，使这些企业逐渐成长。曼库索对于这个创意，一时没有想到合适的名字，后来他从一家经营养鸡业的公司受到启发，把他的经营理念称为孵化器。于是，世界第一个企业孵化器就诞生在这个贫困地区。这时的孵化器还处于初期阶段，就其实质来说，只是就业的孵化器，尚不具备新技术孵化器的功能。

真正意义上的企业孵化器是随着新的技术革命而出现的，它们的发展与美国硅谷的兴起是紧密联系在一起的，二者相得益彰。美国第一家国际企业孵化器（International Business Incubator，IBI）是于1996年由芭芭拉·哈莉（Barbarela Harly）在硅谷创办的，是圣荷塞市与圣荷塞州立大学的合作项目。它的宗旨是：帮助国外企业快速、高效地进入美国市场，同时也帮助外国政府在硅谷创办孵化器，向在孵企业提供办公室、公用设施，帮助其联系业务、宣传和融资等。国际企业孵化器还设有市场研究实验室，由大学教授、市场研究专家和IBI的高级研究人员进行指导，接受大学生到孵化器进行实习。该项目一经推出，就受到了企业和大学生们的普遍欢迎。

橡子创业园（Acorn Campus）是硅谷另一家顶级的创业孵化器，是由被称为“创业之神”的陈五福于2001年创办的。这家孵化器是专业从事初期创业风险投资与管理的机构，迄今已经孵化出了10多家高科技公司，包括纳斯达克的Cas-Cade通信公司。橡子创业园是美国风险投资成功的典范，2003年已经进入上海浦东软件园，初步投资8 000万美元，上海方面初期投资6 000万元人民币，主要是孵化软件、光通信器件、集成电路设计等项目。

孵化器在推动高新技术产业的发展，孵化和培育中小科技企业，培植新的经济增长点方面发挥了巨大的作用，引起了各国政府的重视。企业孵化器在世界获得了蓬勃发展，截至1998年底，全世界已有3 300多家企业孵化器，其中北美有750家（并以每周新建1家的速度增长），欧洲有2 334家，巴西有50家，俄罗斯有33家，波兰有30家。以美国为例，截至1998年，孵化器就增加了1.9万个企业和 24 万个就业机会。美国孵化器存活率高达 87%，而且 84% 的企业仍然留在所在的社区内，既振兴了经济又提高了社区的形象。另外，许多发展中的国家也在采取积极措施，大力兴建企业孵化器。

在企业孵化器蓬勃发展的形势下，国际孵化器协会（Nation Business Incubator Association，NBIA）于 1986 年在美国应时而成立，每年召开一次年会，交流各国发展孵化器的经验和问题。虽然亚洲发展孵化器比欧美国家要晚，但亚太孵化器协会（Asia Association of Business Incubator，AABI）也于 2002 年在加拿大多伦多成立，首批会员有 12 个国家，每两年召开一次年会。

联合国开发署官员路斯坦 · 拉卡卡先生于 1987 年把孵化器这个新的概念介绍到中国，于是我国第一个企业孵化器——武汉东湖创业者服务中心于这一年 6 月在一处被废弃的军队营房里诞生了。20 年以来，我国企业孵化器获得了迅速的发展。截至 2005 年底，我国企业孵化器已有 534 家，孵化场地达 2 000 万平方米，孵化器从业人员达 72 万人，在孵企业 40 639 家，已累计孵化成功的企业有 15 931 家，其中 2005 年“毕业”的企业就有 3 319 家。目前，我国企业孵化器的数量仅次于美国，居世界第二位，但孵化场地面积和在孵企业数量都居世界第一位。即使最初向中国介绍孵化器概念的拉卡卡先生也未曾料到，在短短的 20 年的时间内，中国孵化器获得了如此巨大的成就，他以“特别突出”的词句表示惊叹。这正如评论家们所指出的：“中国孵化器起步晚，但走得快！”①

作为创业人员，怎样才能有效地利用孵化器进行创业呢？

首先要正确地选择孵化器的类型，要判断什么样的孵化器有利于自己创业。从我国目前情况来看，孵化器可分为综合性科技企业孵化器、专业技术孵化器、大学科技园、海外留学生创业园、国际企业孵化器、专利技术孵化器、行业技术孵化器和孵化器网络等。只有正确地选择了适合自己的孵化器，才能达到成功创业的目的。

其次是要充分地利用孵化器的条件和政策。一般来说，一个成功

① 戴欣．守望后孵化器时代 [J]．中国高新区，2006 (8)．

的孵化器离不开五大因素：共享空间、共享服务、孵化企业、孵化器管理人员和扶植企业的优惠政策。企业孵化器发展到今天，已经拥有了丰富的科学内容，从实践中形成了大批的孵化器专家。因此，要想利用企业孵化器创业，既要认真学习有关孵化器的知识，又要向孵化器专家咨询，以便更加有效地利用孵化器创业。

第五节 “两栖”创业模式

中国向西方国家派出留学生是19世纪中叶的事。广东珠海人容闳是于1847年4月1日动身赴美留学的，他是中国留学生第一人。① 容闳是一个真诚的爱国者，他远涉重洋求学的目的是谋求中国复兴强盛之路。应当说，历代的留学生大多数都是先知先觉者，他们实际上充当了我国与世界联系的桥梁，通过他们，西方的先进思想和科学技术被大量介绍到中国。

但是，我国大量派出留学生，还是改革开放以后的事。据不完全的统计，近30年以来，我国向世界各国派出了大约100万的各类留学生，其中归国的有20万左右。② 在80年代，有关留学生的争论最大的几个问题是：大量派出留学生是否会造成大量优秀人才外流？留学生学成后不回国是否不爱国？留学生到底怎样为国家作贡献？对于这些争论，双方各执一词，长期得不到统一的认识。但是，随着时间的推移和人们思想观念的变化，现在不仅不再争论这些问题了，而且还通过实践找到了一条留学生为祖国现代化建设作贡献的有效途径——应用“两栖”创业模式创建留学生创业园。

什么叫“两栖”创业模式？从狭义上讲，“两栖”创业模式是指在国外学有所成的留学生，他们不打算回国工作或永久定居，而更愿意流动于所在国和中国之间，一边在国外工作，一边在国内从事创业，以一种特殊的方式为祖国的现代化建设服务。应该说，这种创业

① 南方日报，2004-07-19.

② 宋健．百年接力留学潮［N］．科技日报，2003-02-15.

形式的出现不是偶然的，它是我国改革开放政策进一步走向开明的反映，是广大留学生为祖国现代化建设所感召，是他们爱国思想的表现。

我国第一个留学生创业园是于1994年建立的南京金陵莘莘学子科技工业园。几乎是同时，由全国青联和中国留学生服务中心倡议的中国青年海外学子园，也正式在河北省廊坊奠基。接着，上海松江莘莘学子创业园也正式挂牌了。这些留学生创业园的建立，引起了广大留学生和国内各界人士的广泛关注，并很快掀起了留学生创业园大发展的高潮。

据不完全的统计，目前我国已建立留学生创业园110多个，这些创业园分布在全国各省市自治区。当然，留学生创业园最多的还是北京、上海、江苏、广东、深圳、福建、山东等沿海开放城市，这与当地开明的政策和拥有更多的创业机会是密切相联系的。

实践证明，广大留学生采用“两栖”创业模式，至少显示出了三大不可替代的积极作用。

第一，大大地促进了我国新技术产业的蓬勃发展。目前，北京和华东地区一直是我国高新技术产业发展最快的地区，重要的原因就是这些地方留学生创业园比较集中。例如，北京海淀区留学生创业园一期工程建成不久，很快被40家留学生创办的企业“住”满，不得不新建其二期工程以及大兴、空港创业园。华东地区是留学生创业园最密集的地区，仅上海就有松江、嘉定、张江、曹河泾、虹桥等创业园，江苏的南京、苏州、无锡、南通、扬州等地也都创办了留学生创业园，它们提高了这些地区的对外开放的形象，而且使这里的技术创新和经济发展充满了活力。

第二，“两栖”创业模式有利于加快高新技术从国外的引进，这是国内技术专家所不能起到的作用。经过20多年的积累，留学生当中已有一批顶尖人才，他们能够紧跟国际科学技术发展的最新方向，开发最新的研究成果，提高我国新技术产业在国际上的竞争力。

第三，留学生创业园是培养新型企业家的摇篮。创业之路不是平坦的，能够从没有路标的荆棘丛生之地走出来，那就是一个成功者。

创业不仅仅单靠技术，而且还取决于创业者的决策与管理能力，因此留学生创业园是企业家成长的摇篮。例如，杭州留学生创业园创办了全国最大的斯达康通信有限公司，该公司股票已在美国纳斯达克成功上市，成为中国高科技企业的一面旗帜。与此同时，一批留学生也迅速成长为新型企业家。

实践是检验真理的唯一标准。虽然留学生创业园至今才走过了10多年的道路，但是它已经显示出了强大的生命力，受到了广大留学生、政府和科技管理部门的普遍欢迎。加拿大华人信息技术专业人士协会会长祝辰在接受新华社记者专访时说："国外有一大批没有回国的顶尖人才，他们中的一些人已经在国外获得相当成功或事业有所建树，如果要他们放弃在国外的一切，回国重新开始并不现实。因此，他们很希望开辟一种两栖式的合作形式。"① 北京中关村科技园区负责人初军威介绍说：中关村的"两栖海归"们大多在国外大型公司工作，他们依托国外技术在国内办企业，直接把国外高新技术运用到国内的企业中。例如，百度、中新微等公司都是在纳斯达克上市的留学生团队的企业，他们在国外都有一个公司，但公司的主体在国内。其实，称"两栖"留学生也好，"柔性流动"也好，这已经成为目前留学生，特别是留学生团队回国创业的主流趋势。对这种趋势，我国各级政府也都采取了开明的政策，如北京市人事局的负责人就说："对海外留学生'不求所有，但求所用'的两栖模式，对企业和留学生双方都有好处。"

① 郑天虹，张欣．海归发展新模式［N］．人民日报（海外版），2006-01-05.

第七章　就业与创业的政策

《中华人民共和国宪法》中明确规定："中华人民共和国公民有劳动的权利和义务。国家通过各种途径，创造劳动就业条件，加强劳动保护，改善劳动条件，并在发展生产的基础上，提高劳动报酬和福利待遇。"因此，就业是每个公民的受到法律保护的权利，我们应当珍惜和使用这种权利，同时尽到为社会主义现代化建设作贡献的义务。

就业与创业是密切相联系的，一个国家，当创业者多了时，那么求职者就相应地少了。怎样才能拥有更多的创业者呢？这应当是国家教育界的任务，特别是那些重点大学应当大力进行教育改革，推行创造教育，培养创造型的人才。这是造就高素质创业者的主要途径，是建设创新型国家的关键之所在。

第一节　就业是一个世界性的难题

在计划经济时代，人们的工作都是按计划分配的，甚至根本没有从业、择业和创业的概念。实行改革开放以后，随着经济领域里的竞争和优化组合，相当多的大中型国有企业倒闭或被外资企业收购。与此同时，大量工人失业。

就业与失业是对立统一的矛盾，因为有了失业者，所以才需要解决就业问题；反之，就业问题解决好了，失业者就少了。失业是一个世界性的难题，更何况我国是以农业人口为主的世界第一人口大国。

世界上不同的地区和国家，其就业、失业情况有很大差别。近10年以来，发达国家的失业率已从7.8%下降到6.2%；中东和北非的失业率从14.3%下降到12.2%。但是，东南亚的失业率从3.9%上升到6.6%；南亚从4%上升到5.2%；非洲撒哈拉以南的情况最糟，失业率从9.2%上升到9.8%。从全球来看，虽然经济增长强劲，但失业人口仍超过以往，全球失业率平均为6.3%。①

根据联合国国际劳工局年度报告，2004年全球失业人数为1.847亿人。其中，中国城市登记失业人口占17%。如果再加上农村的失业人口，中国失业人口总数达2亿，超过了其他国家登记失业人数的总和。我国统计局的数据表明，我国的失业率大致在4.2%～4.6%之间浮动，但学者和内部的统计数据远高于这个数字。我国目前就业的严峻性是不可忽视的。主要有三种人急需要解决就业问题：一是青年尤其是大专毕业生；二是下岗的职工；三是农村劳动力。据国家发改委的消息，2006年全国劳动力资源增量达1 700万人，劳动力供大于求的数量达到1 400万人，其中主要是大专毕业生和下岗职工。②

2006年10月29日，国际劳工局在日内瓦发表了题为"世界青年就业趋势"的调查报告，该被告指出：1995—2005年的10年里，全球青年失业率呈明显上升趋势。据统计，全球青年失业率为13.5%，而成年人的失业率平均为4.6%，其中43.7%是15～24岁的年轻人。因此，青年人的就业问题已经引起了世界各国的重视，这既关系到社会的进步，又影响到社会安定。

在中国同样存在青年人就业困难的严峻形势，其主要原因是大学盲目扩招，同时也与我国中等职业、高等职业、本科与研究生教育结构不合理有密切关系，大量的毕业生不能就业，极大地浪费了教育资源。据统计，大学毕业生不能就业的人数呈逐年增加的趋势：2001年是34万，2002年是37万，2003年是52万，2004年是69万，2005年是79万……③

---

① 杨鹏飞．全球就业形势及其面临的问题［N］．社会科学报，2007-08-02．

② 张俊才．中国经历第3次就业高峰［J］．中国经济周刊，2006（6）．

③ 陈德峰．大学生就业［OL］［2007-02-28］．http：//www.tianshannet.com.cn．

30年以来，我国大体上经历了三次就业高峰：第一次是70年代末大量知青回城所引起的就业问题；第二次是90年代初开始的大量职工下岗所带来的就业困难；第三次是自21世纪初开始的大批大专毕业生求职的难题。总之，失业问题是现代市场经济发展的必然产物，而且带有周期性。

对于我国来说，失业问题可能会长期存在，解决失业问题也将是十分艰巨的任务。因此，我们必须把握其长期性、综合性、多样性，特别是要从制度上采取有力措施，做到标本兼治，把失业率降到最低的限度，在维持经济持续发展的同时，要切实保障人民群众的基本生存权利，保障社会安定。

第二节　以灵活的政策促进就业

在20世纪80年代初，我国经济改革开放刚刚起步，面临的形势是百废待兴，各地和各部门在发展中都遇到了资金的困难。于是，当时的国家领导人提出了“只给政策不给钱”的口号，那时非常流行，而且也十分有效。例如，当年深圳、海南省的发展，以及后来开发上海浦东、开发西北和振兴东北老工业基地等，都充分显示出了政策的巨大作用。

在古代汉语中，“政”与“策”是两个独立的字，它们是分开使用的。“政”字，通常是用于政治、政府、政权、政事等词汇中；而“策”，常常指对策、策划、谋略和计谋等意思。其实，在古汉语中，并没有“政策”这一词汇。日本明治维新以后，他们率先向西方学习，引进西方科学技术，借用日语中的汉字，将英文Policy翻译为“政策”。因此，汉语中，“政策”一词当属于外来语。据记载，“政策”一词是梁启超先生在《戊戌政变记》中首先使用的。此外，近现代科学技术中有一些术语，如科学、物理、化学等，也是从日语汉字中引入的。这说明在世界各国之间，科学技术和语言文字是相互影响的。

那么，“政策”是什么？俗话说：政策是指挥棒，你想要去什么地方，就把政策往那个方向指；你想要得到什么，就制定有利于得到那东西的政策。如果要给“政策”下一个严格的定义，现代汉语词典的注释是：“国家或政党为实现一定历史时期的路线而制定的行动准则。”由此看来，任何政策都具有明显的针对性、通用性和有效性，否则政策也就失去了它存在的意义。

我国目前正面临第三次就业的高峰，任务是极其艰巨的。与前两次就业高峰相比，解决第三次就业高峰所遇到的问题更复杂，涉及的方面更广泛和更深刻。因此，必须以新的指导思想解决就业，更新就业观念，发展新型产业，鼓励创业，制定有利于创业的各项政策，以最大限度地缓解目前就业的矛盾。

面对世界范围的巨大就业压力，各国政府都在积极研究与制定政策，以尽可能地解决更多人的就业问题。在就业政策方面，美国的就业政策比较完善，在促进就业方面发挥了很大的作用。例如，为了鼓励大学毕业生到特定地区去工作或从事特殊职业，采取了各种激励措施，最常见的是免除或部分免除在学习期间的贷款。除了联邦政府以外，各州政府根据需要，也制定了有利于当地居民就业的导向政策。①

法国政府为了促进就业，也制定了两项政策：一是政府对愿意安置长期失业者的企业，在两年内免除社会福利分摊金，并且每月给予一定金额的补贴；二是实施“青年就业合同”。凡是愿意安置青年就业的企业，与政府签订“青年就业合同”，企业主将减免社会福利分摊金，并享受政府一定金额的补贴。这些措施大大地调动了企业安排失业人员的积极性，对国家的经济发展也起到了积极的作用。

多年以来，德国政府也一直致力于领导市场政策的改革，对于解决大学毕业生的就业起到了良好的作用。

随着失业问题日益严重，发达国家都着手就业政策的改革，采取灵活多样的政策，更新就业观念，尽可能地降低失业率。例如，美国实行同他人分享一份工作，即一份工作两人做；意大利实行劳工出租

① 李静．西方国家如何促进就业［N］．学习时报，2006-09-13．

制；英、德、法等国实行短工制和弹性工作制，以提高就业率。

在各国就业政策的启发下，近年我国也采取了一些灵活的就业政策，收到了较好的效果。例如，上海市推出的“4050工程”，解决下岗职工中的一些老大难问题。所谓“4050工程”，是指安置40岁以上（女）和50岁以上（男）的下岗人员，他们是再就业中最困难的人群，急需要政府政策予以支持。这项政策推出后，收到了良好的效果，现在已经在很多省市得到了推广，发挥了就业政策的重要作用。

第三节 以良好的政策鼓励创业

眼下，创业是一个十分流行的词汇，无论是大学毕业生还是个体户，他们都跃跃欲试地创立属于自己的事业。这是一件大好事，是人们创业意识觉醒的表现，是21世纪就业观的重要特征。

那么，什么叫创业呢？人们的理解是各种各样的，甚至可以给出几十种的定义。从严格意义上说，所谓“创”，是指创造、创新、创建、创立、创作、创办、创始，等等。总之，“创”是依靠人们的创造智慧，做到从无到有、从小到大和从旧到新；而“业”，包含有企业、产业、事业、业绩、功业等意思。因此，我们可以这样给“创业”下一个定义：个人或集体依靠创造性的能力，创建一份不仅具有经济效益，而且还能够造福于人类社会的新事业。

自工业革命以后，一批又一批的创业者们创建了一个又一个巨型企业，演绎了一个又一个创业的神话。人类今天所享受的一切物质文明，都是那些无数的创业者们创造性智慧的结晶，是他们对人类的馈赠。人类社会发展的经验证明，在社会发展的每一个阶段，唯有创业者的聪明才智能够得到最充分的发挥，社会才能充满活力，经济也才能繁荣兴旺。

自90年代以来，发达国家主要是应用综合财政政策促进就业和鼓励创业。具体政策有：减低税收，在一定时期内免收创业者的税收；提供优惠贷款。迄今为止，美国仍然是世界科学技术和经济最发达的国家，这与美国对创业的政策支持密不可分。美国的创业投资占

GDP 的 0.55%，居世界第一，加拿大和韩国分别位于世界第二和第三。美国“硅谷”一直被称为创业者的乐园，每年这里都有一批新的企业诞生，其中的秘密就是发达的风险投资体系、宽松的环境和完备的支持政策体系。

发达国家以政策推动创业的经验是值得我国借鉴的。近年来，创业在各条战线蓬勃地开展起来了，与此同时，我国也制定了一系列鼓励创业的政策。2006 年 2 月，国务院颁布了《关于实施国家中长期科学和技术发展纲要（2006—2020）若干配套政策的通知》。这个通知共有 10 个部分，60 条，包括财政、金融、政府采购、知识产权保护、人才队伍建设等，这是迄今为止鼓励科技创新最全面的政策。①这个纲要的目的是，立足于加强经济政策与科技政策的相互协调，形成激励自主创新的完整政策体系，确保“十一五”科技发展纲要的顺利实施。据初步预算，“十一五”期间，全国科技投入约为 4 900 亿元人民币，是“九五”时期的两倍多，年均增速为 17.4%。这一政策信号将引导全社会重视科技的投入，也必将加速我国自主创新的步伐。

在全国科学技术大会的影响下，上海率先推出了配套政策 36 条，鼓励创业，打破自主创新的瓶颈。② 这套政策涵盖了财税、金融、知识产权、人才培训、工商管理、政府采购等内容，重点是围绕企业自主创新的要求，强化政策的逼引作用。为了吸引社会资金对创新和创业活动的支持，上海配套政策提出建设区域性资本市场、设立创业投资引导基金、建立创业投资风险救助等措施，使创业风险降低到最小的限度。在具体政策方面也作出若干规定：如上海财政每年至少有 7% 投入科技专项；每年投入 1 亿元用于大学生创业基金，培养“学生老板”；凡发明专利或实用新型专利，发明人至少可以提成 5% 作为个人报酬；国有企业不创新，将面临制裁；与精神转让开发相关的咨询和服务的收入可免征营业税，等等。在这一系列政策的引导下，

---

① 人民日报，2006-02-27.

② 文汇报，2006-05-26.

上海每天有10人获得政府的贷款，有50人参加政府补贴的创业培训，有5个创业者入驻科技开发园区……政策促进了创业，而创业使上海呈现出了生机勃勃的繁荣景象。

鉴于近几年大学毕业生就业困难，各省市先后也推出了各项政策，大力鼓励创业。例如，北京地税部门规定：自2006年1月1日起，凡是普通大学毕业生和下岗人员自主创业者，在3年内免交8个部门的行政性收费，具体包括工商部门的注册登记费、经济合同鉴证费、个体工商户管理费等18种费用。大连市决定，将首批2500万元科技贷款正式发放给5个具有自主知识产权的项目，这标志着该市科技融资平台建设取得了突破性的进展。辽宁省建立了普通高等学校毕业生就业和创业指导中心，对自主创业的大学毕业生给予一系列的优惠政策，如免费注册、登记优先等。广州市规定：凡是高校毕业生从事个体经营者，自登记之日起，凭大学毕业证，在3年内可以享受42项优惠政策。武汉市政府也规定：凡是高校毕业生从事创业者，个人创业贷款从3万元提高到5万元，合伙创业贷款金额从8万元提高到15万元。此外，海南省、云南省、四川省、江苏省、河南省、湖南省等，几乎所有的省市都制定了鼓励青年创业的政策，甚至一些地县市政府、大学和企业也都实行了一些鼓励创业的政策，形势的确是令人欢欣鼓舞的。

对于有志于创业的青年来说，了解国家和各地的创业政策是十分必要的，这是走向创业的第一步。在群众中流行一句话："政策不用，过期作废。"同样地，如果政策不能兑现，那政策只是"一纸空文"。因此，对于制定和掌握政策的部门来说，一定要兑现政策，不能有令不行，有禁不止，必须取信于民；对于创业者来说，一定要充分地应用国家和各地政府的政策，千万不要坐失创业的良机。

第四节　以立法推动和保护就业与创业

2002年9月30日，国务院颁布了《关于进一步做好下岗失业人员再就业工作的通知》，其中提出了若干诸如税收减免、小额担保贷款、社保补贴、岗位补贴、免费就业培训与服务等的政策。应当说，这些政策不仅促进了再就业，而且还初步形成了我国就业政策的框架。

但是，政策最大的特点是灵活性，这是古今中外执政的通则。那么，政策与法律有什么区别呢？应当说，政策与法律既有联系又有区别，它们彼此不能互相替代。一般来说，政策对立法具有指导（或先导）作用，而法律代表国家意志，对全体成员具有约束力和强制执行力。因此，不能以政策代替法律，应当逐步使就业政策上升为法律，规范政府和执政人员的行为和责任。事实上，实施国务院《关于进一步做好下岗失业人员再就业工作的通知》4 年的实践经验，已经为制定就业促进法奠定了基础。

2007 年 8 月 30 日，全国人大常委会表决通过就业促进法，随后胡锦涛签署主席令予以公布，并于 2008 年 1 月 1 日起实施。这部法律共 9 章 69 条，分别是总则、政策支持、公平就业、就业服务和管理、职业教育和培训、就业援助、监督检查、法律责任和附则。就业促进法的颁布，说明在市场经济社会中，尽管就业是由市场决定的，但政府必须承担涉及就业和解决失业的主要责任，这已是国际社会的共识。①

在就业促进法中，专门设立“政策支持”一章，这表明国家将实行有利于就业的各项政策，如产业政策、经贸政策、投资政策、财政和税收政策以及信贷政策等。其中，虽然有些政策过去也颁布过，但以立法的形式把它们确定下来，这还是第一次。这就意味着，执行这些政策带有约束力和强制性的作用，必须做到有法必依，违法必究。

我们也必须看到，虽然颁布了就业促进法，但这并不可能彻底解决我国的就业问题。特别是从长远来看，我国就业形势依然面临严峻的挑战。据估计，到 2014 年，我国劳动人口将达到 9.3 亿的高峰。在今后几年内，我国城镇需要安排的就业人数将保持在 2 400 万，但

① 王化学．促进就业 保障民生［N］．人民日报，2007-10-04．

每年只能解决就业岗位1 100万左右，劳动力供大于求的缺口为1 300万人，这是一个绝对不能忽视的严重问题。

从发展来看，仅仅一部就业促进法是远远不够的，还必须不断完善我国的就业法规，制定有利于就业和创业的各项具体法案。与国际就业立法相比，我国就业立法毕竟晚了半个多世纪，我们应当尽快地弥补这一方面的差距。

世界上第一部就业法是美国国会于1946 年通过的。后来美国于1964 年又颁布了《民权法案》，这两部法规对联邦政府保障国民就业的义务，美国公民就业的权利和对用人部门的要求都作了明确的规定，这就为美国社会公平就业奠定了法律基石。在后来的几十年里，美国又先后推出了《平等就业机会法案》、《残疾人就业机会法案》，甚至将禁止歧视同性恋者也写进了有关就业法案。

为了迎接新技术革命和全球经济一体化的挑战，2004 年美国总统布什签署了《2004 年美国就业机会创造法案》，提出以创业促进就业的新思路。美国电子工业协会（Electronic Industries Association）主席 Dave McCurdy 是美国高科技行业的首倡者，他对这个新的法案评论道："通过签署批准该法案，布什总统传达了一条信息：美国抱定决心迎接来自其他降低税率、创造友好商业环境的国家的经济挑战。该项立法将帮助美国迎接这一挑战。"

面对国际不断变化的新形势，我国切不可满足于刚刚制定的一部就业促进法。我们应当在实施促进就业法的基础上，借鉴国际先进的经验，站在更高的起点上，以立法的方式创造更富有竞争力的新技术产业市场和环境，走自主创新的道路，确保在2020 年把我国建成创新型的国家。

第五节　值得借鉴和推广的国际创业计划

2007 年 8 月 10 日，在国际青年日（International Youth Day）即将到来之际，联合国秘书长潘基文在发表致辞中呼吁："要重视青年失业问题。"国际青年日的由来是，1999 年 12 月 17 日，联合国大会通过 54/120 号决议，将每年的 8 月 12 日定为国际青年日。其宗旨是：青年代表着未来，是社会发展的生力军，各国政府都要重视青年的教育、培训和就业问题。

与此同时，世界银行发表了《2007 年世界报告：发展与下一代》。报告指出：目前，12~24 岁的青少年高达 13 亿，成为历史上这个年龄段人数最多的人群，同时也是历史上这个年龄段中最健康和受教育最好的人群。他们将成为下一代的劳动者、企业家、父母亲、积极的公民。毋庸置疑，他们也将成为下一代的领导人，是推动世界发展的强人基础。世界银行欧洲和中亚高级经济学家曼塔·穆迪是该报告的起草人之一，他颇有远见地指出：对他们的知识和天生的创造力加以引导，可以促进经济的增长，产生持久的影响，其影响范围远远超过他们这一代人。简言之，他们将影响到今后 40~50 年全球反贫困事业的成败。①

从理论上说，各国大多数政策的制定者都很清楚，青年将会极大地影响国家的繁荣富强，但是在具体制定政策时，他们却面临着大批青年的失业。

国际劳工局发表的报告《世界青年就业趋势》已经指出，世界失业大军中差不多有一半是 15 ~ 24 岁的青年人。世界范围内青年人就业的形势非常严峻，发展中国家青年失业的问题尤为突出。

其实，青年失业的现象早就存在，只是没有引起人们足够的重视。早在 1983 年，英国王储查尔斯（Charles Philip Arthur George, 1948— ）在与青年们交谈时发现，有很多青年不能就业，但他们都有成为企业家的愿望，只是缺乏创业资金，而且也不知道什么人能够给他们提供帮助。于是，查尔斯王储请企业界为那些能够提交可行性创业计划的年轻人提供小额贷款，并为他们安排创业的导师。这就是青年创业计划的雏形。后来，英国王子基金与威尔士王子国际商业领袖论坛于 1999 年共同组建了青年创业国际计划（Youth Business

---

① 2007 年国际青年日［OL］. http://www.un.org/chinese/esa/social/youth/wdr.htm.

International，YBI）。该计划的宗旨是：致力于整合国际资源，探寻和确立帮助青年成长为企业家的最先进的方式。这项计划推出后引起了强烈的反响，受到了广大青年和企业界的欢迎，实践证明它是一个十分成功的创业模式。到目前为止，青年创业国际计划已经在35个国家成功推广，帮助6万多名青年走上了创业之路。开展青年创业国际计划的意义十分重大，正如青年创业国际计划总干事安德鲁·费德曼所说："这是一个很有挑战的工作，我做的事意义深远，也得到了很多回报。那么多年轻人在我们的努力下得到了帮助，组织也不断发展、壮大，我感到很欣慰。"① 青年创业国际计划的重要意义正如安德鲁在接受《时代人物周报》专访时所说的："创业是解决就业最好、最积极的方式之一，也是青年参与社会、实现个人价值的重要方式，同时创造了一个良好的经济和社会环境。青年创业国际计划所强调的是社会责任感，使青年、企业和社会达到一个三赢的结果。"

中国是世界35个移植英国青年创业国际计划的国家之一。英国YBI总部拨付了一笔启动资金，该项目于2004年3月正式在中国落地生根，并取名为中国青年创业国际计划（Youth Business China，YBC）。这个计划的主要内容是：凡是18～35岁的年轻人，如果其创业计划通过严格的评估，将会得到3万～5万元不等的创业启动资金，同时YBC将为每一位创业者配备一个经验丰富的创业导师，给予免费的创业咨询和辅导。

据YBC总干事谷雨萍介绍，刚开始推行青年创业国际计划时，有不少人认为，在中国按照英国的理念与模式实施该计划很困难，但是试行一年后发现，效果比他们想象得要好得多，不仅广大青年踊跃参加，而且企业家也都愿意参与进来，把自己成功的经验和失败的教训告诉青年们，使他们在创业的道路上少走弯路。

青年创业国际计划在中国的试验已经获得了成功，目前已在北京、上海、山东、陕西、武汉等地推广。截至2004年底，仅上海等三地就组织了500多名创业指导队伍，扶植了创业者创办了21家中

---

① 林玲．青年创业国际计划［J］．时代人物周刊．2005（1）．

小型企业，创造了200多个就业的机会。从发展趋势看，这项计划大有燎原之势，将会造就大批的创业者。

为什么青年创业国际计划能够获得成功呢？最关键的是其采用的“导师+资金”模式。导师和资金是创业成功与否的两个决定性的因素，前者是技术支持，后者是经济基础，二者缺一不可。迄今为止，大多数的创业者都是自己摸索，不仅走了许多弯路，甚至不少人因得不到技术支持而遭遇失败。因此，落实导师和资金是实施青年创业国际计划的关键。怎样才能落实创业的这两个条件呢？导师和资金两方面都需要政策发挥威力：使 YBC 能够募集到足够的资金；用恰当的政策调动成功的企业家、科学研究人员和大学里的教授们踊跃地参与到青年创业计划中去，使他们自愿担任青年的导师，只有这样才能将我国青年创业计划扎实和持久地开展下去。

第八章　创业与环境

过去，我在任武汉大学校长时，很喜欢用火炉与柴火的例子来激励学子们勤奋学习，同时也勉励自己努力把学校的软环境建设得像熊熊燃烧的火炉那样，以利于人才的成长。我们都有这样的生活常识，当火炉燃烧得很旺盛时，即便是湿柴火丢到炉子里去，它也会燃烧起来；相反地，如果炉火奄奄，即使把干柴放进去，也不会燃烧。其实办大学也是一样，不能只抓硬件建设，一味地只讲严格管教，须知这是不能奏效的。我们应当重视学校软环境的建设，把学校建设得像熊熊燃烧的火炉那样，形成催人上进的学习气氛。在这种环境里，优秀的学生会好上加好，后进的学生也会被激发起来，力争上游。这就是环境效应。无论是造就人才还是开拓创业，都应重视设计和营造优化的环境，充分发挥环境的作用。

第一节　自由的环境是发明创造的温床

1. 自由与境地的多样化是创业的必要条件

自由是人的不可剥夺的神圣权利，也是自我实现的最基本的权利。人类的历史就是一部争取个性解放的历史，解放个性也就是解放创造性。马克思主义正是在争取自由中产生的，因此它不应当成为教条，成为阻碍人们自由思考的禁区。事实上，马克思是十分尊重人的自由的，他曾说：“每个人的自由发展是一切人的自由发展的条件。"① 这话当然是正确的，正像人与人类一样，没有具体的个人，又哪有人类呢？类似的观点，法国存在主义哲学家萨特（Jean-Paul Sarter，1905—1980）也说过，"我的自由与一切别人的自由不可分割地联系在一起"，进而他又指出，"保证个人自由的条件是所有的别人也都自由"。自由是一种力量，它是通过人的选择和行动表现出来的，目的在于不断地设计、谋划和创造自己的行动。谈论自由的目的，是要营造一种自由无拘的气氛，有利于人才的成长，有利于发明创造，有利于创新。

英国哲学家约翰·密尔曾说：人类发展所必需的条件，那就是自由与境地的多样化。② 密尔把自由与境地作为人类发展的必备条件，无疑是正确的，前者是指人的个性解放，后者是指人们活动的空间，只有这两者的结合，才能"发生出个人的活力和繁复的分枝，而这些东西又自相结成首创性"。我在本节所提出的命题，也正是希望建成"自由与境地"相结合的环境，使之成为发明创造的温床。

什么是我们所需要的自由呢？密尔接着说："唯一实称其名的自由，乃是按照我们自由的道路去追求我们自己的好处的自由，只要我们不试图剥夺他人的这种自由，不试图阻碍他们取得这种自由的努力。每个人是其自身健康的适当监护者，不论是身体的健康，或者是智力的健康，或者是精神的健康。人类若彼此容忍各照自己所认为好的样子去生活，比强迫每人都照其余的人们所认为好的样子去生活，所获是要较多的。"③ 人类的发展史已充分地证实了这个论点的正确性。人类历史上的每一项重大发明都是由某一个或某一批人做出来的。这些人毫无疑问是有首创精神的，他们是天才。诚然，有天才的人乃是而且大概永远是少数，但是为了他们，就必须保持能让他们生长的土壤。天才只能在自由的空气里才能呼吸。

但是，令人遗憾的是，自由作为一个普遍的创业原则，并没有被

---

① 马克思恩格斯选集（第1卷）[M]. 北京：人民出版社，1995：294.

② [英] 约翰·密尔. 论自由. 北京：商务印书馆，1986：78.

③ [英] 约翰·密尔. 论自由. 北京：商务印书馆，1986：13.

普遍地接受。自由受到的干涉还是相当严重的，人们对自由的珍重总是远远地不及对于权力的珍重。自由的原则之所以被低估，是因为人们没有认识到自由的内在价值，相反地一些有权势的人把它看作是一种麻烦或是叛逆性的障碍物。正因为如此，我们才需要大力宣传和倡导自由，努力造就自由的环境，让一切有创造才能的人大展宏图。

2. 自由环境的形成

人只有在自由的状态下才能充满活力，富有创造性。因此，从创业来说，最重要的就是创造这种充满活力的环境，只有这样的环境才能孕育出有创造力的人和充满活力的企业。

怎么创造自由的环境呢？我认为以下三点是很重要的：

（1）尊重人和尊重人的自由。人是宇宙中的精华，万物的灵长。歌德曾说："人自我实现需要所有的人，一个真正的人只有靠整个人类才能生存。"① 这里的意思是说，人是社会的人，他们是以某种方式相互联系又相互制约。这种关系就决定了人必须要相互尊重，即尊重他人的存在、价值和自由。只有尊重他人的人，才能得到他人的尊重；你要珍爱自己的价值，那么你就必须为他人创造价值。

尊重人与尊重人的自由是紧密联系在一起的。一个人只想自己有自由，而不让他人有自由，或只是口头上宣传自由，而并不给予人以自由，那不是真正的自由。什么才是真正的自由呢？18 世纪法国启蒙思想家伏尔泰说过："虽然那家伙说的没有一句我赞同，但是我要拼命保护他说话的权利。"② 这里提出了一个很重要的原则，那就是自由是绝对的，是人生来具有的，决不能以个体的好恶而人为地制定一个什么标准，来给予或剥夺人们的自由。伏尔泰是开明的，最懂得自由的意义，所以他不愧为启蒙思想家。惧怕自由，往往是缺乏自信

① ［德］M. 蓝德曼，著．哲学人类学［M］．彭富春，译．北京：工人出版社，1988：39.

② 转引自陈怡安，著．积极自我的开拓［M］．台北：洪建全基金会文经学苑，1992：34.

的表现。实际上，一个权威如果是真正的权威，就不怕挑战，允许人们说话；一个学术理论如果是真理，就不怕怀疑，允许争鸣。如果做到了这些，那就算是建立了尊重人、信赖人的平等关系，也体现了尊重自由的精神。

(2) 建立信息自由交流的场所。无论是学术团体还是企业，都要努力创造条件，建立自由学术讨论和信息交流的场所。当前，我们正处在信息社会，信息是最重要的资源。对于一个企业家来说，不掌握市场信息，就无法竞争；对于科学家来说，没有科学的观察或实验的信息，就无法进行发明创造；对于领导者来讲，没有信息，不发扬民主，广开言路，就不能进行科学的预测和决策。

对于创业来讲，信息交流的范围包括某行业国内外最新研究的状况、同行企业的研制与生产情况、本企业内部的生产与革新的进展、市场销售统计及预测，等等。信息交流的形式多种多样，如学术报告会、信息发布会、民主咨询会、技术攻关对策会等。总之，形式不拘，人数多少不限，时间可长可短，内容可博可专。自由信息交流是创造的食粮，是为创新服务的，因此必须重实效，切忌走过场和流于形式主义。搞好自由信息交流的关键在于企业的领导，他们不仅不能以任何借口缺席会议，而且应当亲自组织好信息交流，引导大家畅所欲言，开展平等的、直率的交谈，保护每个人自由发表意见的权利，只有这样才能造就自由的企业风尚。

(3) 制订人尽其才的制度。创业的自由是为创业服务的，但归根结底是为创业者服务的。在一般人看来，制度就是条条框框，往往是以某种形式对人施加限制的东西。不错，制度的确有限制性的作用。但是，限制又是一把双刃剑，它既有限制的作用，又有促进的作用。问题在于它限制的是什么，如果限制的是僵化保守思想，那么也就等于它促进了民主自由的思想。在人才制度上存在一个限制什么和促进什么的问题。为了建立人尽其才的制度，应当建立公开平等竞争的招聘制度，实行择优录用；建立博采各家之长，禁止“近亲繁殖”的制度；建立人才自由流动制度，不得以任何借口剥夺个人选择的自由；建立“职授予能”的晋升制度，不能重用无能之辈；实行“禄授予功”的奖励制度，决不能搞平均主义，等等。如果做到了这些，那么也就有了人尽其才的自由环境。

第二节　设计和创造最佳的创业环境

1. 从自身条件出发，扬长避短

俗话说：取其所长，去其所短。这是人生经验的总结。对于创业者来说，设计创业的环境，应当以什么为基点或以什么为坐标呢？基点是人生的最大价值，一切设计方案和“施工”的措施，都要为实现这一目标服务。在创业的领域内，诱人的事业各种各样，而且还在层出不穷地更新着。问题在于：你自己能做什么？能否做好？为了回答这些问题，不妨在这里引用一则故事。这是在美国流行的一则教育故事。它的大意是：一天，兔子、乌龟、松鼠和小鸟在一起开会，决定要成立一所教育学院。当它们进一步讨论要开设什么样的课程时，兔子说要教跑，鸟说大家一定要学飞。结果，乌龟爬到树上学飞时摔伤了，不但飞没学成，就连最起码的爬的本领也毁掉了①。让我们分析一下故事中的各个角色，兔子和鸟是无可指摘的，因为它们“发表的意见”是从自己的实际出发的。然而，悲剧却发生在乌龟身上，它不假思索，做出了自不量力的事来，结局可想而知。这则故事给我们的启示是：每个人都有自己的专长、优点和经验，不应丢掉自己的长处，不应放弃自己所熟悉的道路。比如说，在我国经济体制转轨的过程中，面对着市场经济的汪洋大海，每个人都有一个自我设计和选择的问题。有一些人能从实际出发，作出了正确的选择，因而成功了。但是，也有一些人，不能正确地估计自己，要么选择了力不从心的事，要么“这山看着那山高”，因而一事无成。

我们每个人只能做自己所熟悉的或力所能及的事，但这不是说我

---

① 陈怡安，著．活出现代人的意义［M］．台北：洪建全基金会文经学苑，1992：177.

们不需要学习新知识，适应新环境，开辟新的事业。特别是在瞬息万变的信息时代，谁要是抱着“老皇历”不放，那他将会被历史前进的车轮所抛弃。但是，这种学习与更新是建立在自己的志趣、知识和能力的基础上的，经过努力是可以达到的。例如，随着股票市场的建立，有兴趣而又有操作能力的人大多都想尝试这种投资方式。但是，专家却告诫，那些心理素质不佳者，最好不要玩股票。又如，在“下海”热时，很多人都想试一试。其实，不可能都去“下海”，否则那岂不真的是“十亿人民九亿商”了吗?! 像有些“学者型”的专门人才，既缺乏经济头脑又没有实际操作能力，是不适合“下海”的，勉强“下海”，其结局往往很不乐观。我历来的观点是：适合“下海”者应当“下海”，适合做学问者安心做学问，适合从政者廉明理政，以各显其能，各得其所。近年来，我国的社会生活中常常出现一些“热点”，出现这样或那样的“热”不足为奇，但我们应当用多向思维来看待这些现象，无论如何不能造成千军万马争过独木桥的局面。创业的道路是广阔的，条条道路都通向成功，每项事业都是值得追求的，也都能够创造出人生的最大价值。

2. 最佳创业环境的设计

1991 年，美国制订和实施了一项叫做“生物圈 2 号”的科学研究计划。该项计划是建造一个大的全封闭的生态系统，模拟地球的气候、生态环境，由 4 男 4 女科学家组成的研究小组，将在这个封闭系统中生活一年时间，他们的任务是：一方面进行科学观察，另一方面必须自食其力。这个计划的第一期试验结束后，获得了部分有价值的观察结果。尽管对这个试验计划还存在争议，但它作为人类应付因环境和资源破坏造成的未来危机而进行的新尝试，不失其探索的意义。在这里，“生物圈 2 号”就是一个人造的环境，它既是研究者生活和研究的环境，也是模拟人类未来可能生存的环境。

设计环境要有明确的目的，要有切实的可行性。否则，脱离实际的幻想，即使设计得再好，那也只能是“空中楼阁”。对于创业者来说，怎么才能设计和选择最佳的环境呢？一般来说，最佳的创业环境应当具有三个特征：首先，要有开明的思想。这是从指导思想上来说的，包括设计人、创业人和区域领导人的思想。它关系着创业环境的发展方向、产业结构和一系列政策制定的问题。思想是通过人反映出来的，没有开明的人，也就没有开明的环境。其次，要有开放的政策。通俗地说，政策就是指挥棒，它可以规定你做什么或不做什么，可以调动人的主动性、积极性和创造性。改革开放以来，我国建立了若干经济特区和科技开发区，其中有一些是很成功的。像深圳、珠海这样的边陲小村镇，像海南这样沉睡了千年的岛屿，为什么能在短时间内出现经济的腾飞呢？最重要的是开放政策，包括投资、信贷、税收、保税、进出口以及人才等。有了这些政策，没有资金，可以从国外招商融资；没有技术，可以引进和转让购买；没有人才，可以公开招聘。这就是政策的威力，没有开放的政策，不可能形成最佳的开放环境。再次，一个最佳的创业环境，必须有优越支持系统。所谓支持系统，广义地说是指与创业有关的配套的设施与条件。比如说，要发展新技术产业，必须要有充足的水、电资源，要有畅通的运输渠道，要有原材料供给的保障，要有必需的技术人才等。如果要发展房地产业，必须要作可行性的调查，要预测市场需要和销售的情况。除此之外，整个区域内的社会服务、文化教育事业以及市政管理等，也都是设计和选择创业环境的参考因素。近十多年以来，为什么内地的许多创业者都飞向了东南沿海呢？这是因为那里有开明的思想、开放的政策和支持创业的条件，那里成为创业者的乐园不是偶然的。

3. 设计创业环境必须面向未来

古人云："凡事预则立，不预则废。"这就是说，做任何事都要有预见，不能只顾眼前而不考虑将来。创业是艰苦的劳动，一般都有一个周期，因此要富有远见卓识，不断地对未来进行预测。创业者在设计创业环境时，既要立足于现实，又要着眼于未来，如果有了这两手准备，那么你的设计既是可行的而又不至于被动。从未来学角度看，设计创业环境应当有超前的思想，对未来人们的思想观念、社会结构、产业结构、消费需求等，都要作出预测。在创业中，"抢先一步”是很重要的战略，往往会给你带来许多的机会，使你获得巨大的成功。预测的目的，正是为了“抢先一步”，为了“出奇制胜”。

20 世纪已成为过去，人们正以挑战的姿态迎接 21 世纪的竞争。可以肯定地说，在新世纪里，一切都在变化，甚至一些剧变也在孕育着。

日本《经济学人》周刊根据多方面的信息，对面向 21 世纪的新产业曾作出过初步的分析。作者指出，从进入 20 世纪末以来，西方发达国家之所以长时间经济萧条，根本原因在于这些地区的消费已达到很高的水平，以衣、食、住、行为核心的产业，已处于饱和状态。现在，消费者的价值观念和生活方式正面临着结构性的转变，与此相应的是，未来的消费产业也必须转移。有眼光的企业家应当感触到这种变革的气息，跟上时代的潮流，设计未来创业的环境。

仅就衣、食、住的消费来看，21 世纪的趋势将向着个性化、自然化和保健化的方向发展，保健和自然食品将会受到特别的关注，家庭医学和医药将会兴起，自然景观与居住空间也将会融为一体。其他消费品也将向着多功能的方向发展，使人们使用起来更方便。例如，水陆两用飞机、水陆两用汽车、可分合的汽车、便携式汽车、便携式个人计算机、万能洗涤剂、低蛋白大米等产品，将会逐步推向市场。据美国一个商业杂志预测，10 种产品将会成为 21 世纪世界上最畅销的商品：①能迅速提高人类智商，极大地增进人类寿命的药物；②能收看到世界各地电视节目的“万能”电视机；③能永葆皮肤青春的“护肤神”；④能以淡水和海水为燃料的汽车；⑤“不学即会”的普及型个人飞行器；⑥能振奋精神的无害香烟；⑦能不断变换音乐的“音乐衣服”；⑧耗能极小、价格便宜的小型海水淡化装置；⑨能随身携带的备有英、法、中、日等世界十大主要语种的万能转换翻译系统；⑩能随时告知自己有什么疾病的袖珍式保健器。

以上列出的 10 种产品并非停留在幻想阶段，其中多种产品已处在实验阶段，不久可望成为商品。21 世纪已经到来，从现在开始，我们就要瞄准 21 世纪的市场，开发出适应未来需要的新产品。让我们同时间赛跑吧！谁跑在时间的前面，谁就将赢得未来的胜利！

第三节　创业与家庭

1. 家庭式的合作关系

自古以来，家庭就是人类生息、繁衍和教育的最基本的社会单元。以夫妻以及子女为成员组成的家庭，是以特殊的关系彼此相联系和相互依存的。家庭也是一种环境，在这种特殊环境里生活和创业，具有其他环境不可代替的特点，例如爱抚、温情、无私、互助和继承等。正由于有这些优越的条件，所以家庭就成了幼儿发育的摇篮。美国戴维斯加州大学心理学家西蒙研究发现，子女出生时，作为家长的成名艺术家越年轻，孩子就越有可能继承其衣钵。他认为，子女成年后，作为家长的年老艺术家的观念可能已僵化，而年轻的家长则更能激发孩子的潜在才华。

良好家庭气氛培养优秀人才的现象，已引起了科学家们的注意，他们希望把这种气氛移植到科学研究机构中，以建立融洽的合作研究关系，多出成果，出好的成果。英国医学研究委员会所属的分子生物实验所是率先倡导这种家庭式合作研究的科研机构之一。这个研究所人数并不多，但它是一个有着浓厚民主学术风气的学术集体。迄今为止，这个所已有 6 人获得诺贝尔奖，而且有 1 人获得过 2 次。他们成功的经验是：民主、平等的学术气氛，家庭式的合作关系，朴实的工作作风。

家庭式的合作关系在企业经营中的作用也是很大的，日本企业在这一方面取得了成功的经验。日本索尼公司的成功，因素是很多的，其中之一就是它们推崇“每个职工都是大家庭成员”。盛田昭夫曾说：“对日本最卓越的企业而言，成功并没有什么不传之秘。没有一种理论、计划或是政府的政策可以使企业成功，唯一真正的关键只有一个，那就是‘人’。日本企业经营者最重要的使命，就是要与它的员工建立起一种健康的关系，在公司内部创造出一种家庭式的和谐感情，而这种感情使得管理阶层与员工皆有同舟共济的精神。"① 建立家庭式的合作关系，是以人为本的管理思想的体现。

日本八佰伴公司的成功，也得助于"成长之家"的力量。"成长之家"本来是一句佛教用语，然而和田一夫把它用于经营管理上，取得了非常好的效果。和田一夫把"成长之家"当作经营的基本准则，这是出自于他的一个信念，即要尊重人。他把自己的公司当成职工的"成长之家"，并以此对每个职工进行教育。他说："如果能把人所具有的能力都发挥出来，其力量之大可以是无限的。"②

为了实行家庭式和谐的管理，日本企业采取了相应的措施。例如，实行终生雇佣制，让职工有安全感；把工资的40%以上同公司的效益挂钩，使职工把自身的利益与公司的效益结合在一起，树立主人翁的思想；建立合理化建议和发明奖励机制，调动职工的积极性与创造性；建立平等的上下级关系，职工有批评和监督领导人的权利。很明显，这些措施都是开明的，有利于建立平等的、和谐的合作共事关系，而这些正是调动广大职工积极性和创造性所需要的。

2. 财团家族链的利与弊

翻开一部近代企业的发展史，财团家族简直不计其数。例如，杜邦家族、洛克菲勒家族、福特家族、肯尼迪家族、欧纳西斯家族、奥纳西斯家族、费拉加莫家族等。一般来说，这些财团家族都是世界上最富有的，但同时他们也都有一部艰辛的创业史。

俗话说："富不过三代。"但是，这话现在已不成定论了，洛克菲勒家族和福特家族都已超过三代，而杜邦家族已延续了202年，相传七代而不衰。其中原因，就是财团家族链发挥着作用。杜邦是沿用法国姓氏的美国财团家族，它是当今世界上最强大而又最古老的家族

---

① ［日］盛田昭夫，著．日本爱迪生盛田昭夫［M］．余水秀，杨则瑞，译．北京：中国经济出版社，1992：121.

② ［日］篠原勋，小泽清，著，竞争·出奇·制胜——"阿信"后代与八佰伴［M］．赵晓华，译．北京：企业管理出版社，1993：164.

之一①。至今，他们投资生产的产品有1 000多项，估计资金有30多亿美元。杜邦公司的创始人皮埃尔·萨姆埃尔是个经济学家，他是利用美国独立战争，通过向美国供应军火而发迹的。在随后的年代里，世界范围内的战争连绵不断，如克里米亚战争、美国南北战争、两次世界大战、印度支那战争等，都给杜邦的发展提供了极好的机会，使他成了无与匹敌的“火药工厂”。所以，说杜邦公司发战争的横财，那是一点也不过分的。

有眼光的企业家能够敏锐地观察与判断形势的发展，并能及时调整企业的方向。第二次世界大战以后，眼看世界范围内的战争要平息下来，这必将影响火药的销售。于是，杜邦公司很快把手又伸到了工业生产的其他领域去了，如生产钚、农药、化学试剂、合成纤维等。这样，杜邦公司不仅没有受到停战的影响，反而在战后更进一步发展了，它不仅是世界上最大的托拉斯之一，而且一直站在科技发明的最前列。

意大利的制鞋业是世界驰名的，而费拉加莫家族则是意大利制鞋王国中的佼佼者。费拉加莫家族的创始人萨尔瓦特里·费拉加莫原本是一个一文不名的穷汉，他和家人四海为家，苦度光阴，直到42岁才结婚。然而，他有着坚忍顽强、百折不回的个性。他凭着这种个性，在制鞋和服装行业里创造了奇迹，获得了巨大的成功②。萨尔瓦特里·费拉加莫是意大利公认的制鞋业天才。他把意大利传统的手工艺与他本人神奇的创意巧妙地融为一体。他一生中创造了2万种各种款式的鞋，获得了350项专利。到1986年时，费拉加莫公司的销售额已高达25亿美元，成为意大利最大的高档鞋出口商。由于费氏鞋具有美观而又舒适、朴素而又潇洒的风格，所以赢得了玛丽莲·梦露、葛利泰·嘉宝、索菲亚·罗兰等文艺巨星和社会名流们的格外垂青。

① 张在元，编．世界经济强人［M］．武汉：湖北人民出版社，1985：408．

② 世界博览，1987（10）．

1960年萨尔瓦特里·费拉加莫去世了，留下了6个从2岁到18岁的儿女。他的夫人旺达虽然是一个地地道道的家庭妇女，但是为了不使丈夫毕生为之奋斗的事业付之东流，她不仅承担了抚育众多子女的义务，并毅然地决定担负起公司的重担。费拉加莫的创业精神极大地鼓舞了旺达和他的儿女们。之后，他的3个儿子和3个女儿分别主管了女鞋部、男鞋部、时装部、成套服装部和国际部等的业务。费拉加莫公司不仅顺利地传给了第二代，而且正在向费拉加莫第三代过渡。目前，兴旺发达的费拉加莫家族的主人们正雄心勃勃地准备把家族产业推向新的发展阶段。

环顾世界财团家族的发展，我们看到家庭环境在创业中所起的特殊作用。总的说来，尽管企业经营的兴衰是不可避免的现象，但大多数的财团家族是成功的。归纳起来，家族经营的优点是：

（1）保持传统，创立名牌。费拉加莫家族之所以久盛不衰，是因为他们保持了前辈的优良传统。费雅玛是萨尔瓦特里的长女，她负责女鞋部。她在设计时，一直恪守父亲的原则，有时为了保证鞋的舒适合脚宁肯不赶时髦。所以，最挑剔的顾客也不得不说："别管你是谁，只要把脚放进费拉加莫的鞋里，就再也不想穿其他厂家的鞋了。"

（2）利害一致，团结奋斗。他们彼此之间的关系不同于雇主与雇员的关系。他们利害一致，"有福同享，有祸同当"。但是，他们之间又不是大锅饭，也不搞平均主义。家族中的每个成员既是股东又是拿薪水的雇员，各司其职，各展其长，同舟共济，振兴家业。

（3）亲密无间，配合默契。家族成员之间有着直接血缘关系，通常情况下，他们配合默契。当然，也并不是说他们之间没有矛盾或不一致的地方，但一旦经过协商，都可以合理解决。最重要的是他们彼此绝对信任，这就排除了那种尔虞我诈、互相拆台的不良作风。既然是家族，那么也一定有家规和家长，这也是家族的凝聚力和协调一致的重要因素。

然而，并不是所有的财团家族都是成功的，有后继无人而衰败的，也有因内讧而分崩离析的。家族式的企业是一种特殊的形式，虽然有着许多的优点，但也不可避免地存在一些弊端。它们主要是：第一，有时后继无人，可能会导致家族链条的中断；第二，“近亲繁殖”，不利于举贤任能；第三，固守家业，思想守旧，也会影响创新。名震美国的王安电脑公司，正是由于把公司的大权移交给不擅长经营的儿子，致使公司宣布破产。但是，家族企业中的这些弊端，如果按照现代经营管理原则，是完全可以避免的。事实上，有很多的家族企业能较好地处理上述面临的问题，从而使家族财团兴旺发达。

第四节　从逆境中再生

1. 逆境励志创业

仅就人们工作和生活的环境而言，有顺境和逆境之分。顺境可为创业提供有利的条件，助你成功；而逆境有时也会起到“坏事变好事”的作用，可以磨炼人的意志，激励奋发图强的精神，从而使你走出困境，成为事业上的强人。

奥地利精神病理学家维克多·弗兰克尔（Viktor Frankl，1905—1997）曾说：“只要有可能，我们就要回避苦难，但假如我们面前是无法逃避的苦难，我们就应该努力使苦难成为自己生活中的一种推动力量。承受苦难，使人崇高，只要有自己的目标，我们就有力量去承受苦难而不被压垮。”① 对待苦难或逆境，也有两种态度，弱者往往表现出怨天尤人和无可奈何的情绪；而强者承认现实，敢于承担责任，并努力去改变自己的命运。弗兰克尔上面那段话无疑是强者的座右铭，是强者的价值观。

我曾在报纸上看到一篇关于流浪汉出版研究莎士比亚巨著的报道②，看后十分感慨。美国人欧文·莫斯特 47 岁，没有家，没有工

① 马斯洛，等著．人的潜能和价值［M］．林方，主编．北京：华夏出版社，1987：404.

② 文汇报，1990-05-28.

作，没有住所，常年露宿在街头，靠捡破烂过日子。但是，他对研究伟大剧作家莎士比亚却非常感兴趣。于是，他每天去福尔杰·莎士比亚图书馆，在图书馆里的洗手间洗漱，然后就在莎翁作品参考书里埋头做研究。他用救济金买了一台计算机，用它进行写作。为了获得第一手资料，他还两次到英国进行调查，耗时6个月。他研究的课题是莎士比亚写伟大剧作时，影响他作品的建筑物、废墟和堡垒。经过四年的努力，他终于完成了《莎士比亚——生活的记录》。莫斯特同出版社签订了出版合同，出版社评论他的著作时说："我们觉得他的学问很高，文字技巧方面亦不错。"莫斯特的经历和他的研究成果说明，即便是一个身处困境的流浪者，只要意志坚强，也有可能获得成功。

贝多芬（Ludwig van Beethoven，1770—1827）是德国伟大的作曲家。他毕生追求自由、平等、博爱的理想，不少作品反映了当时资产阶级争民主的精神。他一生创作颇丰，对近代西洋音乐的发展有巨大影响，不愧为真正的乐圣。但是，他一生坎坷，特别是到了晚年，体弱多病，患了神经性耳聋，饱尝人间的辛酸。他收入微薄，穿着一件破旧大衣，行走在风雪交加的街上，嚼着发硬的面包。然而，他的《第九交响曲》就是在这样的困境下创作的。1824年，当他的《第九交响曲》第四乐章《欢乐颂》在维也纳演出时，他抱病亲自担任指挥。演出完毕以后，全场多次起立为之欢呼。人们评论说，他的《欢乐颂》是用痛苦铸成的。这种说法一点也不过分。法国20世纪伟大的小说家罗曼·罗兰（Romain Rolland，1866—1944）在评论《欢乐颂》时曾说："世界不给他欢乐，他却创造欢乐给予世界！"对于贝多芬来说，虽然他忍受了极大的痛苦，但在完成了《欢乐颂》时，他也尝到了创造的欢乐。

2. 东山再起不失英雄本色

古人讲："天有不测风云，人有旦夕祸福。"人生本来就是多变的，有顺境也有逆境，有成功也会有失败，有苦也有甜，这就是多彩的人生。在改革的年代，有的人因厉行改革而遭受打击，使他们有志难酬。在市场上，由于激烈的竞争，有的企业可能会受挫甚至倒闭；在仕途上，由于宦海之争，一些有为者常会遭到排斥甚至暗算。这些事是时常发生的，是社会复杂性的表现。问题在于，你如何面对现实。如果你是个强者，那么就没有力量可以把你击倒，即使倒下去了，也会凭借自己的力量再站起来；如果你是个弱者，即使去拉你，也很难把你拉起来。

罗曼·罗兰曾说："失败可以锻炼一般优秀的人物：它挑出一批心灵，把纯洁和强壮的放在一边，使它们变得更纯洁、更强壮；但它使其余的心灵加速它们的堕落，或是斩断它们飞跃的力量。"在人的一生当中，不可能事事成功，"东山再起"这句成语表现了那些受挫者再度创业的顽强精神风貌。

美国苹果计算机创始人之一史蒂文·乔布斯（Steve Jobs，1955—）走的正是这条道路。乔布斯的确具有创意，他的经历也颇带有戏剧性。

1974年，19岁的乔布斯从大学退学，他坐在俄勒冈州尤金市一家旅馆的房间里，放开嗓门尖声叫喊。他的目的是通过放声尖叫来解除忧郁，同时呼唤未来的光明。后来，乔布斯与他中学时的同学沃兹尼克（Steve Wozniak，1950—）共同设计电子计算机。他们经过2年的努力，花了1 300美元，在乔布斯家的车库里研制成功了"苹果Ⅰ型"计算机。6年以后，乔布斯成了一位大富翁，成为美国计算机和高新技术界的有名人物。在随后的3年里，他们又研制出"苹果Ⅱ型"计算机，并销售了13万台。到了1980年，苹果公司的股票上市，3周后，它的总市值为17.9亿美元，超过了福特汽车公司。

为了设计"苹果Ⅲ型"和其他新型的计算机，也为了增加苹果计算机的销售额，乔布斯招聘了百事可乐公司的总经理斯卡利（John Scully）为苹果公司的总裁。可是，乔布斯与斯卡利不和，而苹果公司的董事们又都支持斯卡利，乔布斯不得不于1985年辞职。对于有着赫赫战功的苹果公司的创始人乔布斯来说，这不能不说是一次沉重的打击，他陷入一时的困境之中。

但是，乔布斯毕竟是创业者，他不仅有计算机发明天才，而且还有坚毅顽强的性格。3 年以后，他同苹果公司的一批雇员又成立了一家取名为内克斯特的公司，他重新屹立在电子计算机行业的舞台上。

1997 年，乔布斯又重新回到了他自己创办的苹果公司担任首席执行官（CEO），从而实现了他东山再起的誓言。

第五节　为有价值的失败唱赞歌

我们经常见到喜庆、颁奖和授勋的热烈场面，那是一种愉快的气氛，也是令人们向往的欢乐。可是，失败是什么滋味呢？与失败伴随而来的舆论又是什么呢？除了讽刺和贬责以外，是否有人会为你的失败而喝彩呢？这些问题，既不是太简单，但也不是那么复杂，这里既涉及企业文化观念，又关系到对待失败的具体分析。

如果把成功看作是一系列失败的最后结果，那么在人生的道路上，失败是无法避免的。但是，这样一个普遍的现象，人们似乎常常忽略，与对待成功态度不同的是，把失败看作是不正常的现象。谈到失败，我们应当分析失败的原因。一般说来，失败有两种：一种是无谓的失败，它往往给事业带来损失。对于这种失败，我们不仅不提倡，而且要力求避免。一旦失败，除了总结经验教训以外，还要视后果轻重追究当事人的责任。这一类失败大多是由于贪婪、愚蠢无知和玩忽职守造成的。另一种是有价值的失败，这与上一种失败的性质完全不同。什么叫有价值的失败呢？要下一个精确的定义是很难的，不过，似乎可以提出几条原则，以便区分什么是有价值的失败。这些原则包括：一是在科学研究中，以探索未知和发明创造为目的而招致的失败；二是在创业与竞争当中，虽经过精心设计和认真执行，但仍招致意想不到的失败；三是从事冒险事业时不可避免的失败。总之，有价值的失败是有明确的目的、积极的价值取向、创造性的特点的失败，并且这种失败极可能预示着潜在的变化和随之而来的机会。

失败以后的气氛也是一种环境，研究它对于创业是有积极意义的。一般来说，敢于冒险创业的都是一些尖子人才，但是这些人在大多数时间里并不是都能成功的，常常会因失败而招致人们的攻击。因此，保护尖子人才，允许他们失败，也就是支持创新。美国约翰逊公司的创始人约翰逊说："要是我不会出错，那我就不是在作决定。"爱默生公司的C. 奈特说："你要经得住失败。要是你不甘心情愿地接受错误，你就绝不能创新。"明尼苏达矿业制造公司的历任董事长，在支持和保护尖子人才创新方面是做得很突出的。该公司每年提供百余种新产品，总共开发了5万种新产品，这与公司保护尖子人才和支持失败不无关系。公司董事长利尔曾宣布："对于失败，本公司也加以支持。"又说："允许有坚持不懈的自由，也就意味着允许有做错事情和遭受失败的自由。"① 在美国众多公司里，都有保护或支持失败的措施，有的把允许失败写进公司的宗旨，有的开展评选"最佳"失败活动，有的举办失败奥林匹克比赛等。当创新者遭遇失败时，有的公司领导人给创新者写感谢信，有的公司鸣礼炮。美国魁克麦片公司董事长比尔·史密斯伯格在谈到失败时说："这犹如去学滑雪。如果你不摔不跌，那你就不是在学滑雪。"甚至被认为最不好对付的几个老板，如原花旗银行董事长沃尔特·里斯顿、前百事可乐公司总经理安迪·皮尔逊等，也都主张要保护失败，而且他们还建议"要给失败者授奖"。

从以上列举的观点可以看出，在那些最有成就的大企业里，都有保护和支持失败的开明制度，形成了允许失败、允许再尝试的良好环境。这一点似乎是当代创新企业的特点，它是时代精神与公司文化观念相结合的体现。

由于世界各国的科技发展水平和文化传统不同，在对待创新和失败上所持的态度与政策也是不同的。美国是一个充满着冒险精神的国家，有冒险就会有失败，所以美国又是一个容忍失败的国家。这种精神给它带来了许多创新的机会，并且一直激励着人们的创造力。

中国文化传统与美国完全不同。由于传统文化的影响，以"中

---

① ［美］托马斯·J. 彼德斯、小罗伯特·沃特曼，著. 探索企业成功之路：美国优秀公司的管理经验［M］. 王延茂，译. 上海：上海翻译出版公司，1985：183.

庸之道”的哲学思想为指导，国民普遍存在着“明哲保身”的心理，所以我国国民少有风险意识。风险往往是与失败并存的，既然不敢冒风险，那么也必定是怕失败的。从整个社会风气来看，“求全责备”的多，缺乏容忍和保护失败的风气，这对我们倡导创新精神是极为不利的。

当前，我国正面临着新的技术革命的挑战，为了迎接这种挑战，参与世界经济的竞争，必须要大力发扬创造精神，鼓励冒险，推动企业的创新。特别是在科学研究和企业经营中，要营造浓厚的创新气氛，允许失败，鼓励再三尝试，促进创业成功。毛泽东在《实践论》中指出：“实践、认识、再实践、再认识”，“这就是辩证唯物论的全部认识论，这就是辩证唯物论的知行统一观。”① 在创业上，我赞成坚持“尝试——失败——再尝试——再失败”直至成功的路子，这也是符合唯物辩证法的。我认为，针对创业中缺乏某些冒险精神的心态，不妨采取一些较为极端的措施，如设立“创业风险基金”，颁发“风险奖章”，设立“有价值失败资助基金”，举办“有价值失败展览会”等。也许，这些措施会起到一些“震动”作用。把那种愚昧、僵化、保守、懦弱、妒忌等习性都“震”掉，使中华民族的本色——无限的创造潜能统统地爆发出来！

① 毛泽东选集（第1卷）[M]. 北京：人民出版社，1991：296-297.

第九章　创业与机遇

自古以来，人们都十分珍惜机遇，并利用机遇谋事和创业。南宋陆游在《感兴》诗中曰："诸将能办此，机会无时无。"韩愈在《与鄂州柳中丞书》中也说："动皆中于机会，以取胜于当世。"这说明，机会是无时不在的，凡做事都要选择好机会，利用机会的目的在于获得成功。

机遇的别名很多，如机会、际遇、时机、契机、运气等，虽词的含义各有侧重，但中心意思都是指一种客观存在的带有瞬时性、异常性的现象和时空条件，它的最大功能是能带来新的发现、新的发明和新的创造。

机会，几乎人人都要与它打交道。例如，人们求职要等待就业机会，投资者要分析投资机会，科学家搞发明要捕捉机会。难怪人们无不谈论机会，全世界的创业者也都在寻找机会，无数的实践者都在利用机会，只不过有的人成功，而另一些人失败而已。正是由于机会的普遍性和重要性，所以有的学者建议创立一门新兴的学科——机会学①。机会学认为：机会是各种不同的条件在同一时空中相互作用形成的一种同一性。同一性有一个从抽象到具体的区间分布，统一性的抽象性越高，则机会的广泛性越大；同一性的具体性越强，则机会的随机性越大。我个人是十分赞成加强对机会学的研究的，它可以使人们对机会的认识从感性上升为理性，总结认识机遇、捕捉机遇、利用机遇的经验和规律，为创业服务。

---

① 文汇报，1994-03-21.

第一节 机遇钟爱“坚贞不渝的淑女”

机遇是客观存在的，它不仅无时不在，而且对于每个人都是很公平的。机遇并不是单纯的幸运，更不能等同于机会主义。一般说来，机遇有两大特征：一是具有鲜明的瞬时性，稍纵即逝；二是倾向性，它偏爱“坚贞不渝的淑女”，或者说垂青于有准备的头脑。追求机遇之心，人皆有之，但是在生活中，在创业的道路上，并不是每个人都能获得成功的机遇，这又是什么原因呢？原因就在于对机遇两大特征的认识与掌握，在于对机遇是否有执著追求的精神。这也就是我所说的，机遇钟爱“坚贞不渝的淑女”。这里我绝对无意倡导女性要坚守节操的旧宗法观念，只是借用那种坚定不移的精神，对待机遇，这的确是每一个创业者所必备的精神。

机遇是客观存在的，但它不仅仅是客观事物所提供的条件，或者已具备的某种环境。机遇是人的主观灵感与客观可变环境的偶合。在相同的环境里，有的人能够获得机遇而有的人则不能，其区别就在于后者没有与环境偶合的灵感。反过来，很多富有灵感的人，如果没有相应的环境，也不可能诱发出有创意的机会。

人们可能知道莫尔斯（Samuel Finley Breese Morse，1791—1872）发明了电报，但是恐怕很少有人知道他是如何走上这一发明道路的①。莫尔斯发明电报完全是源于一种机遇，这机遇成了他一生的转折点，也使他获得巨大的荣誉。原来，莫尔斯是学习美术的，后来成了蜚声全美的杰出画家，24 岁就担任了美国美术协会主席。这时，莫尔斯正处于艺术的巅峰，名誉、桂冠、巨酬、赞美等纷至沓来，而他并没有为此而陶醉。他反复思忖着：“难道这就是我的终极境界？科学不也是一种高超的、非凡的‘艺术’吗？”一种追求科学发明的欲望在莫尔斯心里萌动起来。

后来，莫尔斯到欧洲各国漫游作画，为欧洲的科学技术成果而振

① 光圻．电报发明家的导师［N］．文汇报，1990-01-05.

奋。数年之后，他乘“萨丽”号邮船由法国返回纽约。当时，有一名叫杰克逊的爱好无线电的医生正在船上的餐厅里向乘客展示讲解一台电磁铁新器件的功能。最后，他振臂高呼：“科学就要创造新的奇迹，人们的生活将为之大大改观!”莫尔斯就是杰克逊的听众之一，他深为杰克逊的演讲所激励。突然，莫尔斯转过身去，面向无垠的大海高声呼喊道：“我要告别艺术，我将要发明电报!”

莫尔斯在船上的旅行和杰克逊的演说是可变因素，它与莫尔斯意欲追求科学发明的灵感相结合，就形成了发明电报的机遇。莫尔斯不仅如此说，而且很快地投入到发明电报的实验之中。他没有留恋鲜花铺满的大道，而是选择了一条荆棘丛生的峭壁，迈进了一个完全陌生的研究领域，困难是可想而知的。他对电子和机械的知识几乎是一无所知，但是，凭借着对科学发明的坚贞不渝的追求，他终于发明了电报。1844 年 5 月 24 日，他在华盛顿进行了一次伟大的电报传递试验，并获得了完全的成功。这是震惊世界的巨大成就，正像杰克逊在“萨丽”号邮船上所说——“人们的生活将为之大大改观”。

毫无疑问，莫尔斯发明电报，杰克逊起到了启蒙教师的作用。有趣的是，展示讲解电磁新器件的杰克逊，还有众多的从事无线电研究的人，都未能发明电报，而让一个美术家摘取了桂冠。原因就在于：莫尔斯是科学发明的有心人，杰克逊的展示讲解激发了他发明电报的灵感，他捕捉到了发明的机遇，并坚定不移地走到底。功夫不负有心人，激动人心的时刻终于到来了，至今冠有莫尔斯名字的电码仍传遍世界各地。

第二节　机遇可遇亦可求

在生活中，我就常常听到有人说：机遇好是好，就是难碰到。也有人说：机遇可遇而不可求。这是以一种被动的态度来对待机遇。在他们看来，机遇这玩意儿只能等着它到来，是没有办法去寻找的。这种看法当然是不正确的，他们仅仅是抱着一种侥幸的心理，期盼着机遇从天上掉下来。持这种观点的人，恐怕机遇十之八九与他们无缘。

缺乏创造精神的人不仅不能创造机遇，甚至机遇出现时，由于没有“准备的头脑”，也会使机遇从自己的眼皮底下溜掉。

爱尔兰作家萧伯纳（George Bernard Shaw，1856—1950）曾说过：“人们总是把自己的处境归咎于机遇不好。我不相信机会，在这个世界上取得成功的人，是那些努力寻找他们想要的机会的人，如果找不到机会，他们就自己创造机会。”萧伯纳说他不相信机会，实际上是他不相信那命运注定的机会，他相信的是自己创造机会。无论是过去或现在，那种偶然出现的机遇是不多的，而绝大多数的机遇是争取来的，是创造出来的。我说的机遇可遇亦可求，“遇”带有偶遇的意思，“求”就是求索、追求，是用创新的精神去创造机遇。

美国柯达公司是举世闻名的，然而，柯达公司的创始人及其成功之道恐怕就鲜为人知了①。柯达公司的创始人是佐治·伊斯曼，他既没有高深的学历，也不是搞摄影出身，他的成功不是等来的，而是凭着自己的聪明才智和孜孜以求的精神寻找来的。

伊斯曼从小丧父，14 岁外出当杂役，后来又在一家储蓄银行当秘书。在 24 岁那一年，他到圣多明哥去旅行，行前他做了充分准备，购买了各种照相器材。那时的照相机大得像个微波炉，拍摄时还要自备帐篷，并且得自备水、化学药品和玻璃片等物品。伊斯曼对摄影既有兴趣又甚觉不方便，于是产生发明干片菲林的想法，从此改变了他的人生。

自从准备从事摄影研究以后，伊斯曼就决心在这条道路上坚持走下去。为了获得有关摄影的知识，他宁可用一星期的薪水 5 美元去付一堂课的学费。他白天在银行工作，晚上就在厨房里做摄影实验，由于持久的劳累，他好几个晚上倒在地上睡着了。经过 3 年的努力，他终于发明了新的干片菲林，后来又发明了柯达照相机和彩色照相法等。伊斯曼对摄影的研究一直没有停止，他曾发誓要把摄影变得像用铅笔写字那么简单。也许在伊斯曼时代，照相技术未能达到他所企盼的水平，但是科学发明是集人类智慧之大成的产物，今天出现的甚至

---

① 刘汶宁．柯达创始人伊斯曼［J］．海外文摘，1994（8）．

连“傻瓜”都能使用的照相机，不正是伊斯曼所希望的吗？

古往今来，一切创业者无不是进攻型的人，他们创业的机遇都是主动争取来的，而不是“守株待兔”。如果说在科技不甚发达的时代是如此，那么在新技术革命的今天，更应当是如此。在今天的中国，改革、开放已深入人心，到处都存在着创业的机遇。如果你是有心人，那么你就会获得创业的机遇；如果你等待、观望的话，那么机遇永远与你无缘。

中国的“鞋王”汪海就是一个不断寻求机遇的人。原来，山东青岛双星鞋业集团公司是生产运动鞋的，但是总经理汪海并不满足，总希望拓展企业规模。某一个大清早，他站在路边注视着来往的行人。他在看什么呢？他在观察和统计行人穿的鞋，实际上是在寻找创业的机会。

创业贵在有心人。不数不知道，一数吓一跳。汪海发现，在 30 分钟内有 3 000 多行人通过，其中 2 700 人穿皮鞋，30 人穿旅游鞋，只有 11 人穿双星运动鞋。通过调查，汪海发现了机遇，也看到了一个巨大的市场。从此以后，双星鞋业集团公司又多了一个新品种——皮鞋。1993 年，该公司生产了 4 000 多万双鞋，其中有 35 个系列、300 多个品种和 1 000 多个花色。在国内 70% 制鞋企业不景气的情况下，双星集团公司当年的销售额为 4. 5 亿元、利税 4 000 万元。

第三节　失去的机遇不再来

俗话说：“机不可失，时不再来。”这话的意思是说，当机会出现的时候，如果你不抓住它，或者抓而不紧，或者缺乏毅力不能一抓到底，那么你将失去机遇而导致终生的遗憾。

这种坐失良机的例子，在科学发展的历史上屡见不鲜。例如，1826 年法国的药剂师巴拉尔（Antoine Jerome Balard，1802—1876）在从海水中提取碘时，意外地发现了溴。但在巴拉尔以前，德国化学家李比希（Justus von Liebig，1803—1873）也得到了一种紫红色的液体，但他误把它当作氯化碘。另外一位化学家维斯在维也纳也得到了溴，但他误认为是硒。尽管发明的机遇已呈现在李比希和维斯的面前，而且他们都已接近发现真理的边缘，但由于粗心大意，终究与机遇失之交臂。所以，在巴拉尔公布了发现溴的消息以后，李比希不禁惊呼："不是巴拉尔发现了溴，而是溴发现了巴拉尔！"

与科学发现和发明一样，在创业的过程中，坐失良机的事也是经常会发生的。因此，创业的企业家们不仅要善于捕捉机遇，而且还要适时地驾驭机遇，否则，它"稍纵即逝"的本性，将使你处于被动甚至陷入失败的境地。这种情况，无论是在科技产品的开发上，还是在市场营销的竞争中，都可能会出现。

早在1861年，德国人赖斯就发明了一种可传递音乐的工具，这实际上是最原始的电话的雏形。但是，赖斯因灰心泄气而放弃了研究，最后美国人贝尔（Alexander Graham Bell，1847—1922）获得了电话的发明专利。德国人早在20世纪30年代发明了尼龙，但尼龙却由美国杜邦公司率先生产。美国人在20世纪40年代发明了晶体管，由晶体管代替电子管的趋势已显现出来，但大多数美国制造商却不予理睬，认为条件尚不具备。然而，日本索尼公司总裁盛田昭夫从报纸上看到有关晶体管发明的消息，立即意识到一个新的机遇到来了。他立即飞往美国，以极其低廉的价格25 000美元，买下贝尔实验室晶体管的生产许可证。2年后，索尼推出了第一台便携式晶体管收音机，其重量不到市场上一般电子管收音机的1/5，而价格却便宜了2/3。3年之后，索尼公司便占领了美国低价收音机市场，5年之后，占领了全世界的收音机市场。这些仅仅只是少数几个错过了成功机会的例子，面对着这些成功的业绩，那些坐失良机者当然后悔莫及。

在世界手表的销售市场上，日本精工钟表集团与钟表王国瑞士的竞争，既是一场高技术实力的较量，又是充分利用创业机会的比赛。过去，一提起手表，人们立即就会想到手表王国瑞士的名牌表。但是，到了1980年以后，世界手表业的行情发生了激剧变化，这就是瑞士的钟表工业开始衰退，而日本手表产量达到8 700万只，大大地超过了瑞士。在日本手表的总产量中，精工集团的产品占了40%。因此，在这场竞争中，与其说是日本与瑞士的竞争，倒不如说是精工与瑞士的竞争。在这场竞争中，瑞士的钟表业为什么会败北呢？最根本的原因是瑞士钟表制造商的骄傲自大和思想僵化保守。他们不顾市场的变化，拒绝创业的新机会。具体表现在两方面：一是固守钻石、宝石装饰的高价手表市场，而不肯向实用的中级、低级和多功能的手表领域开拓；二是当电子表发明以后，瑞士的制造商们拒绝接受，宁愿把专利卖给日本人，又一次失去了创业的机遇。与瑞士恰恰相反，精工集团公司在三条线上开展了竞争：一是开发高档精品，如珍妮、拉萨尔新产品打入欧美市场，并最终挤进瑞士的市场；二是大量开发中档产品，以满足最广大的市场需求；三是大力开发和推广电子石英表。这个技术本是美国在20世纪20年代发明的，但是由于那时利用该技术生产的石英钟大得像衣柜，根本无法推广，精工集团开始解决这个问题，他们先后研制出了适合于石英手表的IC集成电路、石英水晶振荡子和小型纽扣电池，于1970年率先在世界上推出了石英手表。20世纪80年代，全世界掀起了电子手表的浪潮，它渗透到了一切领域，仅从这一点就可以看出精工集团的巨大成功和无穷的生命力。精工集团的成功，恰恰是因为瑞士钟表制造商们错失了机会。这再一次证明：谁抓住了创业的机遇，谁就跨进了成功的大门。

第四节　偶然性与创业机会

偶然性是不被我们所预测、期望的，是一种在我们所处时代和知识水平上尚不能解释的现象。我们所指的偶然性，其实也是一种机遇。在科学发展的历史上，由偶然性而导致的科学发明是不计其数的，它甚至成了从事发明创造的一种思维方法。对于广大的创业者来说，不失时机地把握住事物发展过程中的偶然现象，深刻地揭示事物的本质，努力把偶然性变成必然性，促进创业的成功，都具有重要的意义。

当代高新技术内容之一的微电子学与晶体管的发明有着密切的关系，没有晶体管的出现，也不可能有随后的集成电路和微处理机的发明。然而有趣的是，晶体管的发明完全是一种偶然的机遇。

1948 年 6 月 23 日，美国贝尔电话研究所完成了一项重大的研究发明，并公开进行了试验，这项发明就是晶体管，它的发明人是威廉·肖克利（William Shockley，1910—1989）。原来，肖克利、巴丁（John Bardeen，1908—1991）和布拉顿（Walter Houser Brattain，1902—1987）在进行锗表面研究时，做过这样的试验：他们把一根细针插到锗片上，接通电流。同时，把另一根细针尽量靠近第一根细针，并通过微电流。这时通过锗片的电流突然增大起来，这就是一种放大现象。贝尔电话研究所根据这种放大现象，制成了“点接触型晶体管”。接着，肖克利等又从理论方面对这种现象进行了深入的探讨，提出了“空穴”这个崭新的概念。在技术上，安置极为接近的电极很困难，所以点接触晶体管不仅制造困难，而且次品极多。之后，肖克利等又发明了“PN 结型晶体管”，它利用晶体中的电子和空穴的作用原理制成，这是现代晶体管的雏形。

晶体管的重大发明具有划时代的意义，使人们向着电子时代发展迈出了极为重要的一步。为此，肖克利等三人获得了 1956 年诺贝尔物理学奖。肖克利在发明晶体管以后不久便离开了贝尔电话研究所，建立了他自己的半导体公司。随后，他们又发明集成电路和微处理机。这个由偶然现象导致的重大发明，现在已在全世界得到开发与应用，它不仅极大地革新了原有的技术工艺，而且也改变了人们的生活方式。

人造血浆的发明历史也由意外现象开始，经过反复的合成实验、动物试验和临床试验，直至最后成功。1966 年，在美国辛辛那提的一所大学里，克拉克和多兰正在进行研究工作，偶然发现一只老鼠掉进氟碳化合物溶液中后生存数小时而未死亡。这完全是一个意外的现象，而且与他们的研究工作毫无关系。但是，克拉克等人是科学发明的有心人，他们在这一现象的启发下，利用全氟碳化合物能够结合和释放氧、二氧化碳的功能，开始研制人造血浆，将它作为人体失血时补充血液的代用品。

克拉克等人合成出了人造血浆后，又进行了动物试验，用这种人造血浆替换了 90% 血液的狗，存活了 4 年之久。当这一消息公布以后，引起了日本内藤良一的兴趣，他专程赴美访问了克拉克等研究者。回国以后，他即着手研制人造血浆。经过数百次试验，耗费了几百万美元，历经12年的努力，终于在1978年研制成了一种叫做气溶胶的DA乳剂。1979年初，他结束了最后一批动物试验。为了证明人造血浆的安全有效，在获得政府的批准后，他首先在自己的身上使用了合成血浆。1979年4月，日本第一次给一位前列腺癌患者输入了人造血浆，结果十分理想。到目前为止，合成的全氟碳人造血浆已有4种，用它救活的病人有数百人。据报道：人造血浆不仅只限于作为血液的代用品，而且还用于治疗癌症和艾滋病等疑难顽症。人造血浆的发明显示，在探索未知的创新的领域里，成功总是属于那些孜孜不倦的耕耘者。

第五节　观念的转变与创业机会

人们的观念是客观事物在头脑中的反映，一旦观念形成，它又极大地影响着人们的行动和生活方式。观念的转变并没有改变事实，而只是改变了它的含义。例如，在数学概念上，“半满的杯子”与“半空的杯子”是没有区别的。然而在物理模型上，这两种描述的含义是完全不同的。前者描述的是“半满”的状态，突出的是“满”字；后者描述是“半空”的状态，强调的是“空”字。人们的第一印象是深刻而又难忘的，当给你的第一印象是“满”，那么大概是不能再盛东西了；如果给你的第一印象是“空”，那么你就会觉得还可以再装进东西。因此，观念是很重要的，僵化保守的观念使你变得无所作为；而创新的观念使你看到无数的机会，感到英雄大有用武之地。

衣、食、住、行是人类生存的必要条件，它们同人们的关系实在太密切了。事实上，反映在衣、食、住、行上的任何变化，既反映了人类物质文明的进步，也反映了人们生活方式的改变。然而，无论是物质文明的改变还是生活方式的改变，归根结底都是观念的转变。这就是：新的观念导致新的发明，新的发明促进了生产力的高度发达，新的生产力又改变着人们的生活方式，而新的生产力和生活方式又改变着人们的思想观念。这种无止境的变化，我把它称为人类“智力变化圈”。

自古以来，人们的穿着经历了无数次的改变，不过不管如何变化，其中的基本功能是不会改变的，那就是遮羞和御寒。但是，随着时代的变迁和居住环境的改造，人们对衣着的观念发生了变化。过去，为了遮羞，人们要穿宽长的衣裤，把一切能够暴露人体线条的地方全都掩盖起来；为了御寒，人们穿着皮棉制品，以保暖和经久耐用为目的。然而，人们现在的观念变了，不再认为裸露身体是丑，而追求一种所谓的人体的天然美，于是为服装制造商生产比基尼、紧身衣、超短裙等带来了大量机会。对御寒的观念也发生了变化，一种寓美观于御寒的观念代替了单纯御寒的观念，于是鸭绒、真空棉、金属棉等新质地、新款式的服装大量涌现，使企业家们获得了更多的创业机会。

“民以食为天”，这是自古以来的老话了。过去，在生产力低下和“民不聊生”的情况下，常有“食不果腹”之说。虽然世界上部分国家还存在吃不饱肚子的问题，但是对于已摆脱贫困或已先富起来的地区来说，“食”的观念已发生了转变。这些地区的人们把食与健康结合起来，追求精品化、天然化和保健化。据说，在深圳大发展时期，天津“狗不理”包子和武汉老通城豆皮也打进了深圳市场。可是，他们并没有赢得消费市场，这是因为他们误选了机会。这两种特色食品皆是大肉大油型的，理所当然地遭到了那些追求低脂肪、高纤维的顾客们的拒绝。识时务者，应当洞察人们观念的变化，当新观念萌发之初，尽快抓住机遇，争取创业成功。

唐代伟大诗人杜甫曾有诗句云：“安得广厦千万间，大庇天下寒士俱欢颜，风雨不动安如山！”杜甫是在他“茅屋为秋风所破”的窘境下而“歌”的，这既反映了他无房安住的愤懑，又体现了他愿“天下寒士”获得“广厦”的期盼。居住与安身是相联系的，如果是“上无片瓦，下无立锥之地”，又何以谈得上创业呢？

虽然我国的住房状况依然很严峻，但改革开放以来，毕竟在逐步改善。特别是在观念上，打破了完全由国家和单位建房，按照级别分配住房等一套典型的计划经济的做法。禁区一打开，机会滚滚而来，不仅促进了房地产业的发展，而且也为解决人民住房开辟了多种途径。农民可以进城建房，无任何头衔的大款们住进了花园别墅，青年人宁愿把钱用在豪华的装修上而不愿存在银行。这些观念上的变化，导致了地产业、建筑业、装修业的兴旺发达。而且，观念的变化并不是一次完成了的，随着观念不断变化，又会产生很多新的机会。例如，仅就室内粉刷材料来看，十多年就更新了6次之多，从石灰、油漆、内粉刷涂料、墙纸、仿瓷涂料到多彩涂料等，而且还会变下去。因此，一个成功的企业家决不能满足于一次成功的机会，应当随着消费观念的变化，不断地注视着新的机遇，适时地调整产品和市场结构。

在历史上，武汉被称为“九省通衢”之地，这是说它四通八达。可是，社会经济发展之后，这一优势不再明显，武汉人再也不能炫耀武汉的这一“优势”了。这是因为人们关于“行”的观念变了，现在的“行”已经与时间和效率紧紧地联系在一起。过去将武汉为“通衢”，无非是指火车和轮船的便利，可是对于企业家来说，谁又愿意花数十个小时坐轮船到上海呢？“时间就是金钱”，人们宁肯多花钱坐飞机而节约时间，金钱是可以创造的，而逝去的时间是无论如何也买不回来的。

与此同时，汽车增多了，促进了汽车制造、汽车修配、道路、立交桥、停车场等的发展，又会造成无数创业的机会。目前，世界各大汽车公司正千方百计地挤进中国的汽车消费市场，这不正说明由于“行”的观念变化而出现了机会吗？面对着这种机会、挑战与竞争，难道中国的企业家们还能无动于衷吗？

第六节　知识更新与创业机会

自20世纪60年代以来，在世界范围内兴起了一次新的技术革命，也有人称其为第四次工业革命，这次革命是以“知识激增”为背景的。

据统计，当今世界每年发表的论文约500万篇以上，平均每天发表的新知识论文为1.3万至1.4万篇；每年登记的专利达30万~40万项，平均每天约有1 000项问世；每年出版图书约370万种，期刊13万种，会议文献100多万篇①。就知识的更新而言，其速度也是历史上从来未曾有过的。

知识大量的增加意味着什么呢？它说明，人类的新发现、新发明、新的创造越来越多，虽然不是每一个发明都有实用上的价值，但其中确有不少可以转化为可供开发的产品和技术，为新的创业提供机会。

以知识更新为基础的创业，我们称之为知识性创新，科学发明与创造，以及高新技术产业，都是属于这一类型的创新。一般来说，知识性创新具有一些鲜明的特点：一是长期性，二是综合性，三是革命性②。

知识性创新是所有创新中周期最长的，这是因为知识性创新是以新知识的创造为基础的，既然是创造，那就必定要经过艰苦的研究，这就需要一定的过程。此外，由新知识转化为新产品、新技术，并且让人们接受新知识和新产品，又需要一个过程，这就决定了知识性创新的长期性。有人作过统计，从知识更新发展为应用技术，进而再进入市场，一般需要25年到35年。虽然现在从科学发明到应用开发的时间在缩短，但仍然不像商业和金融贸易那样“立竿见影”。

例如：英国细菌学家弗莱明（Sir Alexander Fleming，1881—1955）于1928年发现了盘尼西林（Penicillin，俗称青霉素），10年以后，另一位病理学家弗洛里（Howard Walter Florey，1898—1968）才开始对其进行研究，用人体实验证明了青霉素的疗效，并研究其生产方法。但是，他们始终未找到开发这项发明所必需的发酵技术，而美国一家名叫普非策的小公司发展了发酵技术的有关知识，并成为全

---

① 田亚丽，张为民．浅议电子文献与纸质文献［J］．科技情报开发与经济，2007（7）．

② ［美］彼得·F. 德鲁克，著．创业精神与创新——变革时代的管理原则与实践．北京：工人出版社，1989：129-140.

世界最重要的制造盘尼西林的厂家。从青霉素的发明到生产和临床使用，前后经过了20多年，如果没有坚持不懈的努力，那么这项知识性的创业将是不可能成功的。

知识创新的第二个特点，也是真正的独特之点，就是综合性。所谓综合性，意指这种创新需要多种知识，包括自然科学和技术科学，以及由它们衍生出来的各门知识。例如，莱特兄弟发明飞机必须具备两个知识基础：一是汽油发动机，当时已经设计出来了；二是空气动力学，它是在滑翔实验中发展起来的。又如合成纤维尼龙的发明，同样需要多种知识的综合。这些必备知识是：有机合成化学、化学工艺、高真空技术和X射线衍射分析技术等。尼龙从研究到在市场出售，大概也经历了20多年。

知识性创新的第三个特点，就是革命性。知识创新的革命性是指某一科学或技术发明所引起的根本性的变革，它从观念、内容到技术都发生着深刻的变化，不仅将以一类新的技术和方法代替旧的技术和方法，而且还将影响其他领域的变革，影响着管理的方法、人们的思维方法和生活方式。例如，电子计算机的发明不仅有着多学科知识综合的特点，而且还具有深刻的革命性。可以肯定地说，即使有了像"电子计算机之父"巴贝奇那样的天才，如果没有电子管、数学上的二元理论、新逻辑学、打孔机概念和程序与反馈概念等成果，那么电子计算机是不可能出现的。电子计算机试制成功，它的革命性立即显示出来了，现在还不曾有任何一项发明像电子计算机那样，发展得如此迅猛，而影响又是如此广泛和深刻。电子计算机应用普及以后，逐步地代替了人们的逻辑推理、记忆、计算、控制、设计、教学、写作以及各种形式的管理。可以毫不夸张地说，社会的发展越来越离不开计算机了。在今天，如果一个人是"机盲"，那么他显然与时代格格不入。

第七节　机会不等于成功

古今中外，无论是科学家还是企业家，利用机会创业成功的事例多得不胜枚举。但是，无论如何不能造成一种错觉，以为抓到了机会就会获得成功，甚至把机会与成功画等号。实际上，客观存在的各种机会仅仅为人们提供了一些选择，提供了去争取成功的可能性，未经奋斗而轻而易举获得的东西只是幸运而不是机会。

自然界的物质无不处在运动之中，从一种物质形态变成另一物质形态，必定要经过转化，要转化就需要做功。例如，知识是重要的，但知识不等于力量，只有当知识转化为智力或创造力以后才能成为真正的力量。科学技术是第一生产力，但是一项科技成果或科学发明并不能直接成为生产力，只有当它被开发成有价值的产品时，才能变成生产力。同样地，机会对于创业是重要的，但机会不等于成功，只有把机会变成现实，创造出有价值的业绩时，才能算是把机会变为成功。

那么，如何才能把机会变为成功呢？我认为主要应做到三点：

首先，应当正确选择机会。正如人们所知道的那样，机会是多种多样的，在不同国家和地区，在不同的职业和工作中，在不同性别和年龄的人群中，都存在不同的机会。如此众多的机会，你不可能每一种都适合，不应当跟着“热点”跑，只能选择适合于自己的机会。例如，在相同的机会面前，有的“下海”成功，而有的就不成功；有的搞投资成功，而有的就不成功；有的作学术研究颇有建树，而有的就没有建树，等等。这里的关键是对机会的选择，如果选择得当，就会有助于成功。什么叫做得当呢？所谓得当，就是从自己的实际情况出发，实事求是地权衡长短与利弊，以便做到胸中有数。选择就是决策，正确的选择既符合自己的兴趣，又有利于发挥自己的专长和经验。选择机会是实践机会的第一步，与创业成功有着密切的关系。因此，一定要认真调查研究，反复比较与论证，以便作出正确的创业决策。

其次，应当为实践创业机会准备必要的条件。一旦创业机会选定以后，就要制订实施创业机会的计划，要为实施计划创造条件。我所说的条件包括“软件”和“硬件”。所谓的“软件”，是指实施创业机会所需要的企业形象、政策、工作制度和管理方法等。所谓“硬件”，是指实施创业机会所需要的人才、资金、设备和场所等。我们虽然不赞成“唯条件论”，但条件却是重要的，“巧妇难为无米之炊”。我们常常看到，在激烈竞争的奥林匹克运动会的赛场上，无论是百米短跑还是万米长跑，站在起跑线上的每一个运动员面对的机会都是一样的。但是，最后的结果不一样，冠军只有一个，其他的依成绩排出不同的名次。这说明：尽管每个人的机会是相同的，但由于每个人的实力和竞技状态不同，所以得到了不同的结果。在科学研究和创业中，我们常常看到这种情况，有的单位或个人率先开展了某项创新的研究，而其他单位或个人虽然起步稍晚，但由于实力雄厚而先获得成功。这说明条件的重要性，条件就是实力，现代创新的竞争，就是实力的竞争。

再次，要坚持不懈地奋斗。很多成功的创业者都深知“成功的关键完全在于自己的努力”，“有牺牲的精神，才有成功的希望”。创业既是高级的智力活动，又是艰巨的实践活动，不付出巨大的代价是不可能获得成功的。面对着机会的到来，如果不敢选择，不敢尝试，那就不是一个勇者。一旦机会选定了，如果怕困难，不愿为之奋斗，那也不可能成为一个成功者。面对创业的失败与成功，每个创业者都应正确对待。成功了，当然可喜，但如果停滞不前，那么很可能会成为落伍者；失败了，如果能够从失败中总结出有益的教训，重新振奋精神，一而再地进行尝试，便可能获得成功。

虽然人类找不到一个关于成功的统一公式，但每个人都应寻找自己成功的机会，总结自己成功的诀窍。

第十章 创业与改革

20世纪70年代末，中国实现了历史性的伟大转折。从此，中国以巨人的步伐跨进了改革开放的伟大时代。从农村到城市，从南国边陲到西北黄土高原，从渤海之滨到喜马拉雅山麓，到处都涌现出改革开放的滚滚春潮。这股洪流，极大地冲击着长期形成的思想桎梏和束缚生产力发展的旧经济体制。

改革是一场革命，是革束缚生产力发展的旧体制的命。从根本上说，改革就是改革生产资源配置方式，或者说是对经济运行机制进行根本性的变革，即从集中计划经济变成有管理、有指导的市场经济。改革与创新是相辅相成的，改革的目的是为了创新，但是要进行改革必须发扬创新的精神。因此，每个改革者必须发扬创新精神，充分利用由旧体制向新体制转变的过程中出现的各种机遇，努力创造出新的业绩来。

第一节 改革最大地激发了人们的创造精神

1978年5月11日，《光明日报》发表了特约评论员的文章《实践是检验真理的唯一标准》。这篇文章一经刊出，不仅备受人们的关注，而且引起了极大的争论。所幸的是，广大干部和人民群众拥护这篇文章，那种“以言定罪”和大搞文字狱的行为毕竟已遭到人民的唾弃。“实践是检验真理的唯一标准”的大讨论大约持续了一年之久，它的最大作用就是批判了“两个凡是”，并使全国人民思想得到大解放。可以肯定地说，不批判“两个凡是”，就不可能解放思想，也不可能在中国实行改革。

禁区一打开，思想解放天地宽，人民群众从来没有像今天这样富有创造性。这是因为，过去一切都是按计划办事的，不仅实行计划经济，而且把计划渗透到了一切领域。计划是少数人制订的，而大多数人只能是计划的被动执行者，他们不用开动脑筋。然而，实行市场经济以后，情况就大大不同了，原来的市场是一潭死水，现在被搅动了，人人都在动脑筋，人人都在寻找创业的机会。农民们在想如何发家致富，那些众多的乡镇企业和各式各类的养殖大户，不正是农民们的创造性的表现吗？农村中的那些男女青年们，他们不是进军大城市开辟了“保姆市场”，不是闯沿海城市而形成了“打工族”吗？城市中的待业青年们凭借着自己的聪明才智和勤奋，大力发展第三产业，兴办个体或私营制造业，不仅自己解决了就业问题，而且还为国家创造了巨额的利税。昔日的待业或无业人员，不少人今日成了我们这个社会上比较富裕的阶层，其中不乏千万元和亿万元的富豪，这正是他们解放思想创业的结果。面对着市场经济的工人、干部和知识分子，为了竞争、创业，他们也都在自我设计和选择自我实现的机会。他们当中，有的“跳槽”，有的“下海”，有的出国，然而更多的人是在工作中发挥自己的创造才能。

大量的事实说明，人们必须掌握自己的命运，主宰一切的“神力”就在你自己的手中。为了创业，必须解放思想，勇于探索，敢冒风险，从游泳中学会游泳，以实现从必然王国到自由王国的飞跃。

第二节　改革提供了无数的创业机会

改革就是“破旧立新”。“破旧”是要破除旧的思想观念、旧的体制和旧的管理方法，而“立新”则是要建立新观念、新体制和新的管理方法。在“破旧立新”的过程中，一切都在变，一切都在重新组合。我们每一个人几乎都感受到，在我们周围和我们的生活中，无时不在变。一个改革者，既要有“破旧”的勇气，又要有“立新”的远见卓识。在这个充满着机会和希望的时代里，谁要是不能跟上变化的节奏，那么他将失去创业的机会。

在计划经济年代里，产品生产是定点部署的，资金是戴帽下达、专款专用的，进出口是特许的，企业领导人是指定的。因此，在那种体制下，人们难得有机会，也难以有所作为。然而，在市场经济体制下，尽管中国还没有建立完善的公开、平等的竞争机制，但人们毕竟比过去有了更多的创业机会。

在浙江省萧山县宁围乡，涌现出了一个全国最佳农民企业家——鲁冠球。真是名副其实，他领导的杭州万向节总厂已经打入了 18 个国家和地区，仅 1993 年就实现销售 4.2 亿元，创汇 1 100 万美元。他的成功引起世界的瞩目，他被美国权威刊物《新闻周刊》选作封面人物，他和他的厂确实已名冠全球了。

作为一个农民企业家，鲁冠球的创业道路是不平坦的。鲁冠球的创业从承包开始，搞承包特别是承包亏损企业，不仅需要有胆识，而且还需要有创业的能力。1982 年，他从萧山县宁围乡政府手中承包了杭州万向节厂，当年完成毛利润 103 万元；1983 年继续承包，承包额为 187 万元，而实际完成毛利润 331 万元，超过承包指标 140 多万元。鲁冠球承包成功了，但他并不满足，他要在发展的道路上全速奔跑。到了 1984 年，他们生产的万向节占全国万向节产量的 1/4。鲁冠球没有为这成绩所陶醉。他说："只在国内市场称雄不算好汉，有本事要去赚外国人的钱。"

鲁冠球把目光瞄准了国际市场。他通过调查发现：全世界汽车保有量为 4 亿辆，其中美国 1.6 亿辆，日本 9 000 万辆，联邦德国2 000 万辆……每年仅维修一项，那么就需要 2.2 亿套万向节。国际市场太大了，他决心不放弃这个机会。他通过交易会、评选会、考察等，终于打开了汽车拥有量头号大国美国的市场，1984 年向美国出口 3 万套，从 1985 年起到 1989 年，每年向美国出口 20 万套。他在开拓国际市场时，尽管遇到了外商的刁难，但他凭着质量和信誉赢得了胜利。

鲁冠球被誉为中国企业界的"常青树"，他之所以能保持"常青"，就在于不断地抓机遇，一次新的机遇就是一次新的成功。当 1992 年春改革大潮再次出现时，他在企业内大声疾呼："抓住时机，做好‘发展’这篇大文章。不抓，机会就会失掉。时间一晃就过去了。”① 为了做好这篇发展的大文章，他制订了一幅“三大”的蓝图：大投入——投资2.5亿元，扩大企业实力，兴建2个厂、3座大厦、3家公司，并涉足房地产业；大引进——引进国内外人才、资金、先进技术和管理经验；大联合——与国内企业联合，组建跨国集团公司。

鲁冠球把大型国有企业比作“老虎”，把乡镇企业比作“猴子”，实行“猴子”与“老虎”互补的“经济生态平衡”。这对正在转换经营机制的大中型企业来说，是有极大的启迪意义的。

福建省地处沿海，是战备第一线，改革开放给福建带来了无数的机遇，使它成为发展最快的省份之一。难怪人们说，20世纪80年代看广东，90年代看福建。

厦门率先抓住了机遇，一时间成了台湾商人“投资的摇篮”。厦门是仅拥有40万市区人口的城市，可是它的知识密度很高，每万人中拥有大学生的数量是全国平均数的6倍，这种智力上的优势，正是厦门创业的最有利条件。泉州是著名的侨乡，分布在世界90多个国家和地区的泉州籍人有500多万，他们也为泉州的创业带来了很多的机会。泉州开放以来，已办起了860家三资企业，总投资180亿元，从而使泉州成为继厦门、福州之后的又一投资热点。

改革不仅给城市带来了发展的机遇，也给个人带来了创业的机会。莆田市第一个创办三资企业的老板黄春水，正是赶上了改革开放的好时光。他创办了福祥公司，从制鞋起家，以出口打开销售局面，他创办公司5年，员工从93人发展到3 000人；规模从1个厂发展到11个工厂；资金从15万元发展到1亿元，利润1 000万元。福祥公司生产的主导产品是布胶鞋，在全国同行业中产量最大，产品种类最多，价格最便宜，出口创汇也最多。黄春水创业成功了，这是开放给他的机会，是改革激励了他的创造才能。

---

① 周荣新．鲁冠球闯世界［J］．改革月报，1994（2）：19.

第三节　管理改革与创业

管理工作是随着人类集体生产劳动的出现而产生的，因此管理自古以来就已经有了。但是，在不同的时代和不同生产力的条件下，管理的方式与水准也是不同的。现在我们所讨论的管理，是适应技术革命和“大经济”需要的科学、有效的管理。人们为了达到某种共同的目的，就需要建立一种组织，这就是管理机构。它所进行的活动，就叫做管理工作。管理工作的目的是用尽可能少的资金、物资、时间和劳务，达到最大的目标，获得最佳的效益。著名的美国杂志《福布斯》在研究美国企业后发现，管理得好的公司几乎都是有成就的。美国银行在出版的《小企业通讯员》中写道：“归根结底，90%以上的企业破产是由于管理上的无能与缺乏经验。”由此看来，管理工作的确非常重要，是一切组织不可缺少的，是提高企业效益不可缺少的。总之，每个创业者应当自觉学习现代管理学，成为有效的管理者。

现代管理是一个十分广阔的领域，可以毫不夸张地说，凡是有人群的地方就一定有管理。从管理的内容与职能划分，现代管理又分为经济管理、企业管理、人事管理、财务管理、科技管理、物资管理、行政管理等。不同性质的企业对管理的要求各有侧重，因此管理者应当成为某一方面的管理内行，但不可能成为“百科全书”式的管理家。

对企业家来说，人、财、物是最根本的管理内容，也是创业成功的三大支柱。然而，美国的企业家们却认为，他们通常要把40%的时间花在关于人的各种管理工作上。他们不仅要花很多时间同各种人打交道，而且还要花时间从事人员的选拔、考评和培训工作，充分调动他们的积极性和创造性。人的工作搞好了，通过他们又会促进其他的管理工作。

为了创业成功，现代企业家应当怎样去使用人才呢？美国著名的管理学大师彼得·F. 德鲁克（Peter F. Drucker，1909—2005）认为：

“人之长处，才是真正的机会。发扬人的长处，才是组织的唯一目的。”《福布斯》在纪念创刊50周年之际，回顾了美国企业发展的50年历史，总结出了一些企业经营的教训和今后的经营方针。在讲到“用人之道”时说：“所谓出色的经营者，是了解如何使部下以超人的能力奋不顾身地努力工作的人。出色的经营者，如同一位伟大的政治家或将军，必须掌握如何发挥部下的超人能力的方法，了解如何鼓舞部下发挥才能的方式以及引导部下忘我奋斗的方法。① 这里讲的经营者，就是管理者或创业者；所要了解和掌握的方法，就是“用人之道”。要使部下发挥超人的能力和忘我地工作，并非易事。为此，管理者必须要有开明的思想和高超的驾驭人才的能力，这正是一个成功领导人的成功之处。肯定地说，如果没有杰出的人才，那么一切的组织和制度都将不起作用。日本最后一个幕府的建立者德川家康（1543—1616）深通“用人之道”，正是基于此，他才完成了武士们100年没有完成的大业，成为日本历史上的一位伟人。他在临死的时候，要他的家臣给他立下了墓志铭：“躺在这儿的这个家伙，今日之所以有这样的家业，因为他一生栽培了无数能力比他更强的人。”像这样的至理名言，不仅德川讲过，其他许多成功者也有同感，它已成为一条用人的最普遍原则，成为走向成功的一条普遍规律。

管理与创新的关系是十分密切的，创新需要管理，而管理方式也必须创新。现代管理与官僚主义是根本不相容的。现代的管理者要走在变化之前，要给部下鼓干劲，促使问题得到解决。总之，现代管理者要成为革新的原动力和发动机。相反地，官僚主义式的管理是关、卡、压，是从“权本位”出发，而不是从创业出发，这种管理已成了创业的绊脚石，成了改革的“拦路虎”。

伴随着经济体制的改革，政策对企业的管理也进行了很多的改革，据报道，山东省德州市在企业管理方面实行了重大的改革，并取得了良好的效果。他们的主要做法是实行“五管五不管”，分清政府

① ［日］阿部实，著．人与企业的未来［M］．王雪村，译．北京：国际文化出版公司，1989：23.

与企业的职能，把自主权下放给企业。

“五管五不管”的具体内容是：在企业发展的环境上，管“外”不管“内”。主要是改善企业发展的外部环境，撤销有碍企业发展的“关卡”。在企业的经营上，管“向”不管“项”。政府充分发挥宏观调控和监督作用，把握投资的方向与重点；至于上什么项目，完全由企业自主决定。在企业分配上，管“总”不管“分”。政府只核定企业工资总额基数，对于内部分配，企业拥有自主权。在企业人事上，管“帅”不管“将”。政府通过公开招聘，帮助企业选好党政一把手，其余的人事任免权完全交给厂长（或经理）。在企业的命运上，管“生”不管“死”。对那些经营好的企业，给予优惠的政策，促进发展；对那些资不抵债又扭亏无望的企业，取消救济政策，决不保护落后。

当时，德州市的管理做法使人耳目一新，颇感有一点改革的清新气息。采取这些措施，不仅有利于企业的发展，而且也使一些衙门的“关卡”失去了作用，有利于精简机构，推动政治体制改革，使经济体制改革与政治体制改革互相促进。

第四节 改革是当今世界的主旋律

中国的改革是当今世界改革的一部分，由于它具有举足轻重的作用，所以其进程备受世人瞩目。世界银行副行长斯特恩评论中国改革时说：自1978年以来，中国经济年平均增长率达9%。从1977年到1987年，中国的人均收入翻了一番。自1978年以来，1.7亿人摆脱了绝对贫困处境。取得这样的成绩，美国曾花了约50年时间，日本曾花了30年。在人类的历史上，在这么短的时间内就取得如此大的进步，的确是罕见的。日本《朝日新闻》也连续发表评论文章，认为是市场经济使中国经济高速发展。中国的改革不是孤立的，世界形势促进了中国的改革，而中国的改革成就和经验又鼓舞世界范围内更多的国家和地区走改革的道路。

自20世纪80年代中期，苏联展开了政治体制和经济体制的改革，使其进入了一个激剧的震荡时期。尽管在改革上采取了许多重大措施，也取得了一些成效，但是改革所付出的代价也是巨大的，如前苏联的解体，1991 年的“八一九”事件，1993 年 10 月的流血事件，严重的通货膨胀，物质供应缺乏，农业歉收等。

1994 年，莫斯科大学社会学研究中心进行了一项民意测验，所得到的结果是：52% 的莫斯科人对生活状况大体满意；36% 的人对未来抱有希望和感到乐观；30% 的人平静地看待未来，不抱特别的希望；26% 的人对未来忧虑和没有信心；8% 的人感到绝望和恐惧；大约有 42% 的人称自己已进入“中等阶层”。这一调查表明，尽管改革带来了困扰，但为了未来，他们宁愿忍受阵痛而支持改革。

继苏联之后，东欧各国也在政治体制和经济体制上进行了改革。尽管各国情况不同，所采用的改革方式也不相同，但都力求摆脱计划经济造成的恶果。经过五六年的努力，除了南斯拉夫以外，其他国家的经济状况均有改善。其中，匈牙利、捷克、波兰的情况更好一些。

日本是东半球唯一的经济大国，它的经济腾飞就是自 20 世纪 60 年代起进行一系列改革的结果。但是，进入 90 年代以来，政治危机使日本经济受到了相当大的影响。在这种情况下，日本的新生力量掀起了在政治和经济领域里的改革。之后，日本的经济开始缓慢回升。应该说，这也是改革带来的转机，是世界经济改革互相影响的结果。

美国目前仍然是世界头号经济大国，但是美国人普遍抱有危机意识，时刻“枕戈待旦”，防止他国超过自己，以保持世界霸主的地位。美国哈佛商学院洛奇教授于 1990 年推出《轮到美国改革了》一书，就是向美国企业和美国人注射的一针“强心剂”。

洛奇在导言中说：“20 世纪 80 年代即将结束的时候，危机迫使美国政府和企业对各自的任务和相互关系进行改革。危机的发生主要由于与外国的竞争。”又说：“同前苏联的情况一样，轮到美国改革了。不改革，不得了。事实上，别无出路。不改革，无论经济、政治或社会，都会继续垮下去了。”① 20 世纪末，在美国企业中所掀起的改革浪潮，从方向上来说，主要是向日本学习。在改革的内容上，主要是实行三个转移：在意识形态上，实现由个人主义向群体主义的转移；在企业权力上，实现由股东主导向由银行、职工和社区利益主导转移；在政府与企业的关系上，实现由管理与被管理的关系向合作者甚至合伙人的关系转移。

1992 年美国总统大选中，民主党候选人克林顿正是打着改革的旗帜，提出了“复苏经济”的口号，从而战胜了共和党候选人布什。与其说这次大选是克林顿的胜利，毋宁说是改革和务实经济政策的胜利。

克林顿政府执政后，不负众望。根据美国政府在《争取在全球经济中获胜》报告中的统计：1985—1993 年，美国工业生产率的年增长率为 2.9%，七国集团为 2.8%；1994 年第二季度美国失业率为 6.1%，而七国集团为 8.8%；1987—1993 年，美国就业机会增长率为 8.4%，而七国集团为 3.9%；1985—1993 年，美国单位劳动成本的增长率为 1.1%，而七国集团平均为 6.6%；1992 年美国的人均国内生产总值为 2.32 万美元，而七国集团平均为 1.85 万美元。

自 20 世纪 60 年代以来，瑞典社会民主党建立了一种介于资本主义与社会主义之间的社会制度，他们称之为“瑞典模式”。具体来说，即在政治上实行多党制，在经济上则强调有更大集中权的市场经济。基于这样的一种制度，人们称之为福利社会。在一段时期，它曾受到人们的羡慕。可是，欧洲人认为“瑞典模式”过时了，应当走向完全的自由市场经济。于是，1991 年上台的首相比尔特准备大干一场，向“瑞典模式”“开刀”。但是，他到处碰壁，三年的改革以失败告终。1994 年大选时，前首相卡尔松重新上台，又把瑞典的经济体制拉回到“瑞典模式”的道路上来。瑞典走回头路，说明改革的道路是曲折的，反复也是不可避免的。但是，有一条原则必须遵

① ［美］乔治·C. 洛奇，著．轮到美国改革了．北京：企业管理出版社，1994：1.

守，那就是不管实行哪种模式或体制，必须得到广大人民的支持，否则改革是不可能成功的，即使勉强实行，也是不会持久的。

除了以上提到的国家以外，世界上其他国家也无不进行改革，从北美到南非，从北欧到印度支那，从加勒比海到巴尔干半岛。南美智利大刀阔斧进行退休金制度改革，并取得明显成效。一贯孤立锁国的古巴也打开国门，欢迎外国投资。越南后来居上，发展势头强劲，决心要搭上经济增长的快车。土耳其不甘示弱，决心对国有企业“动大手术”，加快对电信、航空、钢铁、石油、电力、银行等行业的私有化进程。印度自 1991 年开始改革以来，政府取消了对工商界的很多限制，那里已成了外商投资的乐土。海湾各阿拉伯国家采取了很多措施，如减少补贴，放松管制等，千方百计地吸引外资。甚至像缅甸这样的军事极权主义国家也在谋求改革的机会，开放边界，同邻国大力开展商贸往来。

在 21 世纪，不管将出现何种情况，人们没有理由悲观，改革会给各国人民带来新的机会，改革也会使世界的未来变得更美好！

第十一章　创业与建设创新型国家

创造和创新已经成为21世纪的主要特征，它们不仅成为教育学、心理学、管理学和行为科学的学者们的研究对象，有关创造、创新和创业的著作也像雨后春笋似的被推了出来。而且，各国政府和企业界也大力提倡创新，以此迎接新的技术革命的挑战和应对世界范围的竞争。

人的创造性是一种无所不能的潜力，正是这种不竭的创造力，才使得人类永远保持探索前进的活力。综观人类发展的历史，凡是一个国家或地区文明昌盛之时，一定是这个国家或地区的人民最富有创造性的时期。因此，只有大力开发国民的创造性，才能够建设创新型的国家。

第一节　大力开发中华民族的创造力

世界各国民众的创造性除了与他们所受的教育程度有关外，与其民族的国民性也有着密切的关系。因此，比较世界各主要国家的国民性，特别是剖析我国国民性，对于鉴往知今、知己知彼，进而开发我国国民的创造性和建设创新型国家是十分重要的。

1. 华夏之光

华夏乃中华民族之古称，华夏民族是世界上最早的四大文明中心之一，她曾对全人类的物质文明和精神文明建设作出过伟大的贡献。

中国文化源远流长。早在8000万年以前，人类最接近猿型的祖先腊玛古猿就在我国的云贵高原一带出现；在约4000万年以前，在华夏大地上就有了最早的人类祖先南方古猿的踪迹。据考古发现，中国是目前世界上发现直立人及其遗址最多的国家，他们的踪迹遍布黄河流域、长江流域和云贵高原的广阔地区。其中，以北京猿人、元谋人最为突出和最具有代表性。在漫长的历史中，华夏文化经历了旧石器时代和新石器时代。至此，在华夏辽阔的疆域内，逐步形成了黄河上游、黄河中游、山东苏北地区、长江流域、东南沿海、西南边疆和北方地区等几个区域类型。据考证，华夏有文字记载的历史已有4000 多年，所以，她被称为世界上的文明古国是当之无愧的。

从远古开始，我们的祖先就劳动、生息和繁衍在这块物华天宝的土地上。他们在同大自然进行艰苦搏斗的同时，改进工具，提高认识的能力，积累关于自然科学的知识，不断地进行着发明创造。在数千年的文明史中，我们的祖国有过辉煌灿烂的历史，也有过黯然失色之时；有过科学技术发展的巅峰，也有过衰落的低谷。例如，在战国时发明的指南针，在西汉时发明的造纸技术，在唐朝发明的火药，在北宋时发明的活字印刷，合称为中国的“四大发明”。它们先后被传到欧洲和中东，对于欧洲的社会变革和科学的兴起起到了无可估量的作用。我们可以骄傲地说：在欧洲文艺复兴之前，中国具有当时最先进科学知识和技术水平，远远走在世界的前面。这是华夏历史上最光辉的一页，是我国古代人民在当时的历史条件下所表现出来的最伟大的创造性，也是我国人民引以为荣的最伟大成就。这正如英国著名的科学史学者李约瑟（他的英文名字是约瑟夫·尼达姆，Joseph Needham，1900—1995）所指出的：“中国在公元三世纪到十三世纪之间保持一个西方望尘莫及的科学知识水平，而且中国的科学发明和发现往往远远超过同时代的欧洲，特别是十五世纪之前更是如此。”①

华夏民族在千百万年的历史发展中，其间虽几经大徙迁、大融合，屡遭离乱与外患，然而却始终保持了统一的语言与文字，保持了国家的统一性。这应该归功于中华民族的向心力、各民族的凝聚力和

① 杜石然，等编著．中国科学技术史稿（下册）［M］．北京：科学出版社，1985：327．

对外来文化的包容力。这些力量的汇合就构成了中华民族的强大生命力，使她不断生息发展，屹立于世界民族之林，并且成为具有举足轻重地位的世界大国。

一个国家或民族的生命力又是同她的国民性紧密相连的。社会历史造就了民族的性格，而形成的民族性格又对这个国家或民族的兴衰产生着重大的影响。在全面考察中华民族的传统文化时，我们不难发现其中的精华，正是这些堪称为华夏之光的精髓支撑着这个文明古国不断发展。

那么，什么是中国传统文化的精髓呢？这是一个复杂而又很难回答的问题。中国传统文化具有博大、精深的特点，要分辨什么是精华，什么是糟粕，是一件十分困难的事，非经细致深入和高度审慎的研究与分析是不可能作出回答的。更为困难的是，中国传统文化特质往往是精华与糟粕交织在一起的，它们像是一把双刃剑一样，在不同的条件下具有不同的功能。如果主次不分，使用不当，或者把它们绝对化，那么某些精华就可能变成糟粕，成为束缚人们思想和创造性的桎梏。依我之见，无论是过去还是现在，对我国国民性的讨论，多有形而上学之弊，要么肯定一切，要么否定一切。

例如，中国传统价值观念中的“义利观”作为一条主线贯穿在人们的一切言行之中。对中国国民影响最深的莫过于儒家学说，儒家的“义利观”是“贵义贱利”。孔子说:“君子喻于义，小人喻于利。”这是儒家“义利观”最有代表性的观点。所谓“义”，是指道义、正义，亦即人们应当遵守的伦理道德规范。因此，“义”作为人的理性、德性和操行，是任何时候都必须坚持的。从这个意义上说，儒家强调“义”是积极的，它对于人们树立崇高的道德情操，对于培养坚持真理、维护正义的信念，对于弘扬中华民族不屈不挠的精神，都有着极大的推动作用。但是，在儒家的“义利观”中，也存在着严重的消极因素甚至糟粕。因此，儒家的“义利观”一直受到一些思想家们的批判。它的错误就在于把“义”与“利”对立起来，完全否定了人类对物质利益追求的本性，否定了物质文明对精神文明的决定作用。其次，这种观点是虚伪的，它的最大恶果是使人们丧失生活的目标和对事业的追求，泯灭人的创造精神。另外，儒家的“义利观”又是导致“重农轻商”思想的根源，使得中国的封建社会延续了两千多年，严重地阻碍了生产力和科学技术的发展。这也是一个文明古国在近代落后于西方国家的根本原因。

在中国国民性的特质中，属于精华的东西当然很多，例如重德尚礼、勤劳俭朴、忍耐宽容、老成温厚、严于律己等，它们至今仍然是中华民族的美德。即使在建设现代化的今天，这些闪烁着光芒的思想仍然是我们前进的力量，是我们创业的动力。当然，正如我前面所指出的，把任何一个国民性的特质绝对化，都会导致片面性的错误。例如，把重德尚礼变成唯德唯礼，那就会变成空头政治或形式主义；把忍耐变成对独裁、暴政和腐败的容忍，那就会丧失自我，放弃应有的民主权利；把老成温厚变成墨守成规，那就会变成保守主义；把严于律己变成了“限我”和“克我”的自我压制，那就会泯灭自我个性，丧失创造精神。

总之，在对待我国国民性上，一定要采取一分为二的态度，做到扬其精华而弃其糟粕。在对待春秋时期的“百家”学说上，我们也应该采取这样的态度。在分析了“百家”中几个主要学派及后来传入我国的佛教观点的基础上，我总结出了四句话，试图汲取各家之长。这四句话是：做人要信奉儒家之忠诚，做事要发扬法家之精神，决策要借鉴兵家之韬略，养生要笃行释家之超脱。我虽然不敢说这个概括是十分准确的，但至少突出了各家的特点，同时也避免了以一家排斥其他学派的偏向。我以为，如果我们能以辩证的态度对待我国的国民性，那么中华民族的优秀文化传统一定会在新的历史条件下发扬光大。

2. 历史的沉淀

“沉淀”本是一个化学专有名词，是指从溶液中析出的物质。沉淀发生在溶液浓度大于溶质溶解度的时候，如果溶质的溶解度不变的话，那么溶液浓度越大，则生成的沉淀越多。在研究文化历史时，往往借用“沉淀”这一词语，那么历史的沉淀又是指什么呢？依我的理解，历史的沉淀是指在人类历史发展过程中形成的传统观念或积习，而且积习越牢固，则沉淀越深厚，消除沉淀也就越困难。

中国有文字记载的历史已有4000多年，其间形成了多少沉淀呢？这是无法量化的，是不可能以吨位来计算的。好在我们是研究历史沉淀的性质，数量对我们并不重要。台湾著名学者李敖曾说过："中国是一个庞然大物，在世界古国中，它是唯一香火不断的金身。巴比伦古国、埃及古国，早就亡于波斯；印度古国，早就亡于回回，只有中国寿比南山，没有间断。没有间断，就有累积。有累积，就愈累积愈多，就愈难了解。"① 这里所讲的累积，是中国悠久文化的总称，其中既有优秀的传统，又有陈旧的积习。本节所阐述的历史沉淀正是指后一种积习——陈旧的积习，也就是中国国民性中的劣根性部分。

自从鸦片战争以后，中国国势日衰，西方列强纷纷入侵，民族危难空前严重。这时，麻痹的中国人开始觉醒了，他们不得不进行全面的反思，包括对中国国民性的认识，对中国人现实命运的反思，对中国传统精神文化的检讨。这是有史以来中国人开始批判地认识自己的开端，同时也开始了对中国国民性的系统研究。

近百年以来，知识分子中的一批先知先觉者前赴后继地对中国的国民性，特别是其中的劣根性进行了研究与剖析，目的在于"揭发缺点"和"改变精神"。

从历史的顺序看，在这一漫长的历史时期内，对中国国民劣根性的研究，主要是在四个时期进行的。

第一个时期是"维新派"的探索，这是以康有为、梁启超、严复为代表的。他们在民族危难日益加剧的形势下，批判了顽固派保守祖宗成法的谬论，认为变法才是保国、保种、保教的唯一办法。梁启超系统地表明了他关于改造国民性的思想。他认为："开新者兴，守旧者灭。"他总结西方国家发达的原因在于"人人有自主权"，而中

① 李敖，著．独白下的传统［M］．北京：人民文学出版社，1989：3.

国则相反，封建统治者“收人人自主权，而归诸一人”。① 与维新派同时探讨中国国民性的还有以李鸿章为代表的“洋务派”和以章太炎为代表的“革命派”。

第二个时期是五四运动变革的时代，其代表人物有陈独秀、李大钊、鲁迅和梁漱溟等人。五四运动是反对帝国主义、封建主义的伟大运动，是中国新民主主义的开始。同时，它又是一次思想解放运动，对中国国民性产生了巨大的震撼，并导致了国民性的裂变。在这个时期，鲁迅以冷峻的批判眼光审视了国民劣根性；梁漱溟以理智的眼光估量了中国的国民性；陈独秀、李大钊用比较的方法，列出了中西国民性的差异，并提出造就“自主的而非奴隶的，进步的而非保守的，进取的而非退隐的，世界的而非锁国的，实利的而非虚文的，科学的而非想象的”② 新的国民性。

第三个时期是20世纪30年代，代表人物是林语堂。他所著的《谈中西文化》、《中国文化之精神》、《论东西思想法之不同》、《中国人的国民性》、《吾国吾民》等，对中国人和西方人的生活及民族特征进行了比较系统的研究。他所著的《吾国吾民》是一部系统的、中国人自己写的关于中国国民性的著作，比较全面、真实地描写了中国人的民族性格，因而在东西方都有着较大的影响。

第四个时期是改革开放时期，其代表人物有夏禹龙、冯天瑜、任剑涛等，在海外则有柏杨、李敖、牟宗三、唐君毅等。他们虽身处不同的地区，研究的视角和目的各不相同，但作为炎黄子孙，他们有着共同的根，既要剖析和摒弃劣根性，又要培植“优根性”，希望祖国统一、富强、昌盛。在他们之中，尤以台湾作家柏杨对中国国民劣根性的抨击最为猛烈。

中国国民劣根性到底有多少？到底如何分类归纳？看来，这也是见仁见智，莫衷一是。如果我们尝试作个分类的话，国民劣根性不外

① 转引自任剑涛．从自在到自觉——中国国民性探讨［M］．西安：陕西人民出版社，1992：65.

② 陈独秀文存［M］．合肥：安徽人民出版社，1987：3-9.

乎表现在对待自己、对待他人、对待事业和对待是非上。在对待自己上，如老成温厚、遇事忍耐、消极避事、与世无争、逆来顺受、明哲保身和吃小亏占大便宜等。在对待他人上，如超脱圆滑、阳奉阴违、嫉贤妒能、幸灾乐祸、言不由衷等。在对待事业上，如因循守旧、苟且偷安、安贫乐道、无为而治、知足常乐、不求有功但求无过等。在对待是非上，如中庸之道、崇古唯上、唯命是从、文过饰非、明知不对少说为佳等。这些劣根性与现代社会是格格不入的，同创业精神又是何等的大相径庭！

3. 时代的呼唤

我们正面临一个新的时代，它的特点是不断地变革，新事物和新技术以前所未有的速度不断地涌现出来。在历史上，中国虽然经过了一些变革，但是以建设现代化为目的的改革，还是自 20 世纪 80 年代初开始的。很显然，要把中国这场改革进行到底，不仅要选择正确的道路，而且还需要有长期的思想准备。坚持改革不只是一个口号，必须发扬大无畏的精神，清除前进道路上种种绊脚石，包括思想观念、文化、教育、政治、经济领域中的一切不适应新形势的陈旧的东西。若非如此，即使中国物质文明再丰富，那也算不上是现代民主与文明的国家。

新时代要求我们要塑造中华的国民新魂。这个新魂是什么呢？是创造性，也就是创造精神。在上一节中，我们所列举的那些劣根性，从根本上来说，都是压抑人的个性，扼杀人的创造性的。怎么才能开发中华的创造力呢？我认为，应该从以下几个方面做起：

首先，要彻底转变观念，克服大多数中国人迷恋过去、满足现状的自足和小富则安的精神文化体系。我们要认清当今时代的特征，社会变革将在一切领域里发生，而且是猛烈的和深刻的。我们必须进行深刻的精神革命，以革除传统观念、传统信仰，改变面向过去和泯灭自我的局面。未来社会不是现有社会的继续和扩大，也不可能是对原有社会的局部改造，而是一个创造性的全新社会。我们要正视面临的深刻改革，要发挥充分的想象力去预测这场变革的前景和结果，只有这样，才能敢于创新，把握未来。

其次，要彻底进行教育改革，大力推行创造教育，开发中华国民的创造力。从塑造国民性来看，教育的作用是巨大的。这里所说的教育是广义的，包括学校教育、家庭教育和社会教育。国民性的塑造与创造性智力的开发一样需要从幼儿抓起，必须用一套全新的理念和方法进行教育。一个人到了成年以后，已经养成的习性或缺点是很难克服的，甚至终身也改不了。我就看到过不少青年男女，他们穿着入时，但同时又随地吐痰，乱扔果皮，满嘴脏话，其言行与穿戴格格不入。这正是：服饰易换，本性难移。因此，国民性的塑造决不是一蹴而就的，需要经过几代人的努力，使国民劣根性越来越少，最终使国民“优根性”占主导地位。

再次，一定要建立奖励和保护创造型人才的制度。一般说来，富有创造性的人才往往都是一些尖子人物、闯将，他们有时候会成为众矢之的，由于一时的失败，他们也会遭到非议。因此，对创造型人才应当有支持系统，应当有保护政策。当他们获得成果时，应当给以奖励；当他们遇到困难时，应当为他们分忧排难；当他们遭到非难时，应当给予坚决的支持。须知，能不能有效地保护创造型人才，不仅仅关系到他们个人，而且关系到我国能否走自主创新道路，最终关系到我国能否建设成创新型国家。与此同时，我们还要与刁难、打击创造型人才的陋习作斗争。只有做到了赏罚分明，才能树立良好的风气，从而调动广大人民群众的创造性，促进我国创新型国家的建设。

第二节　造就中国的爱迪生们

1. 发明大王的创新魅力

一提起爱迪生（Thomas Alva Edison，1847—1931），全世界无人不知他是美国的大发明家，是无与伦比的发明大王。他未受过正规教育，自幼自谋生计，当过小贩、报务员、报童。他深受法拉第的影响，毕生从事电学实验研究和发明工作，共获得白炽灯、留声机、电影放映机、发电机等1093项发明专利，是迄今世界上获得发明专利最多的人之一，也是世界技术历史上一百多年以来罕见的天才之一，他的创造精神曾经激励无数的人走上发明创造的道路。

在科学技术发明的史册上，我们还可以列出一串很长的发明家名单来。例如，瑞典“炸药大王”诺贝尔，法国内燃机发明家戴姆拉，德国电机发明家西门子，美国火车发明家史蒂芬森，美国多才多艺的发明家贝尔，美国飞机发明家莱特兄弟，英国青霉素发明家弗莱明，美国第一个发明热固性塑料的贝克兰德，以及日本发明最多的发明家中松义郎，等等。人们对发明家特别是那些大发明家无不表示敬佩，这是因为：一方面，他们的发明直接造福于人类，使人们享受到由于他们的发明而带来的物质文明；另一方面，他们献身于科学发明的精神，从事科学发明的方法与经验，也是留给人们的一笔巨大财富，激励着一代又一代的青少年们从事发明创造的伟大事业。

人们崇敬发明家，甚至对他们的天才抱有迷信。这些发明家们确实有着巨大的魅力，他们的事迹写进了教科书，他们的传记始终是广大青少年们阅读的畅销书。那么，他们的魅力是什么呢？他们的魅力就在于他们所具有的闪烁着光芒的创新灵感、无所不能的创造力量和舍己为人的献身精神。人们学习和研究他们的优秀品质，借鉴他们的成功经验。尽管每个发明家有着不同的经历，他们的成功也各有独特的地方，但是发明创造作为一项高智能的思维活动和实践活动，仍然具有某些共同的规律。下面不妨总结出几条主要经验，揭示发明创造的成功秘诀，以资借鉴。

（1）从小爱科学，自幼搞发明。

这几乎是大多数发明家所共有的特点，要么从小受到良好的家庭教育，要么从小家境贫寒，逆境励志。虽然成年人和老年人做出发明创造成果的大有人在，但那些最负盛名的大发明家却都有“少年得志”的经历。

日本中松义郎（1928—　）从5岁开始搞发明创造，在50多年里共获得2360项发明专利。在日本，他是获得发明专利最多的人，被称为“发明大王”。在小学时，他就喜欢动脑筋，为模型飞机安装了一个重心稳定装置。在中学时代，试制了一种压力水泵，还发明了无燃料的取暖装置。在进入东京大学以后，他发明了一种可以在纸上录制声音的装置，并获得了专利。大学毕业以后，他创办了一个出售专利的公司，平均每天完成发明项目达63项。中松义郎的发明有三大要素——合理、灵感、实用。合理就是要使自己的构想符合科学道理，否则一事无成。灵感不是虚无缥缈的，而是从对自然和周围不协调事物的观察中诱发出来的。实用是发明的一个很重要的属性，再好的发明，如果没有实用价值，那只能是“水中月，镜中花”。

(2) 创造力并不完全决定于学习成绩的好坏。

学习成绩反映的主要是学生对书本知识的记忆和再现，并不真正地代表一个人的能力。由于考试方法上的弊端，大多数学生只注重对书本知识的死记硬背，把分数作为追求的目标。然而，创造能力是高层次的思维能力和实践能力，主要的特征是创造新知识和新技术，而这些是那些高分低能的学生所无法企及的。

美国著名的作家欧文·华莱士（Irving Wallace，1916—1996）对13个学习成绩糟糕的名人作过统计。其中，政治家3人，科学家（发明家）6人，作家、画家和诗人、企业家各1人。他们是：英国前首相温斯顿·丘吉尔，埃及前总统卡迈尔·阿卜杜尔·纳赛尔和英国政治家、海军将领阿瑟·韦尔斯利·威灵顿；英国博物学家查尔斯·达尔文，美国发明家托马斯·爱迪生，德国细菌学家保尔·艾尔利希，德国物理学家阿尔伯特·爱因斯坦，英国科学家艾萨克·牛顿，苏格兰发明家詹姆斯·瓦特；英国作家G. K. 切斯特顿，西班牙画家巴布洛·毕加索，德国诗人海因利希·海涅以及美国企业家亨利·福特。他们不是一般的科学家或文人，而是世界超级的科学、文学或艺术巨擘。但是，这些人却被列入了学习成绩最糟糕的另册，这到底是怎么一回事呢？他们是真的学习糟糕，还是教育制度有毛病？答案只能是后者。

爱迪生的经历是最典型的，他的情况颇值得人们深思。他从小有个怪癖，凡事爱刨根问底，除了唯一理解他的母亲外，几乎没有一个人对他满意。他的第一个老师说他“脑子糊涂”，他父亲则要他相信自己是个“笨蛋”，他的校长也说他将“一事无成”。然而，他并不在意人们怎么评论他，在母亲的指导下，他从小就大量阅读科学书籍。他专心致志地投入技术发明研究，为人类作出了不可估量的贡献。这再一次说明，必须改革僵死的教育制度和评价人才的标准，否则那些具有创造性的人才将被扼杀。

（3）笃行不移，“有志者，事竟成”。

每个成功的发明家都具有坚强的毅力、锲而不舍的精神，这是成功的发明家与那些接近真理而不能发现真理的科学家的重要区别。爱迪生为了发明炽热灯丝，实验了上千种材料，把所有的线材或能够加工成线材的物质都试遍了，最终找到了钨丝。

其实，爱迪生并不是唯一研究电灯泡的人。英国物理学家斯旺（Joseph Wilson Swan，1828—1914）当时也在研究电灯泡，他与爱迪生几乎同时发明了电灯泡。而且，在技术上斯旺的电灯泡还要好一些，但是他并没有前进。爱迪生具有敏锐的经济头脑，买下了斯旺的电灯泡专利，把它应用到自己的电灯泡厂。爱迪生系统地解决了玻璃泡、真空、密封、灯丝等技术问题，取得了向电灯用户架设电线的权利，并建立了配电系统。斯旺只是发明产品的科学家，而爱迪生却是创造产业的发明家。1879 年，他设计的碳丝灯泡研制成功，3 年以后在纽约大量使用，使这个城市成为世界上第一个用电灯照明的城市。

（4）个人才华是重要的，但重大发明要靠集体。

在进入近代科学时期以前，科学研究与技术发明主要是个人行为，大多在家庭作坊中进行。但是，在此以后，科学家个人的能力与新技术发明要求已不相适应。爱迪生看到了这个趋势，他建立了世界上第一个工业实验室，打破过去科学家单干的习惯，组织一批人才，共同致力于某项发明，力求把他的实验室变成“发明工厂”。

亚历山大·贝尔（Alexander Graham Bell，1847—1922）是美国一位多才多艺、好奇的发明家。他主要是靠家庭教育和自学成才的。他是电话和多路电报的发明人，一生共获得 30 项发明专利（其中 12 项与人合作）。以他名字命名的美国贝尔实验室是目前世界上最大的电讯研究机构，也是一个很重要的发明创造集体。让我们看一看这个实验室的一些划时代的重大发明：

1927 年，在美国首次公开示范远距离电视转播；

1937 年，第一部电力数字计算机问世；

1947 年，发明晶体管，开辟了电子学的新纪元；

1954 年，发明了太阳能电池；

1958 年，发明了激光器；

1962 年，第一颗商用通讯卫星“Telstar”研制成功；

1977 年，世界上第一套光纤传输系统投入使用；

1983 年，世界上第一套商用蜂窝移动通讯系统开通；

1986 年，制成神经网络芯片，模拟人脑存储及传递信息；

1988 年，世界上第一条跨大西洋光缆开通；

1990 年，首次演示光交换系统；

1992 年，装在普通电话上的自动彩色可视电话面世；

1993 年，发明了集语言、数据、传真为一体的个人通信器；

……

贝尔实验室自 1925 年成立以来，开始时每天完成 1 项发明，而目前是每天有 4 项发明，现在保持有效专利共 26 万项。它在世界 30 多个国家设有研究机构，共有 3 万多名一流的科学家为其服务。该实验室有 11 人（共 6 次）获得诺贝尔奖，还有许多科学家获得美国国家科学或技术奖章。当今，世界上没有任何研究机构能够与贝尔实验室的贡献相媲美，它对人类的贡献是非常巨大的。据美国的统计，平均每个家庭至少有 25 件电子产品源于贝尔实验室的发明。因此，贝尔实验室被称为世界发明工厂，世界发明的摇篮，有人甚至称它为“改变世界”的实验室，这些说法一点也不过分。那么，贝尔实验室的魅力何在呢？它的魅力就是创造，是创造在改变着世界，改变着人类的物质文明。

2. 人人都能成为爱迪生

在生产力和科学技术水平不高的时代，人们对科学发明的确有一种神秘感，往往把它看作是少数天才人物的事。但是，随着科学技术的发展与普及，特别是科学技术发明的大量涌现和应用，人们对科学发明的迷信正像对天才的迷信一样，正在逐步地被破除。

据报道，山西省绛县晋南机械厂子弟学校二年级学生李珍，曾经是我国年龄最小的（8岁）多项专利获得者。①

1989年底，她发明的“全保护荷花餐巾台布”引起了泰国和加拿大等地酒店的兴趣。1990年，她与姐姐李琳合作发明了“七色宝石灯”和“带有小型算盘和支书架的文具盒”，获得了国家专利。李珍小小年纪，何以能获得三项国家专利呢？主要原因是：第一，她勤奋学习，爱玩智力玩具，爱到郊外游玩，这些培养了她的观察能力和丰富的想象力；第二，受到良好的家庭教育，既有父母的指导，又有姐姐作榜样；第三，她爱思考，想写就写，有了新主意就记录下来，她曾构想了20多项小发明，创作了20多篇童话。

创始于1986年的上海“星火杯”创造发明竞赛是一项旨在鼓励群众创造发明、繁荣科技事业、促进技术成果产业化的大型科技发明比赛活动。第14届大赛于2005年4月开幕，共征集到全国20个省市和地区的1012个参赛项目，其中青少年发明项目146个。②这些发明构想巧妙，具有新颖性和实用性，展示出了人民群众中蕴藏着的巨大创造力。

8岁李珍能做到的，其他各类人也是能做得到的；上海能做到的，其他省市也是能做到的。但是，实际上从事发明的人是很少的，取得发明成果的人则更少。其原因是，绝大多数的人还是站在发明宫殿的门外，要么他们对发明漠不关心，要么他们受到思维定式的束缚，视一切现象为正常，没有求变的心理。据报道，美国有2万多名发明家。如果按照人口比例，中国至少应当有数十万个爱迪生。我们能不能达到这个目标呢？如果不是按照爱迪生的标准去要求的话，动员几十万甚至上百万人参加发明创造活动是完全有可能的。中国是一

① 文汇报，1990-06-19.

② 杨浦东．鼓励群众性创造发明，第十四届“星火杯”创造发明竞赛颁奖［EB］. http：//www. shkxsz. org. cn.

个大国，有着丰富的人才资源，只要我们大力推行创造教育，重塑中国国民的创造性特质，我们就一定能够造就上百万个发明家。这是时代的呼唤，是建设创新型国家的需要，我们应当为此而奋发努力！

3. 创造发明的产生

人在什么时候和在什么条件下才能产生创造发明的灵感呢？这是许多研究创造学的学者一直想解开的秘密，但可惜的是迄今仍没有找到一个标准答案。广义地说，在任何时候和任何地点都可以萌发创造发明的思想，例如在火车上，在游泳、爬山时，在洗澡、上厕所时，在谈话、辩论时，在吃饭、睡觉时等，都可能获得创新的灵感。例如，杨振宁（1922— ）和李政道（1926— ）在餐馆吃饭时，获得了解决宇称不守恒和基本粒子理论问题的灵感，从而获得了1957年诺贝尔物理学奖。德国化学家凯库勒（Friedrich August Kekule，1829—1896）在马车里睡觉时，梦中“发现”了苯分子结构是像“蛇”盘卷成一个“六角环形结构”。对此，他开玩笑地说：“我们应会做梦，这样才能发现真理。不过，在检验以前，不要宣布你的梦。”

创造发明最忌讳的是思维定式，没有或很少有思维定式是少年儿童富有幻想和比成年人更富有创造性的主要原因。所谓思维定式，意指人们对事物和周围的生活现象形成了一种固定的观念和评价标准。在他们看来，现成的一切东西都是“完美无缺的”、“理应如此的”，对周围的一切现象都司空见惯了。这种人就是通常所说的“脑子不转弯”的人。如果一个人对一切都司空见惯了，对现成的一切都满足了，那么就不会去发现新东西，也不会去变革现成的东西，而这种人是决不可能有创造性的。

日本人缺乏科学创造性，这是人所共知的，主要原因是他们习惯于模仿，害怕冒风险。但是，日本人技术发明的能力却很强，现在全世界每年登记的120万项专利中，日本就占了40%。因此，当今日本可谓是发明的大国，这是日本经济发达的重要原因。日本长田道子对发明的产生环境作了长期的考察，他在《世界发明》一书中将创造发明的有效方法归纳了13条。现将它们介绍如下①：

(1) 以图省力促发明。发明家应是有心人，当做某一件事时，要想一想，有没有更简便、更省力的方法，当你使用某一物品时，是否有不方便之处，如果你找到了答案，那么发明也随之产生了。

(2) 要把研究的课题经常记在心中。这就是带着问题思考，有时候会在考虑其他问题时受到启发，突然闪出解决你所研究问题的线索。

(3) 运用联想游戏的要领。联想是产生发明的重要思维方法，是由此及彼、由表及里的一种思维方法。大量实践表明，联想能力的强弱一般也可反映出一个人创造能力的高低。

(4) 商场是信息库，是新产品的展销馆，不妨多到商场看看，听听顾客对产品的要求，甚至可以从他们的抱怨和牢骚中获得创新的启发。

(5) 参观发明展览，与其他发明者交流发明的经验与信息，既可以从他们的发明产品中得到启发，又可以激励创新的思想。

(6) 好奇心是发明的驱动力，不妨多观察，多思考，捕捉一切新颖的、好奇的事物。

(7) 培养爱心，它是发明的原动力。对人对事都要有爱心，它将使你执著地去研究，开发出热门的商品。

(8) 要留心洗澡和睡觉时的一闪念。洗澡使人轻松愉快，睡觉会使大脑中的神经经过短暂的休息后不由自主地兴奋起来，在这种情况下，往往会形成很好的发明构想。

(9) 喝酒和饮茶可以使人舒畅心怀，使人振奋精神，这也是导致创造发明极佳的心境。

(10) 运动和散步可以增强脑力功能，不断改变生活方式，勤于动手，这些都有助于发明创造的产生。

(11) 多参加旅游活动，多观察自然风光，多接触社会，可以为你从事发明创造提供信息或诱发出解决问题的好主意。

---

① 青年参考，1993-01-03.

(12) 勤于做笔记，它不仅可以帮助你记忆，而且还可以把一些好的闪念记录下来。须知，有许多创造性的灵感是稍纵即逝的，当它一出现就要抓住不放。

(13) 多参加学术交流，虚心向他人学习。一个人即使再聪明，智力和精力也是有限的，想保持旺盛的创造力，就要善于借助于他人的智慧。这是保持不竭的创造力的源泉。

以上这些方法是从大量的观察与实践中总结出来的，虽然它们对人们从事创造发明有一定的启发作用，但毕竟不是灵丹妙药。因此，谁要想找到一个从事发明的万灵公式，那绝对是徒劳的。对于从事发明创造者来说，最重要的是训练自己从事发明创造的各种素质，做发明创造的有心人，通过实践总结出适合于自己的发明创造的方法。

第三节　走自主创新的道路

2006年1月9日，在北京召开了新世纪以来的第一次科学技术大会，这也是自新中国成立以来的第三次科学技术会议。国家主席胡锦涛在会上作了“坚持走中国特色的自主创新道路，为建设创新型国家的战略目标而努力奋斗”的报告。这是一次重要的会议，自改革开放以来，这是头一次比较突出地提出了自主创新，相对于过去强调“引进”、“拿来主义”和“三来一补”（来料加工、来样制作、来件组装和补偿贸易）的政策，毕竟是一个巨大的进步。

1. 什么是自主创新？

近年来，“创新”是一个时髦的口号，不仅充斥于各种文件、书刊和媒体，而且也成了许多人的口头禅。关于创新的提法简直是五花八门，例如自主创新、创新道路、创新体系、创新主体、原始创新、集成创新、创新力、源头创新、创新极（Innovationpole）、创新团队、创新体制、创新基地、创新合作体制……同时，各行各业也都要冠以创新的词汇，如理论创新、制度创新、科学创新、技术创新、教育创新、企业创新、文化创新、艺术创新、管理创新、商业创新、营销创新、体育创新、思想工作创新等。我觉得，“创新”一词似有泛化甚至乱用之虑，因此有必要对创新和自主创新做一点诠释。

其实，“创新”（Innovation）既老又新。说它老，是因为它最早是于1912年由奥裔美国经济学家熊彼特（Joseph Alois Schunpeter, 1883—1950）提出的，差不多快有近百年历史了。说它新，是因为从来没有像现在这样强调创新在经济发展中的作用，甚至它已成了当代一切工作的主旋律。

熊彼特的《经济发展理论》于1912年首先用德文出版，后来被翻译成英文、法文、日文和中文等多种文字，此书成了他的成名之作。在《经济发展理论》中，他阐述了创新理论（Innovation Theory），这是针对西方传统经济学理论而提出的。他认为，经济发展是一个动态的过程，是与静态循环相区别的现象，经济发展的关键在于创新。那么创新的函数是什么呢？创新是建立一个新的生产函数，也就是说，它对生产要素或生产条件进行新的组合。具体地说，创新包括：引进新产品，采用新技术，开辟新市场，寻找原料新来源，实现企业管理的新组织，等等。① 总之，创新是当代经济发展的主要特征，没有创新就没有经济的持续发展，也就不能在激烈的经济竞争中立于不败之地。此后，“创新”一词已普遍被接受，它的应用范围也超出经济的领域，成了西方国家科学技术和经济发展的推动力。

什么是“自主”呢？按照《现代汉语词典》的解释，就是“自己做主”。与自主有关联的词汇，还有自主创新、自主知识产权、自主开发、自主招生、自主学习等。在这些词汇中，都突出了自主，意思很明显，表明这些行为都是依靠自己的力量来实现的。因此，所谓自主创新，是指在一个国家的范围内，由自然人或法人，依靠拥有自主知识产权的核心技术开发出的技术或产品，并在实际生产中获得应用。其中，最核心的是拥有自主知识产权，它们是由我国科学家和技术专家独立自主研制出来的，并且得到了国家的承认和法律的保护。同时，当我们强调自主创新时，必须划清自主创新与闭关锁国的自力

---

① 中华工商时报，1994-06-14.

更生之间的界限问题。只有这样，我们才能在不重蹈过去闭关锁国的错误的同时，又不拒绝接受发达国家先进的科学技术，以为我所用。但是，我们的战略应放在自主创新上，那么一旦发达国家对我国实行新技术封锁时，不至于使我国处于被动地位。总之，自主创新是积极的战略方针，是我国建设现代化的必由之路。

2. 自主创新的类型

自主创新是一个总的概念，它包括不同层次的意思，我们应当正确地加以区分。我个人认为，自主创新应当包含三种形式的创新。

第一，引进、消化、再创新，这是创新的初级形式。从字面上理解，这是指西方发达国家已发明创造新技术，而我国目前还没有掌握这些技术，为了发展我国新技术产业，缩短我国与发达国家之间的差距，我们有必要通过或合作，或合资建厂的方式引进新技术，然后消化并再创新，以推动我国经济的发展。例如，我国的汽车、飞机、电脑、电视机、电冰箱、空调机、医疗设备、通信设备和科学仪器等制造技术，都是属于这类创新。当然，引进只是手段，而消化、再创新才是我们的目的，就再创新这一点来看，我们拥有自主知识产权，所以也是自主创新。

一个典型的例子是影音光碟（Video Compact Disc，VCD）的发明。VCD 是 1993 年由安徽万燕公司发明的，但是他们应用了美国人发明的计算机活动图像专家组（Moving Pucture Expert Group，MPEG）解码技术。世界上许多国家仅仅把这项技术应用于计算机多媒体，而没有考虑到它在家庭和娱乐场所的应用。然而，聪明的中国技术人员看到了 MPEG 技术在娱乐行业的巨大市场，于是就发明了世界上第一台 VCD，所以 VCD 相对于 MPEG 来说就是再创新。

但是，VCD 技术很快传到了日本，善于模仿的日本人很快又开发出了新一代的数字影盘（Digital Video Disc，DVD）、超级影音光碟（Super VCD，SVCD）等系列产品。由此看出，国际之间技术竞争是十分激烈的，谁掌握了新的技术，那么谁就能够占领一个新的市场。

第二，独立赶超自主创新，这是填补我国技术空白的创新。不必讳言，目前我国的科学技术与世界发达国家还有很大的差距，很多最先进的核心技术仍然垄断在他们手中，并且制定了不少限制高新技术向发展中国家出口的法案。因此，为了发展我国高新技术产业，我们必须打破他们的垄断，研制这些高新技术，填补我国在这些新技术领域里的空白。尽管这些新技术发达国家早已有了，但我国是依靠自己的科学技术专家完成的，也属于自主创新。

2004 年两项获国家技术发明一等奖的成果，就是属于这一类的自主创新。这两项成果的获得者分别是中南大学的黄伯云和西北工业大学的张立同，前者发明的是“高性能炭/炭航空制动材料的制备技术”，后者的发明是“耐高温长寿命抗氧化陶瓷基复合材料应用技术”。这两项发明成果的确是来之不易的，都经过了十多年的艰苦奋斗，是国家技术发明一等奖连续空缺了 6 年以后的首次突破。它们共同的特点是打破了国际的封锁，是独立自主研制成功的，使我国成为继英、法、美之后第四个拥有制造这些复合材料的国家。①

第三，原始创新，这是创新的最高形式，是创造力的最高表现。我们通常把这类创新叫做原创性的科学研究，它们的目的在于超过世界先进水平。从本质上说，原始创新是指世界第一、史无前例、绝无仅有、独一无二和旷世无匹的科学技术成就。例如，袁隆平经过十多年研究成功的三系配套水稻杂交就是一项具国际领先水平的原始创新成果。他研究成功的杂交水稻被称为“东方魔稻”，被誉为中国的“第五大发明”，他也因此而获得了世界“杂交水稻之父”的美誉。令人称奇的是，应用他的杂交水稻种子，能够把水稻的亩产量从 300 公斤提高到 800 公斤，这一成果已在世界许多国家得到推广。之后，年已 76 岁的他又率领他的研究团队向亩产 900 公斤的目标迈进。②袁隆平不仅获得了无数的荣誉和奖赏，而且为祖国赢得了巨大的荣耀，为解决世界缺少粮食做出了不可磨灭的贡献。

在原始创新方面成果中，像获得诺贝尔三大科学成果奖的成果

① 唐湘岳，杨永林．光明日报，2005-03-29.

② 唐湘岳．光明日报，2006-01-17.

（评选失误除外）以及那些划时代的世界顶尖成果，无疑都是原始创新最高的代表。很可惜，我国在原始创新成果方面十分落后，至今还没有实现诺贝尔奖零的突破。问题的严重性还不仅仅是一个诺贝尔奖的问题，而且还反映了我国原创性基础研究太薄弱了，研究政策和环境并不宽松，缺乏创造型人才也是重要原因之一。

因此，在强调自主创新时，我们应当特别重视原始创新，这是我国科学技术研究的软肋。如果我国没有大量原创基础研究，就不可能开发出关键的新技术，也不能形成拥有自主知识产权的技术产业市场。

3. 正确地理解创新的概念及其本质

“创新”一词是由英语“innovation”翻译过来的，是革新、改革、改进、改良、刷新的意思。大英百科全书的解释是：所谓创新，可以是解决问题的新途径，完成一项设计的新方法，或是创造一种新的艺术形式等。很明显，新是相对于旧而言的，与新途径、新方法和新形式相对应的则是旧途径、旧方法和旧形式。从这些诠释来看，创新的最大特点是对原有事物而言的，包括对原有事物的改革、改进、改良、刷新和拓展等。

当前，国际上关于创新的权威定义有两个：①2000 年联合国经合组织（Organization for Economic Co-operation and Development, OECD）在《学习型经济中的城市与区域发展》报告中提出：“创新的含义比发明创造更为深刻，它必须考虑在经济上的运用，实现其潜在的经济价值。只有当发明创造被引入到经济领域，它才为创新。”②2004 年美国国家竞争力委员会向政府提交的《创新美国》计划中提出：“创新是把感悟和技术转化为能够创造新的市值、驱动经济增长和提高生活标准的新产品、新的过程与方法、新的服务”。① 从这两个定义看，创新的本质主要强调了两点：一是新，二是经济价值。因此，只有在这两个层面上理解创新才是正确的，任意将创新概念扩

① 葛霆．中国科学院院刊，2005（6）．

大化是不严肃的。

为什么中国能够创新的人比较少？为什么中国创新的企业很少？为什么中国人在国外（或是在外资企业里）能够做出创新的成果，而在国内却不能呢？最根本的原因是，创新者要有敢于说“不”的独立人格，而不是对权威言听计从；他们要有独立的思维和判断能力，而不是随波逐流和人云亦云；他们是安贫乐道和孜孜以求的人，而不是心态浮躁和患得患失之徒；他们是敢于冒风险的人，而不是胆小怕事和安于现状的人。对比了创新与守旧者素质的差别，我们就不难得出中国人缺乏创新能力的合乎逻辑的结论。坦率地说，在中国创新还只是一个口号，“叶公好龙”者多，敢于“身体力行”者太少。试问：如果没有“我不下地狱谁下地狱”的精神境界，创新和发明谈何容易？因此，创新说到底还是人的问题，唯有具备了创新的制度和环境，才能有拥有独立人格和独立思考能力的人；有了这样的人，才能够有创新。

创新与创造（Creation）是根本不同的，创造是从无到有的过程，是创造出原来根本不存在的东西，它是第一次、率先、从来没有过的行为。所以，我们不能只提创新而不强调创造，前者只是一种理念，一种精神，一种人的素质，至少它目前还不是一门学科；而后者早已形成了一门学科——创造学，并且与其他学科交叉形成了创造教育学、创造心理学、创造工学、创造技法等边缘学科。它们有着明确的研究对象、学科体系和科学内容，目的是培养人们的创造思维能力，激励人们的创造精神，传授创造技法，促进科学技术的创造发明。对于中国来说，我们更应当强调创造，因为这是我国国民更加缺少的素质。

第四节　建设创新型的国家

建设现代化的中国，这是我国13亿多人民共同的意愿，是中华民族历代志士仁人们长期追求的梦想。我们这一代人，从小就被告知，“我国地大物博”，可是当我们面对一个开放的世界，才发现我国地域还算大，但物并不博，经济基础薄弱，而且人口众多，几乎占世界人口的20%。在这样的基础上，我国怎样才能实现现代化的建设呢？经过了几代人的摸索，我们方发现，只有走自主创新的道路，建设创新型的国家，这才是我们唯一正确的选择。

1. 世界各国经济发展的模式

目前，世界上共有224个国家和地区，各个国家地理位置分布不同，气候、资源、人口和国家大小差别很大，这就决定了各国经济状况的差别和经济发展模式的差别。

纵观世界各国经济发展的状况，经济发展模式概括起来无非是五种类型。

一是自给自足型。这些国家基本上是自然经济，如瑙鲁、图瓦卢、马绍尔群岛、塞舌尔、格林纳达、梵蒂冈、安道尔、摩纳哥等内陆国和海洋岛国。这些国家的特点是国土面积狭小、人口稀少，发展经济只能因地制宜，基本上属于自然经济。例如梵蒂冈面积只有0.44平方公里，人口只有1380人，主要经济来源是旅游、邮票、宗教银行盈利和教徒向教皇的捐赠等。安道尔公国面积只有6.45平方公里，人口2.55万人，主要经济来源是旅游和邮票，它的邮票和纪念币闻名于世。摩纳哥公国面积只有1.95平方公里，人口近3万人，主要经济来源是赌博收入。瑙鲁共和国面积只有22平方公里，人口8000人，经济主要收入靠从每年来这里栖息的候鸟的大量粪便中提取磷酸盐出口，该国人均收入是世界上最高的。

二是资源型。一般这些国家拥有丰富的能源或是矿藏资源，主要经济收入靠出口资源，如中东、非洲和南美的一些国家。例如，中东的阿联酋、沙特阿拉伯、科威特、巴林、卡塔尔、阿曼以及北非的利比亚都盛产石油，它们堪称世界石油储藏的心脏。据统计，该地区石油储量占世界的67.1%，而且储量超过100亿吨的就有5个海湾国家。这些国家靠出口原油和石油制品获得了巨额的经济收入，从而使它们迅速地走上了致富之路。

三是劳动力型。这类国家的经济来源主要靠输出劳动力。据国际劳工组织估计，目前全球每年流动劳动力约3000万到3500万人，比20世纪80年代增长了50%以上。对于人口众多且经济欠发达的国家来说，输出劳动力不失为发展经济的措施之一。这些国家包括东南亚、南美和非洲的某些国家，如印度、巴基斯坦、孟加拉国等，它们对劳务输出均采取积极措施，劳务输出已经成为这些国家外汇收入的主要途径。

四是资源劳动力型。这类国家在出口资源的同时也出口劳动力，像南美洲的一些国家就属于这种类型。

五是创新型。什么叫创新型国家？凡是把科技创新作为经济发展的基本战略，加大研发经费的投入，大力提高科技创新能力，建立知识密集型的产业，形成强大的竞争优势的国家，国际学术界将之称为创新型国家。据统计，目前世界上创新型国家（或地区）大约有20多个，它们是：美国、芬兰、新加坡、卢森堡、瑞典、以色列、爱尔兰、荷兰、英国、冰岛、瑞士、法国、德国、丹麦、加拿大、澳大利亚、日本、韩国、挪威、比利时等。那么，创新型国家与那些经济依附型国家的区别在哪里呢？有一句话说得很深刻："富国出口技术，而穷国出口资源。"中国是一个人口大国，前四种经济发展模式都不适合我国国情，摆在我国面前的唯一选择是走自主创新的道路，建设创新型国家，这才是富民强国的正确之策。

2. 创新型国家的标准

《国家中长期科学和技术发展规划纲要（2006—2020）》提出了走自主创新的道路，建设创新型国家的任务，这是为建设现代化国家作出新的伟大战略部署，全国人民应当万众一心，为实现这一光荣任务而努力奋斗。

那么，作为一个创新型的国家，应当具有哪些特征呢？一般来说，创新型国家有三个特点：

一是高等教育比较发达。这些国家都实现了大学教育的普及化（即大学入学率达到适龄青年的50%以上）。按照美国著名社会学家马丁·特罗（Martin Trou）的理论，所谓适龄青年是指23岁以下的青年。

二是科学技术比较发达，不仅基础科学理论研究走在前列，而且还拥有大量知识产权和新技术。

三是创新产出高。这些国家的高技术产业是制造业贸易的主体，服务业向高端迅速发展。美国、爱尔兰、韩国等国家的出口制造业都具有技术密集的特征。据世界银行统计，2004 年世界 GDP 总产值是 40.11 万亿，美国为 11.75 万亿，美国人口不足世界的 5%，但它却创造了世界 GDP 总值的 40.11%。

上面那些创新型国家是怎么评定的呢？根据世界通行和公认的标准，有三个条件：一是科学技术对国家经济发展的贡献率在 70% 以上；二是技术依赖率在 30% 以下；三是国家的研发经费占该国 GDP 的 2% 以上。仅以研发经费来看，2002 年瑞典和芬兰都超过了 3%，日本是 3%，美国是 2.7%。在全球的研发经费投入中，美国、欧盟和日本等发达国家和地区的占了 86%。在国际技术贸易方面，高收入国家获得全球技术转让和许可收入的 98%。

世界经济论坛和哈佛大学联合作过一次调查，并据此提出了一个“创造力指数”的经验计算公式，以它作为划分创新型国家的标准。①

这个经验公式是：

$$IC = (A + B) / 2$$

式中：*IC* 代表创造力指数（Index of Creation）；*A* 表示公司的创新指数，如公司的创新环境、研发经费、技术力量和接受外国新技术的程度等；*B* 表示革新指数，如申请专利数和技术转让数等。

根据这个经验公式计算，凡创造力指数在 0.6 以上的，就算是创新国家。用这个方法计算的结果与用上面三条标准统计的结果是一致的。例如，美国用这个公式计算出来的创造力指数是 2.02，名列世界第一。

目前，我国离创新型国家的标准还有很大的差距。例如，我国技

① 中国经济时报，2001-12-25.

术依赖率在60%以上，技术自主率在30%以下，研发经费仅占GDP的1.34%①，离“十一五”规划目标（到2010年，中国全社会研发经费要占GDP的2%）尚有较大差距。仅以汽车制造业为例，2006年我国汽车总产量为507万辆，但90%是“舶来品”，有人讽刺说：“年过半百，尚没有学会自己走路。”在其他工业制造领域里也存在类似的状况。因此，我们无论如何不能再抱着盲目地欣赏“制造大国”的心态，唯有走自主创新的道路，才能使我国从“制造大国”变成创新型国家。

3. 创造型人才是建设创新型国家的保证

回顾改革开放30年以来所走过的道路，虽然我们在经济上取得了巨大的成绩，但是教训也是很深刻的。过去，我国经济发展主要是遵循“三段式”，本意是想走“引进—消化—自主创新”的路子，但实际上却陷入了“引进—落后—再引进—再落后”的误区。一个很典型的例子是关于计算机芯片的研制。在20世纪50年代末我国就研制出了计算机，当时与美国只有10年的差距，可是现在的差距比50年前还要大，原因就是我国不重视芯片的自主研制，一味地靠引进生产线，从3英寸、6英寸、8英寸到12英寸的硅单晶生产线都引进了，在关键性技术上出现了空缺。于是，一条生产线落后了，又引进新的，老是跟在外国的后面跑。

汽车生产也一样，我们与外国合资生产20年了，结果90%的轿车市场让给了外方。我国现有110家汽车整车生产厂家，另外还有724家专用汽车生产厂家，规模堪称世界之最。许多大学都设有汽车制造系，先后培养的人才不下数万人，但是就是设计制造不出拥有自己品牌和知识产权的汽车来。据美国《商业周刊》评比，列出了2007年亚洲50强优秀的企业，印度有12家上榜，其中有2家汽车公司。然而，中国上榜的只有3家公司，甚至还赶不上经济落后于我国的印度尼西亚和巴基斯坦。

---

① 薛黎．中国研发经费占GDP 1.34%［N］．上海证券报，2006-09-15.

为什么会出现这样的状况呢？一个十分重要的原因是缺乏人才，特别是缺乏创造型人才，这是制约我国建设创新型国家的瓶颈。我国历来有重量不重质的毛病，无论是在生产方面，还是在人才方面，都是“多多益善”。

例如，我国现在有科学技术人员3850万，从事研究与开发的科学家有120万人，其规模分别位居世界第一和第二。但是，美国有各类科学发明家200万人，如果按照人口比例，我国应该有1000万以上发明家。虽然我没有看到有关的统计数字，但我国具有发明家素质和专门从事发明创造的人恐怕是不多的。

又如，在科技论文统计方面，我们也是追求数量而不重视质量。据2006年我国科技论文统计结果，按照国际论文数量排序，我国已经跃居世界第二位，继2005年超过德国后，又超过日本和英国，仅次于美国。我国化学论文数量的排名，也仅次于美国和日本，被列为世界化学论文“三大国”之一。但是，论文质量怎么样呢？正如有的评论家所说：“如果不是原创基础上的论文，即使数量再多，都不可能提高我国科学的地位，也不可能推动我国经济的发展。”

我国缺少原创性的成果，这说明我国科学技术人才素质不高，这将在很大程度上制约我国创新型国家的建设。原因何在呢？首先，近十年以来我国高等教育大跃进式的发展，使得在校大学生激剧增加到2700万，研究生也已突破100万，均居世界第一。但是，由于教师素质、教学设备跟不上，特别是严谨学风遭到了破坏，致使浮躁、浮夸成风，教学质量大滑坡。不少用人单位感叹：现在的本科生不如过去的高中毕业生，现在的研究生不如过去的本科生。其次，保守的教育思想阻碍了创造教学的实施，继续沿用僵化的教育制度和灌输式的教学方法，不仅不能培养杰出人才，而且还压制了创造型人才。同时，我国学术研究的制度与环境并不宽松，缺少自由民主的学术氛围，致使一些有创见性学术观点的人才得不到支持与保护。这种状况的确不能再继续下去了，必须大力进行教育改革。

美国哈佛大学著名经济学家、国家发展研究中心主任杰弗里·萨克斯（Jeffrey D. Sachs，1954—　）指出：“一个创新国家的核心是一批受过高等教育的人群，一批推动科学发展进而带动科学技术创新的科学家。”① 看来，我国要想在2020年以前建成创新型的国家，不能缺少这样一批“带动科学技术创新的科学家”。对于这个问题，一些有远见卓识的人士已经提出来了，但未能引起我国教育领导部门的重视，在推行创造教育方面也没有采取强有力的措施。现在已经到了解决这个问题的刻不容缓的时候了。

第五节　21世纪的机遇与挑战

人类已经进入21世纪。一个世纪在人类的历史长河中只是短暂的一瞬，但是对于个人来说却是漫长的。从世界范围来说，目前人的平均寿命尚不到80岁，所以大多数人很难亲身体验一个世纪从头到尾的全部变化。

人类的历史表明，世纪之交是一个巨变的时期，一切都在变，一切也都在重新组合。变是宇宙中亘古不变的真理，变化将带来新的机遇，重新组合又将提出新的挑战。面对这样一个巨变的时代，清醒地认识新世纪的特征，研究新的对策，乃是把握新的机遇和应对新的挑战的万全之策。

1. 21世纪的特征

21世纪到底是一个什么样的世纪呢？许多未来学家、科学家和经济学家都在对此进行研究，他们收集各种资料，试图提出足以说明21世纪特征的论述。在过去30年中，美国著名未来学家阿尔温·托夫勒（Alvin Toffler，1928—　）曾经出版了三本畅销书，它们分别是：《未来冲击》（1970年）、《第三次浪潮》（1980年）和《财富的革命》（1998年）。真是十年磨一剑呀！美国另一位社会预测家约翰·奈斯比特（John Naisbitt，1929—　）也是一位有影响的多产学者，他于1982年出版的《大趋势——改变我们生活的十个方面》是

① 南方周末，2001-10-11.

一部影响很大的书。后来，他又出版了《亚洲大趋势》、《定见》，现在正在撰写《中国大趋势》。他可算得上是名副其实的研究大趋势的权威。

这些著作都着力描述这个处于震荡中的世界的特征，指出未来的发展趋势。正如托夫勒在《第三次浪潮》中所深刻指出的："世界正在从崩溃中迅速地出现新的价值观念和社会准则，出现新的技术，新的地理政治关系，新的生活方式和新的传播交往方式的冲突，需要崭新的思想和推理，新的分类方法和新的观念。我们不能把昨天的陈规、惯例、沿袭的传统态度和保守的程式，硬塞到明天世界的胚胎中。"①

托夫勒和奈斯比特都认为未来社会是信息社会，亦即知识、智力社会。在这种社会形态中，技术和知识已成为新的财富，智力化的生产力已成为决定性生产力，是竞争力和经济实力的关键因素。奈斯比特在描述信息社会时，特别强调了五个重点:②

（1）信息社会是真实的经济存在，而非抽象的思想。

（2）通信和电脑技术的新发明，将缩短信息的流动时间，并借助信息流动而加快变化的步伐。

（3）新的技术将首先用来解决旧工业的改造，然后逐渐地创造出新的方法和新的产品。

（4）这个文献资料激增的社会比以往任何时候更需要读写技巧。但是，遗憾的是，现行的教育制度却在继续制造"低劣的产品"。

（5）新的信息时代的技术并非是绝对的，它的成败取决于高技术与高情感相平衡的后果。

美国经济管理学权威彼得·德鲁克是20世纪管理学界无与伦比的大师中的大师。他在其代表作《后资本主义社会》和《创业精神

---

① ［美］阿尔温·托夫勒，著．第三次浪潮［M］．朱志炎，等译．北京：生活·读书·新知三联书店，1983：43-44.

② ［美］约翰·奈斯比特，著．大趋势——改变我们生活的十个方面［M］．梅艳，译．北京：中国社会科学出版社，1984：18.

与创新——变革时代的管理原则与实践》里，对未来社会作了描述。德鲁克的主要观点是：我们正进入一个知识社会；这将对商业的运行方式，人民的工作场所和方式，教育所发挥的作用，以及使这一切顺利进行所必要的新型组织产生深远的影响。德鲁克所指的知识是指专业知识和信息。

德鲁克还认为，后资本主义社会既是一个知识的社会，又是一个组织社会，两者互相依赖，但各自的概念、观点及价值观又有很大的区别。因此，有知识者必须准备同时在两种文化中生活与工作，一种是知识分子的文化，它着眼于文字和思想；另一种是经理文化，它着眼于人和工作。新的信息社会将由有知识的工人和服务人员组成，他们必须对组织的成功抱着高度的责任感。

日本科学家认为，21世纪是高科技世纪，这是在一项调查的基础上提出来的。1993年，日本全国科技政策研究所曾邀请3000名科学家讨论和撰写《2020年的科技预测》。他们指出：从1994年到2003年的10年内，人类的知识将翻一番；从2004年到2010年的7年内，人类知识将有“爆炸”性的突变；从2011年到2020年的10年内，人类的知识将再增加3到4倍。①

据日本全国科学技术政策研究所的调查，在未来的几十年内，将在1149项高科技的研究上有重大的突破，它们将对世界的经济和社会产生巨大的影响。因此，21世纪的主要特征是高技术，它将渗透到每个领域，并将带动经济、社会的全面发展。

综上所述，大多数学者认为未来社会是信息社会、知识社会或高技术社会。其实，这三种提法大同小异，只不过强调的重点不同而已。作为未来社会形态来说，用信息、知识或高技术来形容虽然没有什么不妥，但我觉得还是没有提纲挈领地点出未来时代的本质特征。那么，什么是21世纪的本质特征呢？我认为是创造精神，不妨把21世纪称为“创造性的世纪”。这是因为创造性作为一条主线贯穿在信息、知识和高技术之中，没有创造性根本谈不上知识的激增和高技术

① 报刊文摘，1993-09-30.

的突破。

那么，对 21 世纪应该抱着什么样的态度呢？我认为，我们既不能存在悲观的情绪，也不能存在盲目乐观的思想。应该说，21 世纪，危机与希望并存。当前世界范围内存在的问题可以概括为“三大危机”和“四大瘟疫”。“三大危机”是：人口爆炸、环境污染和资源锐减；“四大瘟疫”是：艾滋病、癌症、香烟和家猫。面对危机，人们并不是无所作为的，也用不着担心世界末日的到来。事实上，科学家们早已向这些威胁人类生存的危机宣战了，人们凭借着无穷的创造力，能够逐步地克服这些危机。危机是坏事也是好事，危机的另一面就是生机，也是机遇，一旦危机被攻克，那就是人类的胜利。

2. 21 世纪的高等教育

人类进入 21 世纪以后，对于高等教育的发展表现出了极大的关注，其焦点是 21 世纪的高等教育应是什么样的？21 世纪需要什么规格的人才？实际上，在进入 21 世纪之前，世界各国教育界人士都在认真地讨论 21 世纪高等教育的改革与发展的重大问题。例如，1998 年 10 月 5 日至 9 日在法国巴黎召开了主题为“21 世纪的高等教育：展望与行动”的世界高等教育大会（Higher Education in the Twenty-first Century：Vision and Action）。世界上 183 个国家派出了政府代表团，出席会议的代表有 4000 多人，可见各国对这次会议的重视，这从一个侧面反映了人们对 21 世纪高等教育改革与发展的关注。

联合国教科文组织总干事马约尔（Federico Mayor，1934—　）在会上指出：“高等教育面临全面、迅速、不可逆转的变化，必须调整结构，传播新技术，目的在于培养能够接受 21 世纪挑战的公民。”这次大会的主要目的是提出推动世界各国高等教育改革的基本原则。这些原则主要包括：民主与自由的原则、平等与公平的原则、多样性与选择的原则、保证质量与服务的原则、国际化与合作的原则、终生学习的原则等。大会相信：教育是人权、民主、可持续发展及和平的根本支柱，对解决 21 世纪所面临的问题具有非常重大的意义。

美国不仅是教育大国，而且在整个 20 世纪中，一直在引领世界范围的教育改革。同样地，在进入21世纪时，美国教育界倡导改革的呼声一直不绝于耳。早在20世纪80年代，美国就制定了面向21世纪的“2061计划（1985—2061）”。该项目负责人詹姆斯·拉瑟福德（James Rutherford）说：“教育制度必须彻底改革。这需要1/4世纪的时间，需要一代学生的努力，需要全国竭尽全力，这是一场能够打赢而且必须打赢的战争。”①

由美国教育界和商界领袖们共同组成的“美国新劳动力技能委员会”公布了一份美国学校改革的新蓝图。尽管对这个报告还有争议，但所有的人都赞同这样一个结论：美国需要将新的教学内容和方法带入21世纪。《美国时代周刊》表示，全球经济已不仅要求学生学好传统的课目，而且还要求他们掌握21世纪的技能。

那么，21世纪技能的内容是什么呢？包括四大技能：了解整个世界的能力；跳出思维局限的能力；懂得聪明地对待新信息的能力；发展良好人际关系的能力。正如美国国家教育与经济研究中心负责人塔克所说的：“在新经济形势下，对创造性和革新提出了更高的要求，要培养出‘在别人只看到一片混乱的地方看出规律的人’。”②这是很高的要求，他们是一些能够从事发现和发明的人。为此，学校提出了四点改革建议：①给本科生更多出国学习的机会，使其具有“国际经验”；②加强自然科学课程，培养学生的好奇心、思辨能力和怀疑精神；③给学生以更大的选课自由，让学生发现自己真正的兴趣之所在；④发挥多学科的优势，让学生接触更多的专业知识。很显然，有了这样的目标和措施，还愁不能培养出杰出的人才吗？

面对世界人口、资源和环境的巨大压力，工程技术在创造性解决这些问题时，将起到越来越重要的作用。于是，对美国工程教育改革提出了更高的要求，美国工程技术认证委员会（Accreditation Board for Engineering and Technology）提出，现代工程师必须具备六个方面的素质：①能正确判断和解决工程技术问题；②应具有更好的交流能

---

① 参考消息，1990-12-07.

② 广州日报，2006-12-12.

力、合作精神以及一定的商业和行政领导能力；③懂得如何去设计和开发复杂的技术系统；④了解工程与社会间的复杂关系；⑤能胜任跨学科的合作；⑥养成终生学习的能力与习惯，以适应和胜任多变的职业领域。这些要求是很高的，即使工作多年的工程师也未必能达到。这预示，21 世纪高等学校肩负着十分艰巨的任务。

进入 21 世纪后，欧洲各国也掀起了一轮改革的浪潮，这是适应 21 世纪发展的需要。欧洲高等教育改革主要集中在教育经费、高校自主权和泛欧洲一体化等方面。欧洲高等教育普遍经费不足，例如德国、法国和意大利等国高等教育投资只占 GDP 的 1.1%，尚不到美国的一半（2.6%），并且全部来自于政府财政拨款。因此，经费问题成了欧洲高等教育改革的拦路虎。不少国家都主张提高学费，但又招致学生们的抗议。欧盟管理机构正推动成员国增加教育经费，并且主张不论国籍，向所有欧盟学生提供奖学金与贷款。同时，还计划允许欧盟各成员国互相承认学历，让更多的学生在欧盟内自由流动。这些措施的目的都是为了促进高等教育的发展，提高欧洲大学在世界范围内的竞争力。

自 20 世纪 90 年代末，日本高等教育进行了一系列的改革。经过多年的讨论，2003 年 10 月，国立大学法人法案开始实施。在“国立大学不改革就不能发展和再生”的口号下，日本大学改革取得了实质性的进展。最明显的特点是，大学教师不再是公务员，大学不再是国家行政部门的分支机构，享有独立的自主权，实行经营与研究分离。

为了面对 21 世纪的挑战，在新世纪到来之前，于 1998 年 12 月，我国制定了《面向 21 世纪教育振兴行动计划》。在这个计划的推动下，我国高等教育发展迅速，大学招生规模激剧扩大，仅仅只用了 8 年的时间就实现了高等教育的大众化。同时，近几年教育经费不断增加，教学设施进一步改善，科学研究水平也有较大的提高。

但是，在看到我们取得成绩的同时，必须实事求是地承认我国高等教育存在的诸多严重问题。比如，教育质量严重滑坡，学风浮躁、浮夸，没有独立自主权，形式主义严重，原创性科学研究薄弱，推行创造教育阻力重重，缺少自由民主的学术氛围，大学教育国际化程度很低，等等。总之，我国高等教育重量不重质的问题十分突出，这是与21世纪的要求严重不相适应的。因此，我国高等教育整顿与改革的任务十分艰巨，必须下大力气推进教育改革，借鉴其他国家高等教育改革的有益经验，解决目前存在的问题，以便使我国高等教育与21世纪的要求相适应，与我国建设创新型国家的需要相适应。

3. 21世纪的产业

曾经有一则报道提出了一个有趣的问题：21世纪吃什么？实际上，21世纪面临的不只是一个吃什么的问题，还有：21世纪穿什么？住什么？21世纪的交通、通信是什么状况？21世纪将会出现哪些疾病？怎样治疗？21世纪有哪些冲突？作战武器将是怎样的？类似这样的问题，我们可以列出一大堆。在这些问题的背后，实际上是21世纪的产业是什么，怎样满足人类不断增长的物质文明需要，为人们提供更方便、更有效、更安全和更人性化的产品。

根据日本全国技术政策研究所的预测，21世纪将在16个领域里实现重大的技术突破，并且将使这些技术产品产业化。该报告特别指出，以下四个方面将取得重大进展，并将对世界经济和社会生活产生巨大的影响。

（1）电子产品将成为世界最大的产业。实际上，电子产品的市场已由1993年的7600亿美元增加到2万亿美元，而且这个趋势未来10年内还将不断延续。

（2）新材料的品种将大大增加，并将成为科学技术进步的支柱。

（3）生物工程技术将成为最受青睐的产业，基因疗法将在大范围内应用。同时，生物技术会在农业、轻工业等领域内产生巨大的影响。美国一些研究机构预测，今后全球农产品增加的5/6要依靠科学技术，只有1/6依靠扩大耕地面积。

（4）核能和太阳能可能是继煤、石油和天然气之后的主要能源。目前，已研制出了太阳能汽车和A-55（含水55%）燃料汽车。科学家们预测，到2050年，受控热核聚变将被制服，并有可能建立受控热核聚变发电站。

世界未来学会的会刊《未来学者》上曾有文指出，今后世界要亟待攻克的高技术有9项。这9项技术难题是：

(1) 通用翻译机。这是一种方便的、以电脑操作为主的机器，可以让使用不同语言的人同时自由交谈。

(2) 超级燃料。这是一种廉价的、资源丰富、没有污染的新能源，可以代替目前的主要燃料煤和石油。

(3) 人类立刻获得新知识的方法。人们大胆设想，可以用电子或是化学方法将信息直接输入人的大脑。

(4) 安全避孕套。科学家们正试图研制出一种安全、有效、廉价、使用方便和没有副作用的避孕器具，以及为传统观念能够接受的避孕方法。

(5) 防身用具。这个世界并不安全，科学技术专家们试图研制一种类似中世纪的甲胄装置，可以有效地防止暗杀、性暴力和抢劫。

(6) 保健吸烟法。人们正在研制一种既能使吸烟者享受吸烟的乐趣，但又无损健康的香烟。

(7) 人工合成农业。直接利用无机物，生产出人类需要的、营养丰富的食品。

(8) 污染抗衡器。人类无限度的开发，使得人类居住的环境越来越差，治理环境污染已迫在眉睫。人们设想研制出一种能释放有益的物质，以有效地抵消工业污染的装置。

(9) 开发宇宙空间。有计划地探索月球、火星，既可以实现到太空旅行的梦想，又可以开发太空星球上的资源。

实际上，以上9项技术难题有的已在研制之中，有的已获得重大的进展，有望在这个世纪内获得突破，并将开发这些领域里的产业，而且还将带动其他领域里的许多新兴产业。

在未来社会中，地区冲突、民族矛盾和宗教对立将仍然存在。因此，战争或恐怖袭击是不可避免的。未来战争既要克敌制胜，又要不置人于死命，这就要研制新式武器。在这些方面，美国又超前了一步，正在研制一系列非杀伤性武器。例如，研制一种超级胶水，能粘住坦克的履带，使之不能动弹；一种超级润滑剂，喷射到机场的跑道上，使飞机不能降落；一种速冻泡沫，使人失去行动能力；一种特殊的声频，可以驱散人群，等等。也许，在21世纪内，现在这些杀伤性武器都将退役，代之以更先进的、无杀伤性武器。

有人曾统计过，在20世纪所享受的物质文明中，绝大部分是其上个世纪不曾有过的。那么，我们完全有理由相信，人们在21世纪所享受的物质文明，也将是20世纪所没有的。例如，有人预测，在未来几十年内，保鲜方法将发生革命，电冰箱将被淘汰，一个新型的洗衣网球将代替洗衣机，汽车、火车和飞机将会变成水陆两用型的。

总之，现行的一切都将接受新时代的考验，要么改进、更新，要么就被淘汰。作为创新型企业家，应当进行超前的预测，只有看清了未来的趋势，选准了未来的新产品，才能把握住未来，占领未来的市场。

4. 21世纪，谁主沉浮？

在人类近代史上，科学中心曾发生过依次转移：意大利—法国—英国—德国—美国，产业革命大致也有类似的转移过程。在20世纪的百年内，美国几乎一直保持着科学技术和经济的领先地位。那么，21世纪世界的科学技术和经济的重心会不会发生转移呢？21世纪到底是谁的天下呢？这是一个备受世界各国关注的大问题，也是学术界和政界争论不休的问题。

在这场谁主沉浮的讨论中，大概有五种观点：

一是认为21世纪北美仍然是经济最活跃的地区，特别是美国仍将是世界头号科学技术和经济大国。这是因为美国不仅具有天时地利的优越条件，而且还拥有最多的一流人才和最多的科学技术发明与专利。美国还拥有最大的技术产业市场，拥有最多的亿万富翁。无疑，这些都是美国继续成为世界头号科技和经济大国的有利条件。

二是认为日本将主宰21世纪的贸易市场。日本的成功是基于以出口为主导的经济策略，它不仅是世界上最大的债权国，而且也是最大的技术发明大国。

但是，也有报道称日本人口老化，终身雇佣制要付出高昂的代价，另外资源缺乏也一直是日本经济致命的软肋，因此，在贸易壁垒高筑的21世纪，日本在多方面失去优势，它将不再是世界上最有竞争力的国家。

三是新欧洲将异军突起。所谓新欧洲，是指欧洲经济共同体和苏联解体后的俄罗斯与东欧国家。新欧洲最大的优势是人力资源，它们拥有全球最好的12年义务教育品质，还拥有俄罗斯的先进科学技术、英国的世界级金融市场和意大利的名牌产品。虽然20世纪80年代欧洲经济增长最慢，但自90年代初起，它以高速度挺进。如果继续保持这个势头，那么它将睥睨日本和美国过去的成就，而成为21世纪最大的经济实体。

四是认为中国在21世纪将独领风骚。自改革开放以来，中国经济一直在高速度向前发展，特别是实行市场经济体制以后，引起了经济领域里的深刻变化。近年来，中国十分强调走自主创新的道路，企业的创新能力在不断地增强。虽然中国是一个人口大国，但中国人勤奋、聪明、资源相对丰富、劳动力低廉，这些都是中国经济腾飞的有利条件。因此，杨振宁先生认为，中国科学技术发展有四个有利条件。第一，有聪明的年轻人，有头脑做研究；第二，有重视纪律、重视忍耐心、重视勤劳的社会传统；第三，有决心；第四，有经济条件。他肯定地说：“我对中国21世纪的科技发展是绝对乐观的。”著名的学术大师季羡林先生也认为：“20世纪末，西方文化成了强弩之末，21世纪将是东方文化的时代。”①

五是认为未来全球经济重心将由欧美地区向亚太地区转移。持这种观点的人认为，目前欧美国家都遇到了不同程度的经济衰退，然而，亚太地区的经济增长速度一直保持在5%至6%，中国保持在10%左右。如果按照这个速度增长下去，到2040年，亚太地区的国民生产总值将占世界的50%。因此，到了21世纪中叶，中国将成为与日本竞争的唯一对手。

---

① 中外文化交流，1993（4）.

以上五种观点虽然各有其道理，但是现在要下结论未免为时过早，因为诸多问题尚不明朗，许多因素都是变动的。当然，这五种看法并不是等同的，实际上主要是集中在美国和中国上，前者是目前的科技和经济大国，而后者是人口大国，也是潜在的经济大国。正因为如此，目前中国经济高速度的发展备受世界各国关注，赞赏者有之，疑虑者有之，打压和限制者亦有之。这并不足以为奇，因为任何一种看法，其背后都受着自身利益的影响。

对中国的崛起到底怎么看？中国能否成为21世纪世界的科技中心和头号经济大国？对于这些问题，也是各持己见。美国麻省理工学院经济学教授保罗·克鲁格曼（Paul R. Krugman，1953—　）在1994年《外交季刊》上发表了《亚洲奇迹的神话》一文，引发了一场大讨论。他认为："亚洲经济增速虽高，但属于投入增长而非效率增长，到一定时期就会衰减。因此，亚洲虎不过是'纸老虎'，其成就固然可观，但并未提供一种优越于西方（或古典）的新经济模式，所谓亚洲将引导世界潮流之说不过是神话而已。"① 克鲁格曼是一位有影响的经济学家，1991年获得克拉克经济学奖，1994年底曾正确地预言了亚洲金融危机，2008年获诺贝尔经济学奖，表彰他在分析国际贸易模式和经济活动的地域等方面所作的贡献。因此，对于他的见解人们也不敢轻看，至少应该引起亚洲各国的重视。

与克鲁格曼持相反观点的有著名未来学家奈斯比特，他在1996年出版了《亚洲大趋势》，一时成为畅销书，印数达到120万册。他对亚洲奇迹的评价之高，对亚洲奇迹的自由主义的解释之典型，都是十分惊人的。他明确地表示：21世纪将是"中国的世纪"、"龙的世纪"，亚洲无论在经济、政治还是文化方面，都将跃居全球之冠而重塑世界面貌，未来的游戏规则不再由西方国家主导。对于世界上"金砖四国"的说法，他也有自己的见解，他认为："在'金砖四国'中，我觉得巴西、俄罗斯、印度与中国相比，没有很大的竞争力，其中只有中国才是最有希望的一个国家。"

---

① 读书，1996（7）.

奥戴德·申卡尔（Oded Shenkar）是美国俄亥俄州立大学商学院的教授，是另一位看好中国崛起的著名经济学家。他是致力于研究中国问题的专家，《中国的世纪》是他在观察中国30年后写出的一本畅销书，目前版权已卖给了10个国家或地区。他认为，从历史的角度看，20世纪的重大事件，不是苏联的建立和解体，也不是第二次世界大战，而是中国的崛起，由此将改变世界的秩序。

在《中国的世纪》一书中，申卡尔是这样解释中国经济复兴的本质的："中国大陆经济的崛起不同于日本、印度和'亚洲四小龙'，而更类似于一个世纪前美国的崛起。"他大胆预测，在20年甚至更短的时间内，中国将成为世界上最大的经济体。①

人们对任何一个问题，包括21世纪是不是中国的世纪在内，都会有不同的看法，这是很自然的事。对于我们中国人来说，我们要抱着平静和"兼听则明"的态度，在经济发展中吸取发达国家有益的经验，克服我们的弱点，认认真真地做好我们自己的事情。中国的崛起是我们的目标，但这是一个奋发努力和不断创新的过程，而决不是靠舆论宣传。

目前，人类刚刚进入21世纪不久，未来之路还很长，变化是随时都会发生的。虽然我们还不可能预测21世纪是谁的天下，但我们可以提出一些原则，用以分析新世纪的竞争，并以此指导我们应对新世纪的机遇和挑战。我认为，决定一个国家在竞争中取胜的因素主要是以下几个方面：

（1）国民的素质。一个国家的兴旺与其国民素质是密切相关的。国家或民族在其历史发展过程中，逐步地形成了占主导地位的国民性，这是民族性格集中的反映。例如，"温顺的"中国人，"谦虚的"日本人，"谨慎的"荷兰人，"灵活的"意大利人，"反复无常的"德国人，"温情脉脉的"法国人，"敢于冒险的"美国人，"好争好斗的"俄罗斯人等，这些是对这些国家国民性的一个整体概括。国民素质主要包括文化教育的水准，民主参与意识，独立自主的个性，开

① 南方人物周刊，2005-06-09.

拓创新的能力，敢于冒险的探索精神等。总之，优秀国民素质应该是具有最少的劣根性，拥有最多的“优根性”。

(2) 科学技术管理人才。现在人们已经清楚地认识到，人才是最宝贵的财富，未来的经济发展与竞争，既决定于科学技术人才，也依赖于管理人才。人才是分层次的，要想主宰21世纪，就必须拥有大批世界一流的科学家、发明家、经济学家和管理专家，并为他们创造优越的研究和工作条件，创造民主与宽松的氛围，使他们创造性的才华最充分地发挥出来。

(3) 科技成果。它包括基础科学理论储备、诺贝尔获得者的人数、技术发明专利占有的比例。科技成果与研发经费的投入有着直接的关系，美国研制一架伽利略望远镜耗资21亿美元，建立一座超级对撞机投入110亿美元，建立一座热核聚变反应堆要花费120亿美元，发射阿波罗飞船耗资240亿美元……所以有人形容说，美国的发明成果是用美元堆积起来的，这无非是说美国科研投入巨大。相比之下，不仅中国而且甚至连欧洲也是望其项背的。因此，无论哪个国家，如果想要拥有自己知识产权的发明创造成果，就必须加大研究经费的投入，这是走自主创新道路必不可少的。

(4) 经济实力。衡量一个国家的经济实力，包括很多的内容，如经济发展的速度、国民生产总值、进出口贸易额、外汇储备以及高新技术产品的竞争能力等。但是，归根结底是决定于国民平均生产总值和国民平均收入。如果一个国家还充斥着手工劳作、单干的农业经济，还有相当多的人连“小康”水平都不能达到，那怎么能说实现了现代化，又怎样能够主宰世界的经济呢?!

(5) 物质资源。物质资源的储备是一个国家潜在的财富，也是发展经济的物质基础。尽管资源缺乏的日本依靠进口资源和出口产品而创造了经济奇迹,但这毕竟是过去的事了。进入21世纪以后,各国都认识到保护资源和保护本国工业的重要性,于是纷纷设置贸易壁垒。在这种情况下,一个国家所拥有的物质资源,以及对这些资源的合理和有效的使用,就成了该国经济发展与竞争的最重要的条件之一。

21世纪到底谁主沉浮？看来还难以得出结论，只能是“群雄逐鹿”，通过竞争显“英雄本色”。如果硬是要作一个预测的话，我只能概括地说：在21世纪，哪个国家或地区拥有最优秀的国民，拥有最多的一流人才，拥有最多的科学理论和发明成果的储备，拥有最强的经济实力和最多的资源，那么这个国家或地区就将成为世界科学技术和经济的中心。

、在2500年以前，古希腊哲学家赫拉克利特（Heraclitus，约前540—前480）曾说：“除却变化，别无永恒之物。”这是一条颠扑不破的真理，世界瞬息万变，适应变者存，适应变者胜。那么，变化是否有规律可循呢？应该说是有的，奈斯比特在《定见》一书中总结出了重塑思维的11条定见，现将它们列举如下：①

定见1　变化的大部分事物都是有章可循的；

定见2　未来隐藏于现实之中；

定见3　要关注统计数据；

定见4　尽情想象，错又何妨；

定见5　未来不过是一幅拼图；

定见6　愿景不要太超前于时代；

定见7　要变革，人们先要看到好处；

定见8　改变是需要时间的；

定见9　成功靠的不是解决问题，而是利用机会；

定见10　旧的不去，新的不来；

定见11　科技，始终来源于人性。

当然，定见远不止这11条，也许我们还可以归纳出更多的定见来，只要人们愿意，谁都可以做这样的分析与归纳工作。实际上，所谓的定见就是某些约定俗成的经验，是一种思维方法，是认知的工具。每个人都可以从中找到对自己有用的某一种或几种方法，以分析形势，把握机遇，应对挑战，成功地创造自己的未来事业。

---

① ［美］约翰·奈斯比特，著．定见［M］．魏平，译．北京：中信出版社，2007.

主要参考文献

1. ［日］堺屋太一. 知识价值革命［M］. 北京：东方出版社，1986.

2. 肖雪慧，韩东屏，著. 自我实现——主体论人生哲学［M］. 郑州：河南人民出版社，1988.

3. 金马，著. 生存智慧论［M］. 北京：知识出版社，1988.

4. 陈怡安，著. 积极自我的开拓［M］. 台北：洪建全基金会文经学苑，1992.

5. 戴维·坎贝尔，著. 人生道路的选择［M］. 长沙：湖南人民出版社，1987.

6. ［日］大前研一，著. 企业家的战略头脑［M］. 北京：生活·读书·新知三联书店，1986.

7. ［日］篠原勋，小泽清，著. 竞争·出奇·制胜——“阿信”后代与八佰伴［M］. 赵晓华，译. 北京：企业管理出版社，1993.

8. ［美］亚历斯·奥斯本，著. 我是最懂创造力的人物［M］. 严厉，编译. 厦门：鹭江出版社，1989.

9. ［美］马克·H. 麦克科迈克，著. 哈佛学不到［M］. 周莉，译. 北京：中国审计出版社，1993.

后　记

这套“创造教育书系”是我创造教育研究的合集，包括了我二十余年来的教育研究成果。这几本书的内容，基本上可以反映出我研究创造教育的经历和思考的脉络。我毕生从事教育工作，执著于创造教育的研究与实践，这套书凝结了我大半生的心血，它们聚结出版，终于了却了我多年的夙愿。

需要说明的是，这套图书并不是从一开始就设计好的完整计划，而是随着我学习与研究创造教育的深入而不断拓展的，因此，它们在时间、实践性和体系上都不相一致。其中，修订出版的四本书，时间跨越20年，涉及四家出版社，他们为图书的编辑、修订、校对和勘误都做了大量的工作。因此，当它们修订出版时，我要向湖南教育出版社责任编辑陈民众（后任总编辑），中国青年出版社副社长陈绍沛、责任编辑李丕光，湖北教育出版社社长娄齐贵、责任编辑尚甫署，武汉大学出版社前社长江建勤、责任编辑陶洪蕴等人表示衷心的感谢！

感谢这套图书的责任编辑夏敏玲、陶洪蕴，她们工作认真、严谨、细心，为这套书的出版做了大量细致的工作。

这套书虽几经修订出版，但难免还存在疏漏之处。因此，希望教育界的同行和读者不吝指正。

我希望把这套书献给致力于研究和实践创造教育的同仁，献给一切有志于从事发明创造的广大青少年们！

刘道玉　谨识

2008年8月5日

于寒宬斋